文經文庫 285

超白話國學常識一本通

陳愫儀◎著

文經社
Taiwan

COSMAX
PUBLISHING Co.
Since 1981

推薦序

飛入尋常百姓家

搶救國文教育聯盟 執行秘書 李素真

「文化就是力量！」而國文教育就是文化根本。中華民國國文教育的核心目標就是：「培養閱讀文言文，及淺近古籍之興趣，增進吸收優美傳統文化之能力。」與「由中國文化基本教材之研讀，培養倫理道德之觀念、愛國淑世之精神。」學子因這兩大目標，教材深入，受益良多。

但這些年來，這些益處因「教改」而消失了。國小國語文由十節課減為五節，國中國文減少三分之一；高中國文由六節課減為四節課、古文比例由百分之六十五減到四十五，「中國文化基本教材」的《論語》《孟子》《大學》《中庸》由必修變成論孟選修；國語文時數不足、教材淺化弱化，都是整體學生國文程度下降的原因。

為了提升學子國文程度、為了提振國家競爭力，九十四年一月「搶救國文教育聯盟」成立，盼望能積極幫助全國學生。許多學校老師更是無私費心地編製各種補充教材，幫助學生，這本書就這樣問世了。

我細審內容時，驚喜發現除了基測、學測、指考、四技二專外，竟還有預官考題，剛巧兒子正準備考預官，於是馬上先睹為快，現買現賣，拿來考他，問他，幫他復習。可見這一本書，不只可參考，還很實用呢！

本書分三單元：名人篇三十三、著作篇三十四、名詞篇三十三。內容可謂豐富。它體例特別，名人篇、著作篇，都有「履歷表」，簡潔扼要。名人「志向、興趣、個性、偶像」供參考。讀者可以再多方閱讀全部著作、相關資料，探索深思。

例如，杜甫「志向」列「廣建國民住宅，安頓貧民百姓。」這是根據杜甫〈茅屋為秋風吹所破歌〉「……安得廣廈千萬間，大庇天下寒士俱歡顏，風雨不動安如山！嗚呼！何時眼前突兀見此屋，吾廬獨破受凍死亦足！」充滿推己及人仁愛胸懷，已可貴，若加上「致君堯舜上，期使風俗淳。」更理想。

又如，陶淵明履歷表上的「興趣」，寫的是「種菊花、愛讀書，但也愛喝兩杯」。但讀者也不能只從一個面向來看。陶淵明雖不為五斗米折腰而離官辭官，但他本來也是滿腔壯志熱血，因此他的人生應分為四階段：一是猛志逸四海，二是冰炭滿懷抱，三是復得返自然，四是不覺知有我。他是因亂世難為官、難伸志，才不得不歸去的啊！

到底古人要不要學？古典重不重要呢？試看袁枚詩〈著我〉「不學古人，法無一可。竟似古人，何處著我？字字古有，言言古無。吐故吸新，其庶幾乎！孟學孔子，孔學周公。三人文章，頗不相同。」即知。古典、古人，是根基，根基穩妥、扎實深厚，你才能發用，創新。孔子說：「我非生而知之者；好古敏以求之者也。」就是這個道理。

想想身為中華兒女，承襲老祖宗留下世界第一的寶藏，還真是無比幸福。當國學成為常識時，你會因為知曉而有感情，因有感情而願再深入。學生固然可以當它是比教科書更輕鬆的書，一般社會大眾可以「溫故知新」，而以往未曾接觸或不熟的讀者，也可因此初步認識博大精深的國學。你可以「舉一反三」，更盼旁徵博引，讀原典名著，享受「與經典同行，與聖賢為友」的樂趣噢！

名詞篇則是介紹各種國學名詞，例如想知道「五帝」的原典，可讀《史記五帝本紀》、《孔子家語》（五帝德第二十三、五帝第二十四）。本書歸納整理，使讀者明瞭我們都是炎黃子孫，因而飲水思源，自然湧出國家民族之愛。東林書院對聯說：「風聲雨聲讀書，聲聲聲入耳；家事國事天下事，事事關心。」是讀書人永不可忘的志向，也是本書能潛移默化給讀者的大愛。

雖然全書關照層面已廣，但美中不足的是「名人篇」連張衡都能關注（可取），而曹氏父子三人都上榜，卻缺少王羲之、柳宗元、范仲淹、司馬光、蘇洵、蘇轍、曾鞏、方孝孺、文天祥、王陽明、顧炎武、袁枚、鄭板橋……等人，甚為可惜。而「著作」篇，寫《本草綱目》獨具慧眼，但少《孟子》、《老子》、《荀子》重要典籍，及《書》、《禮》、《易》六經、十三經之介紹，也十分可惜。小說沒有《儒林外史》《老殘遊記》等名著，亦是缺憾。

不過，袁枚〈遣興〉說：「愛好由來落筆難，一詩千改始心安。阿婆還是初笄女，頭未梳成不許看。」一本書如何取捨？本來就很不容易，若篇幅受限時，究竟要選誰？更難。是期盼，倒毋須苛責。

．

「一二三到臺灣，臺灣有個阿里山，阿里山上有神木，我們明年回大陸。」

而今兩岸和平，我們可以回大陸。發思古幽情，看歷代祖宗留下遺產、文化古蹟，應證「千古風流」。山東曲阜的至聖孔子、鄒邑的亞聖孟子、五丈原的諸葛亮、白帝的李白、浣花溪草堂的杜甫、杭州白堤的白居易、岳陽樓的范仲淹、西湖蘇堤的蘇東坡、白鹿洞書院的朱熹，……一地一代表，一景一文化，但如果你對我們的歷史古聖先賢背景事蹟經典空白，或認識不足，則難窺堂奧之妙，少了許多逸興。

縱然不到大陸，即使在臺灣、澎湖、金門、馬祖，臺北孔廟、圓山忠烈祠、故宮博物院、國父紀念館、中正紀念堂、歷史博物館、士林蔣中正總統官邸、陽明山、木柵指南宮呂洞賓廟、臺南孔廟、屏東潮州韓愈廟、馬祖「七十二烈士」碑、金門「毋忘在莒」……，多少觀光文化景點、古蹟展覽、都是其來有自。背後有許多人文故事啊！

中華文化至寶，是我們最光榮的財富。帝王將相更是飽學經書，自幼受教。一般人能學得、識得，不只增加常識，更是富厚人生啊！杜牧詩「經書括根本，史書閱興亡。」國學常識，包含經史子集，但願讀此書、看此序，都只是一個點，它是要「拋磚引玉」，任你俯拾。請循序漸進，「博我以文，約我以禮。」

「天下事，少年心，分明點點深。」國家的希望在青少年，學生是國家民族的希望。這本書不只是為學生寫，更可擴展到全民。「與經典同行，與聖賢為友。」是全民運動。《國學常識一本通》一以貫之，自然就一通百通。

提升國文程度方法在於築基古典、深耕閱讀、背誦寫作、學以致用。「學問在性命，事業在忠孝。」提升國文程度，最終無非提升道德，人格道德的養成。孔子說：「志於道，據於德，依於仁，游於藝。」是最高指標。「興於詩，立於禮，成於樂。」是全人養成。

中華文化五千年，完成一本理想精要的國學常識，其實非常不容易。這本書我們花了無數心力完成，期盼能助益學子，更盼讓國學常識古聖賢經典，不只在學校，更在廟堂；不只在學生，更在家庭社會，涵泳流傳。願：人人胸懷古聖賢「箇箇心中有仲尼」，且讓它們「飛入尋常百姓家」吧！

目次

第一單元・名人篇

第二單元·著作篇

第三單元·名詞篇

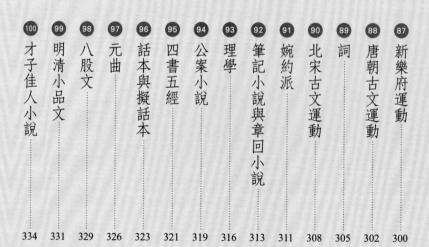

第一單元

名人篇

1

孔子

❖履歷表

姓	孔
名	丘
字	仲尼
人稱	孔夫子、孔子、至聖先師、長人（身高大約191公分）
性別	男
時代	東周春秋
生卒年	西元前551年～西元前479年（魯襄公22年～魯哀公16年）
生日	夏曆8月27日（陽曆9月28日）
祖籍	宋國（殷商紂王同父異母哥哥——微子啟的後代）
籍貫	魯國（今山東曲阜）
老師	① 萇弘（學樂理） ② 郯子（學禮） ③ 師襄（學琴） ④ 老子（問禮）
個性	好學（進到了魯國祭祀周公的太廟，什麼事都問）
志向	用「仁」與「王道」治國
興趣	禮儀、音樂、射箭、駕駛、閱讀與數學
偶像	周公姬旦（曾經因為「久矣吾不復夢見周公」而難過）

工作經歷

① 20歲：委吏（放糧食的倉庫管理員）
② 21歲：乘田吏（畜牧養殖處處長）
③ 30歲～72歲：私立學校校長兼老師
④ 51歲：中都宰（中都縣長）
⑤ 52歲：司空（水利建設局長）、大司馬（國防部政務、財務司長）、大司寇（司法部長）

相關著作

① 編修：《詩》、《書》、《禮》、《樂》
② 獨立著作：春秋（書裡有許多貴族間的蠢事、醜事、壞事）
③ 半著作：論語（話是孔子說的，字是孔子弟子和弟子的弟子寫的）

特殊事跡

① 儒家學派掌門人（但在他生前，還沒有儒家學派這個名稱）
② 因為有教無類，成為中國老師的楷模

孔子是商紂王同父異母哥哥，微子啓的後代，周武王滅了商朝，把宋國給了同樣反對商紂王的微子啓，以現在來說，微子啓可以說是台灣的縣市長、美國的州長。

後來，微子啓的後代遇到了宮廷內鬥，為了活命，逃到魯國定居，從此成為平民。孔子的爸爸叫孔紇，字叔梁，通常被稱為叔梁紇。叔梁紇是個大力士，曾經在打仗時立下大功，被魯國的國君封為「大夫」，這個官職等於現在一家公司的中階主管。

叔梁紇的妻子接連生了九個女兒，讓叔梁紇很擔心。因為在過去祭祖要由男生負責，孔家沒有男丁，這可是件麻煩的事情。為了解決這個問題，叔梁紇先娶了個妾，這個妾生了一個男孩。這個男孩的到來，令叔梁紇很高興。

只是叔梁紇高興沒多久，就發現問題大了，原來這個被他取名叫做孔孟皮的大兒子是個瘸子。雖然「天生我才必有用」，跛腳並沒有什麼不好，但根據周朝的規定，女生和瘸子都不能進到家廟，叔梁紇的問題還是沒解決。

叔梁紇六十多歲了，他認為生不出兒子不是他的問題，而是女伴的問題，所以他又和一個比他年輕四十多歲的女子——顏徵在共同生活。終於在叔梁紇有生之年，他見到了「可以負責孔家祭祀的兒子」。

顏徵在替叔梁紇生了一個頭頂凹了一點的男孩，被叔梁紇命名為「孔丘」，也就是我們後來尊稱的「孔子」。

孔子三歲時，叔梁紇過世了，顏徵在帶著孔子離開了家鄉，辛苦的過日子。

在司馬遷的《史記．孔子世家》中提到，孔子小時候很喜歡「陳俎豆，設禮容」。「俎、豆」是古代祭祀時，用來盛祭品的兩種禮器，這代表了孔子對於古代祭祀的禮俗規範很有興趣。

在孔子那個年代，從事婚喪祭祀工作的人員就叫做「儒」或者是「術士」，所以孔子學了很多禮樂知識等「儒」所必須要具備的能力。

孔子十七歲時，顏徵在過世了。孔子在十九歲結婚，二十歲生下第一個小孩，當時魯國的國君還拿了條鯉魚當禮物，祝賀孔子當爸爸。

孔子為了對魯國國君表示敬謝之意，把他的兒子取名為「孔鯉」，這時我們或許要慶幸，當初魯國國君送給孔子的不是一隻小豬。

孔子二十歲時，魯國國君兄弟的後代，季孫氏請他去管理糧庫，雖然這是個小工作，孔子卻把糧食進出的收入記錄詳細、條理清楚。管倉庫的工作沒做多久，季孫氏又請孔子去管牛羊牲畜，而孔子居然也能把牛羊養得隻隻肥壯。

雖然孔子好像每個工作都可以做得很不錯，但他對禮樂知識的探求，還是最有興趣。為了學音樂，孔子跑去找魯國的一個音樂家師襄，在那裡學彈琴，學了十天，師襄本想教導孔子新的樂曲，孔子卻不肯，因為他想要更深入的了解這首曲子的技巧；等到孔子了解曲子的技巧後，師襄拿出新樂譜，孔子卻說：他還想知道舊曲子表達的內容；好不容易等孔子了解曲子的內容，師襄想現在應該可以學新曲了吧！沒想到孔子還想研究曲子歌頌的對象。

終於有一天，孔子對師襄說，他明白了這首曲子所要歌頌的對象是周文王。聽到這個答案，師襄非常敬佩，因為這首曲子的名字，真的叫做「文王操」。

在過去只有貴族可以讀書，但孔子卻覺得，不管貧富貴賤，人都有學習的權利。為了實現他「有教無類」的理想，孔子自己辦了一所學校。因為擔心身為平民百姓的學生窮，繳不起學費，所以，孔子訂下規則，想要入學的學生，只要帶一份「束脩」，也就是把十條肉乾綑為一束，當成學費就可以了。

孔子在魯國當了五年老師，卻因為兩隻鬥雞，離開了自己生長三十五年的故鄉。

在孔子三十五歲時，季平子與郈昭伯兩個魯國的大官在玩鬥雞時吵了起來。這是因為在比賽時，季平子為自己鬥雞翅膀上裝了甲胄，郈昭伯則在自己鬥雞的爪子上裝鐵趾甲，雙方都把對方的雞弄得死傷慘重。

比賽結束，雞死了，兩方的樑子也結下了。季平子和郈昭伯雙方的人馬一見面就打，季平子還常常派人去惡搞郈昭伯。郈昭伯被欺負後，跑去跟魯昭王哭訴，由於季平子平時就對魯昭王很不禮貌，魯昭王也想藉這個機會好好處罰季平子，於是他派兵攻打季平子。季平子苦苦哀求魯昭王放過他，但是魯昭王偏要打，季平子只好到處討救兵，直接跟魯昭王對上，最後打敗魯昭王。

這場莫名其妙的「鬥雞之變」，不但把魯昭王逐出了魯國，也讓孔子對魯國的政治感到失望，他憤憤的離開魯國。

孔子第一次出國，帶著弟子來到齊國，跟齊國國君齊景公談了許多治國的想法，齊景公覺得很有道理，但齊國其他大臣卻不喜歡他，甚至還想害他。孔子只好趕緊離開齊國。

孔子從齊國回到了魯國，繼續當老師，由於他知識淵博，並有自己獨到的見解，所以學生越來越多，他的聲望也越來越高。因為懂「禮」，孔子在魯國頗有名氣，連魯國的官員孟僖子他的兩個兒子和南宮敬叔，也到孔子那兒去學禮。

孔子在五十一歲時，受到魯國國君的邀請，成為魯國的官員，從中都宰、司空、大司馬到大司冦兼任宰相，魯國在他的治理下變成一個讓人民生活安全舒適的國家，齊國知道了這件事，怕魯國變得太強大，便送給了魯國國君八十個歌女，魯國國君果然沉迷於享樂之中，疏遠了政事，孔子勸說無效，帶著他的弟子再次離開魯國，展開十四年的環中國之旅。

這十四年的旅行，可說是比現在的背包客、自由行還辛苦，尤其是當時，各國都因為想併吞別人與不想被別人併吞，互相打來打去，有幾次孔子都在途經戰爭的國度時，面臨生死交關的處境。

當孔子回到魯國，已經六十八歲了，這時他放棄了在任何一個國家做大官，以救天下蒼生的念頭。他開始研究《易經》，司馬遷在《史記．孔子世家》中說，孔子讀《易經》讀到韋編三絕，意思是說孔子熟讀《易經》，把綁易經竹簡的熟牛皮帶子磨斷了好多次。用現代的話來說，就是孔子把《易經》翻爛了。

除此之外，孔子開始當編輯，把自己有興趣的《詩》、《書》、《禮》、《樂》都整理清楚。孔子一面當編輯，一面當作家，他把魯國的歷史寫成一部名為《春秋》的史書，裡面也寫了魯國那些身處要職，卻品行不良的高官的一些惡劣行徑，所以孔子學生的學生孟子，在他的書《孟子·滕文公下》中說：「孔子成《春秋》，而亂臣賊子懼。」

孔子在七十三歲過世，雖然他的一生，沒有如他期望的，在任何一個國家實現他的政治理想，造福百姓，但他做了幾十年的老師，收了三千個學生，這些學生在孔子死後，一代傳一代的將孔子的思想傳遞下去，使得孔子成為中國最重要的教育家與思想家。

❖國學常識這樣考

(　)「孔子將行，雨而無蓋。門人曰：『商也有之。』孔子曰：「商之為人也，甚吝於財，吾聞與人交，推其長者，違其短者，故能久也。』」根據本文，「推其長者，違其短者」這句話的涵義與下列何者最接近？

Ⓐ 多推許對方的長處，避開對方介意的事情
Ⓑ 彼此以誠心相待，不計較對方的優劣長短
Ⓒ 多多學習對方的優點，以改正自己的缺點
Ⓓ 儘量宣揚對方的長處，誠懇規勸對方過失

答案：Ⓐ

98年第二次基測

注：這段記載出自《孔子家語》。孔子外出前正巧下雨而沒傘。學生說：「子夏住在附近，我們去借。」孔子卻說：「子夏很吝嗇，勉強借了會捨不得；但不借又會損害他的名聲。我覺得君子與人交往，應多推許對方的長處，避開對方介意的事情，這樣的友誼才會長久。」

2

老子

❖履歷表

姓	老（後改為「李」）
名	耳
字	聃
人稱	老子
性別	男
時代	東周春秋
生卒年	約西元前570年（約周靈王2年）～？
生日	農曆2月15日（唐綜說的）
籍貫	楚國苦（音ㄍㄨ）縣
個性	恬淡（沒工作後就跑到郊區退休）
志向	政治上希望無為而治，不言之教；個人修養上希望性命雙修，講究虛心實腹，不與人爭。
工作經歷	周朝「守藏室史」（相當於現在的國家圖書館館長）
相關著作	《道德經》（又名《老子》）僅次於基督教《聖經》，是被翻譯為最多國文字的經典。

特殊事跡
① 道家學派的創始人（不過，是後人推選的，可沒聽說老子承認） ② 道教創始人太上老君的第十八個分身（同樣是後來的人拱出來的，老子一樣沒承認） ③ 與莊子並稱「老莊」

老子是個神祕客。光是他姓什麼，就有不同的說法：有人說他姓「李」，這個「李」姓，跟古代的理官有關。古代的理官掌管司法，這些理官都以「理」為姓，而古代的「理」與「李」這兩個字相通，所以老子是「理」姓的後代。

另外有人說他姓老，因為他們找不出老子有姓李的爸爸或是姓李的親戚。卻在記載春秋時代史書的《左傳》中，找到宋國有個將軍叫老佐。所以這些人認為，就算老佐不是老子的爸爸，也算是他的同宗族人，這樣看來老子應該是姓老。

除了老子姓名成謎，他的出生地、出生的情形，也都有不同的說法：有人說他出生在河南，也有人說他出生在安徽；有人說他是出生時有一堆白鬍子，所以叫老子；也有人說他媽媽懷他懷了八十一年，才把他生下來；更有人說他跟老萊子是同一人。

不論老子身上有多少謎團，對於他是中國最重要的哲學家之一，卻沒有人有爭議。

周朝有個很有學問的人叫做商容，據說，老子曾經向他討教很多人生的道理。雖然當時的周朝，諸侯動不動就打仗，搞得人民苦不堪言，但是學問淵博的老子，還是找到了一分不算壞的工作，也就是周朝的守藏室史，這個等於國家圖書館館長的職位，讓他可以讀到很多的書與史料。老子將自己埋首書中，從別人的故事中得到了更多的啟發。所以連我們的至聖先師——孔子，都不只一次跑來找老子，向他請教有關「禮」的問題。

老子當圖書館館長當了二十多年，沒想到周朝的王位之爭，竟然讓他的工作不保。

當時的周朝天子周景王在位，太子本來是王子猛，但後來周景王想換掉王子猛，立他所寵愛的兒子姬朝，也就是王子猛同父異母的弟弟，眾人所稱的「王子朝」為太子。不過就在周景王宣布這個決定的前幾天，忽然病死了。

王子朝不甘心到手的王位飛了，帶著一些擁護他的文武百官跟王子猛打架爭王位，沒打幾場仗，才當了半年周王的王子猛就死了。王子猛這邊的人馬，又擁立了王子猛的親弟弟王子匄（後稱周敬王）當周王。

王子朝佔領王城後，自己稱王。王子匄看到王子朝稱王，立刻也在王城東面稱王，使得當時的周朝有兩個王，一個是王子朝的西王，一個是王子匄的東王。

後來王子匄得到晉國的幫助，率兵打入了王城，王子朝為了證明自己才是周朝真正的王，所以帶了大批的周朝典籍跑到楚國。

身為國家圖書館館長的老子，卻讓周朝的典籍被帶走了，而且還是王子匄的敵人王子朝帶走的，要是已經佔領王城的王子匄怪罪下來，那可不是件小事。所以老子決定離開守藏室史的工作，同時也離開王城，他隨處走，走到了周朝的邊境，遇到了守邊關的關令尹喜，尹喜知道老子決定隱居，覺得應該把他的智慧，留給後世的人知道。所以拜託老子把他的想法寫成書，不然不讓他離開。老子沒辦法，只好花了點時間，寫了五千多字的《道德經》，也就是我們現在讀到的《老子》一書，然後出了關，躲起來避禍去了。

老子一去不復返，留下的《道德經》卻讓他成為「道家」的頭頭，對於中國宗教、哲學都有很大的影響。

❖國學常識這樣考

（　）下圖為某搜尋引擎的查詢記錄，若點選這三個檢索詞，則所搜尋出的文獻資料，最可能的交集對象是：

最近查詢記錄三筆：
清虛以自守　卑弱以自持　與時遷移，應物變化

Ⓐ孔子、孟子　Ⓑ老子、莊子
Ⓒ屈原、賈誼　Ⓓ韓愈、柳宗元

答案：Ⓑ

92年指考

注：《漢書．藝文志諸子略序》敘述道家說：「清虛以自守，卑弱以自持，此其所長也。」《史記．太史公自序》記載，太史公司馬談在論六家之要旨時則說：「與時遷移，應物變化」。而道家的代表就是老子與莊子。

（　）老子思想的核心是：

Ⓐ人　Ⓑ道　Ⓒ物　Ⓓ我

答案：Ⓑ

94年預官

注：《老子》開宗明義就說：「道可道，非常道。」

（　）下列有關《老子》的敘述，正確的選項是：

Ⓐ《老子》又名《道德經》，主張絕聖棄智，反璞歸真。
Ⓑ《老子》共81篇，僅二千多言。
Ⓒ「鄰國相望，雞犬之聲相聞，民至老死不相往來」，指冷漠無情，自掃門前雪的心態。
Ⓓ《老子》一書用韻文體來表達思想，有很多問答式的對話形式。

答案：Ⓐ

98年預官

注：Ⓑ《老子》為五千多言，並非二千多言。
Ⓒ 指人無所欲求。
Ⓓ《老子》不是問答體，《論語》才是。

3 墨子

❖履歷表

姓	墨
名	翟
人稱	墨子、子墨子
性別	男
時代	東周春秋末戰國初年
生卒年	約西元前475年？～西元前392年？（約周元王2年？～周安王10年？）
祖籍	宋國（今河北省）
籍貫	魯國（山東滕州人）
個性	好管閒事（別的國家打仗，他帶著自己的追隨者，去當免費的傭兵，幫忙守城）
志向	讓世界和平，大家過簡樸生活。
興趣	工作再工作；不斷地工作
偶像	大禹（因為他認真工作）

工作經歷

① 頂級木工兼研發工程師（曾發明可載重六百公斤的木頭車軸）
② 政治組織負責人（墨家集團的領袖「鉅子」）
③ 宋國大夫（只是個官爵，沒有特定的工作內容）

相關著作

①《墨子》（墨子和他的弟子寫，西漢劉向編的）
②《墨經》（同樣是墨子和弟子合寫，討論包括光學等科學原理）

特殊事跡

① 墨家創始者兼掌門人
② 所創立的「墨家」，與儒家在戰國時代並稱顯學

墨子生在春秋末年，生於孔子之後，孟子之前。由於有關墨子的史料太少，所以到底墨子什麼時候生的、出生在哪裡、甚至姓什麼、叫什麼，都有不同的看法，還有人因為墨子很黑而覺得他是印度人。

為什麼墨子身為在當時號稱「顯學」的墨家大當家，身世卻沒有什麼記錄呢？或許是因為他沒有很罩得住的爸媽吧！

根據學者錢穆判斷，墨子的先人很有可能是奴隸罪犯，受過一種在臉上刺青的刑罰——「墨刑」，墨子的姓可能從此而來。如果墨子有這樣比平民百姓還不如的身世，有什麼人會浪費筆墨記錄呢？

墨子雖然沒有出身在名門大族，不過本身是個堅持理想的人。年輕的時候，墨子曾經學過儒家思想，但是不太喜歡，還罵過孔子是「汙邪詐偽」的偽君子，難怪視孔子為偶像的孟子，會罵墨子是「禽獸」。

墨子跟其他春秋戰國思想家、政治家最大的不同，就是他在乎的是最下層階級的平民百姓生活，他的主張、他的作法，也都是為了幫助在這些國家中最弱小的一群。

由於墨子的崇高理想，引來許多追隨者，讓「墨學」與「儒學」成為當時的兩大「顯學」。不過，墨子的學說，對於已經擁有許多金錢、權力，還想要更多富貴權勢的各國國君，卻是一點吸引力都沒有。

就拿「兼愛」來說，要國君兼愛，不就是要他把王宮、寶石、玉器分給百姓，那當國君有什麼意思？

再說「非攻」，弱小的國家，只要求神保佑強國不來攻就好了，不用墨子說，弱小的國家也贊同「非攻」；而強大的國家，國君各個野心大，不發動戰爭，怎能搶錢、搶地、搶人民，成為第一大國？

由於大國都不支持墨子，墨子只能在自己的國家組織團體，這個團體裡的老大叫做「鉅子」，其他人則稱為「墨者」。這裡所有的人，都要穿著粗衣草鞋，聽「鉅子」的話。「墨家團體」儼然成為一個跨國的團體。

墨子講求「非攻」，所以，他很會守城，也常帶著他的門徒去幫被攻打的國家守城，有一次，楚王找來當時頂尖的工匠公輸盤幫他做雲梯，準備去攻打宋國。墨子知道了，走了十天十夜，終於找到公輸盤。

他對公輸盤說：「有人罵我，你去幫我宰了他。」

公輸盤不肯。

墨子說，那我給你錢，你去幫我殺了他，公輸盤還是不肯。墨子對他說：「我要你幫我殺個人你都不肯，現在你卻要幫楚王去殺很多宋國人，這不是很怪嗎？」

公輸盤沒話說，只好把責任推給楚王，墨子就跑去見楚王，但無論怎麼勸，楚王就是不聽，最後，墨子說：「你要打宋國，可不一定打得下來。因為我要去幫宋國守城。」楚王不相信，於是墨子解下腰帶，當著楚王的面，跟公輸盤玩起模擬戰。

公輸盤攻城九次，九次都被墨子擋了下來。公輸盤眼露殺機，想殺墨子，但是墨子說，他的門徒早就已經準備好了，如果墨子死了，那些「墨者」還是會幫宋國守城。楚王看墨子這麼難纏，也就打消了攻打宋國的念頭。

墨子幫了宋國大忙，當墨子離開楚國回家時，天忽然下雨，他想去宋國避雨，宋國的守門人竟然不認識他是誰，不讓他進去，墨子也沒有因此而改變他「止戰」的理想。

所以，就算是罵他「禽獸」的孟子，也稱讚他：「兼愛，摩頂放踵，利天下為之」。而批評墨子節省過頭的莊子，也說：「墨子真天下之好也。」

如此可知，墨子這個身體力行的社會主義理想派思想家，無私的態度，即使是和他意見不同的人，還是可以看見他的熱血和真心。

❖國學常識這樣考

（　）下列是一段古文，請依文意選出排列順序最恰當的選項：

是故國有賢良之士眾，

甲、則國家之治薄，　　乙、賢良之士寡，

丙、故大人之務，　　丁、則國家之治厚，

將在於眾賢而已。

——《墨子·尚賢》

Ⓐ 甲乙丁丙　　Ⓑ 甲丙乙丁

Ⓒ 丁乙甲丙　　Ⓓ 丁丙乙甲

答案：Ⓒ

99學測

注：《墨子．尚賢》：「是故國有賢良之士眾，則國家之治厚，賢良之士寡，則國家之治薄。故大人之務，將在於眾賢而已。」

4

孟子

❖履歷表

姓	孟
名	軻
字	子輿
人稱	孟子、亞聖
性別	男
時代	東周戰國
生卒年	約西元前372年～西元前289年（約周烈王4年～周赧王26年）
祖籍	魯國（魯桓公的庶長子公子慶父、孟孫氏的後代）
籍貫	鄒國（今山東省鄒縣）
老師	孔門學生（據說是孔子孫子，孔鯉的兒子——子思的學生）
個性	好辯敢言（曾說：「余豈好辯哉，余不得已也」）
志向	以「仁義」治國，從愛護自己的家人，到愛護全國人民。使人民富足，百姓安樂。
偶像	孔子

工作經歷

① 老師（有其他工作時兼著做，沒其他工作時，專職做）
② 57歲～62歲：齊國客卿

相關著作

① 孟子（由他自己與他的弟子一起完成）
② 替《詩》、《書》二經寫序

特殊事跡

① 發揚儒家思想
② 與孔子並稱「孔孟」，「孔孟思想」代表了儒家思想

孟子三歲就沒有爸爸，他的媽媽靠著織布養活他。孟子小時候很有演戲細胞，一開始他家住在墳墓邊，孟子沒事就在家上演「送葬啼哭」的戲碼，煩得孟母趕快搬家到市場邊；孟母把家搬到市場邊後，孟子在家門外繞了繞，回家改戲碼，這回改演市場商業叫賣戲，天天在家裡練習殺豬叫賣的技巧。孟母受不了，只好再度搬家，把家搬到學校旁邊，這就是所謂的「孟母三遷」。

住在學校旁邊的孟子，學了上課的樣子，卻不想學上課的知識；有一天，他蹺課回家，被孟母逮個正著，孟母二話不說，拿起剪刀把織布機上正在織的布一刀剪斷。孟子覺得很奇怪，孟母告訴孟子，求學半途而廢就像織布時割斷了布，一切又要從來。因為這次的「斷機教子」，孟子之後都乖乖上學了。

孟子的老師是子思，子思是孔子的孫子，曾子的學生，所以孔子也可算是孟子的太太師祖。孟子不但身處儒家學派，更崇拜孔子，他曾說過：「生民未有盛於孔子也！」意思就是說，從古到今從來沒有人比孔子了不起的。

孟子生活的戰國時代，周天子的地位比春秋時代更低下，諸侯之間打得更凶，為了讓自己的國家更強壯，各國的國君紛紛找很多有能力的人來幫忙治理國家，因此也有更多的人，提出不同的治國想法。

孟子學成之後，除了到各國去宣揚孔子的儒家思想，還對於其他學派，如法家、道家的思想，全部大肆批評。他甚至批評當時楊朱「為我」和墨子「兼愛」的思想是：「楊氏為我，是無君也；墨氏兼愛，是無父也；無父無君，是禽獸也。」

孟子罵其他思想家是「禽獸」，對國君也不客氣。當梁惠王派兵打仗，打輸了又打時，孟子竟大罵：「不仁哉，梁惠王也！」

梁惠王抱怨自己認真治國，別國的人卻沒有移民到梁國來，孟子還以「五十步笑百步」來對諷諭梁惠王愛打仗，也沒比其他國君好到哪裡去。

雖然孟子對很多事情不滿，但他卻相信「人性本善」，認為人的「惻隱之心、羞惡之心、辭讓之心、是非之心」就是人性本善的證據。

孟子很有骨氣，有一次齊王想見孟子，但卻假裝生病，要孟子去見他，以表現出自己是王的尊貴，孟子知道了，也假裝生病不去見齊王，第二天還大搖大擺的出門，他的弟子說：「你昨天說你生病不出門，今天卻出門去，這樣不大好吧！」孟子竟然理直氣壯的說：「我昨天生病，可是今天好了，當然可以出門。」完全不在乎齊王怎麼想。

孟子除了言詞犀利，在他的思想中，更是把人民看得比君王還重要，他的「民為貴，社稷次之，君為輕」，對於當時的君王而言，可不是什麼好主意。因此如同孔子一樣，孟子在周遊各國卻得不到重用後，最後回到家鄉鄒國，和學生萬章、公孫丑等人，一起把自己的想法編寫成《孟子》一書，大約在八十三歲時去世。

❖國學常識這樣考

(　　) 下列選項中「為」字的讀音，何者與其他三者不同？

Ⓐ 今夫弈之「為」數，小數也；不專心致志，則不得也
Ⓑ 使弈秋誨二人弈，其一人專心致志，惟弈秋之「為」聽
Ⓒ 一人雖聽之，一心以「為」有鴻鵠將至，思援弓繳而射之
Ⓓ 雖與之俱學，弗若之矣。「為」是其智弗若與？曰：非然也

答案：Ⓓ

91年第二次基測

注：Ⓐㄨㄟˊ作為、當作。　Ⓑㄨㄟˊ助詞，無義。
　　Ⓒㄨㄟˊ以為、認為。　Ⓓㄨㄟˋ通「謂」。

(　　) 孟子曰：「中也養不中，才也養不才，故人樂有賢父兄也。如中也棄不中，才也棄不才，則賢不肖之相去，其間不能以寸。」在這段文字裡，孟子重視的是：

Ⓐ 家庭教育　　Ⓑ 學校教育
Ⓒ 技能教育　　Ⓓ 政治教化

答案：Ⓐ

86年學測

注：中：中庸，指品德好的人；養：培養、薰陶。

(　　) 孟子曰：「人有雞犬放，則知求之；有放心，而不知求！學問之道無他，求其放心而已矣。」句中「放心」，依孟子的本意是：

Ⓐ 放寬心　　Ⓑ 失去的專心
Ⓒ 亡失的仁心　　Ⓓ 放棄的企圖心

答案：Ⓒ

90年預官

5 莊子

❖履歷表

姓	莊
名	周
人稱	莊子、南華真人、蒙吏、蒙莊和蒙叟
性別	男
時代	東周戰國
生卒年	約西元前369年～西元前286年（約周烈王7年～周赧王29年）
籍貫	宋國蒙人（今河南商丘東北）
個性	不喜名利（有國君找他作官，他跑得比飛還快）
志向	在政治上希望無為治國，任其自然；在修養上希望追求個人自由。
興趣	思考
工作經歷	
漆園吏（管漆樹園的園丁）、哲學家兼作家、草鞋商人	
相關著作	
《莊子》（又稱《南華經》、《南華真經》）	
特殊事跡	
① 道家的代表人物 ② 與老子並稱「老莊」	

有關莊子的生平事蹟，目前留下來的資料非常少，大家只知道，他年紀小孟子四歲左右，很有學問，楚威王曾經請他去做官。莊子說：「吾將曳尾於塗中。」意思是他寧可當躺在泥巴堆裡的小烏龜，也不要當被供在廟裡的神龜。

有一次，莊子去找他在梁國當官的朋友——惠施，惠施擔心莊子搶走他的官位，莊子卻說：「對自己而言，官位根本就是貓頭鷹喜愛的臭老鼠，我不是貓頭鷹，所以對臭老鼠也沒興趣。」

莊子對當官沒興趣，對人世間的事情卻很有自己的想法。他愛好自由，喜歡自然，反對戰爭與爭奪，覺得人命比官位、名聲都重要，所以在戰國這樣的亂世，他最後連管漆園這種小官都不做，直接辭官回家，編草鞋賣人為生。

編草鞋、賣草鞋花不了莊子什麼時間，空閒時，莊子常跟已經沒有官可做的惠施閒扯。有一次，莊子看到池中的魚在游，隨口說了一句：「魚兒魚兒水中游，游來游去真快樂。」惠施立刻和莊子展開一場「魚兒是否真快樂」的辯論。

這場辯論看似只在「你不是魚，你怎知魚快樂？」、「你不是我，怎知我不知魚快樂？」的唇槍舌劍中，逞口舌之快，其實這兩位中國古代的著名思想家，是在論辯有關於人在接受外在事物的刺激時，心中或許、可能、應該產生的反應。

不同於幾個周朝思想學派，主要重視家國、社會、群體的行為與關係，莊子對於「個人自身的存在是什麼？」、「該怎麼存在？」這類的問題，有更多的興趣與想法。

最後莊子把他多年來的觀點寫成書，或許是因為莊子的時間比較多，因此比起前輩老子的五千字《道德經》、孔子一萬多字，還要靠弟子幫忙寫的《論語》，莊子的《莊子》這本書，雖然到現在只剩下八萬多字，三十三篇，但據說在漢朝可是有五十二篇，十幾萬字，足足多了《老子》二十多倍，也比《論語》多十倍。

莊子的文章善用神話寓言，在他的筆下，我們聽說了殺牛技術高超的屠夫——庖丁；看到了他夢到自己是蝴蝶，醒來搞不清楚到底是莊周夢蝶，還是蝶夢莊周；認識了寧可自己自由自在的在江海裡游泳，也不要在快枯乾的泉水裡，和其他魚同伴互相吐口水，以維持生命的「涸泉之魚」。

因為他跟老子都認為宇宙間有一種「道」，這種「道」沒有辦法用言語來形容，卻是萬物生存的準則，如果可以依循這個道來做事與生存，就可以逍遙自在，所以後人才把老子和莊子同歸為「道家」。

❖國學常識這樣考

孔子謂顏回曰：「回，來！家貧居卑，胡不仕乎？」顏回對曰：「不願仕。回有郭外之田五十畝，足以給飦粥；郭內之田十畝，足以為絲麻；鼓琴足以自娛；所學夫子之道者足以自樂也。回不願仕。」孔子愀然變容曰：「善哉回之意！丘聞之，『知足者不以利自累也，審自得者失之而不懼，行修於內者無位而不怍。』丘誦之久矣，今於回而後見之，是丘之得也。」

——《莊子・讓王》

飦粥：飦，音ㄍㄢ。濃粥
愀然：愀，音ㄑㄧㄠˇ。容色驟變貌

(　)下列語句的解釋，何者最恰當？

Ⓐ胡不仕乎：難道在胡人轄區不能作官嗎
Ⓑ夫子之道：敬師事親的處世之道
Ⓒ以利自累：因為求取利祿勞苦自己
Ⓓ行修於內：私底下能仔細調養自己

答案：Ⓒ

注：Ⓐ胡不仕乎：為什麼不去當官？胡：為什麼。
Ⓑ夫子之道：老師所教的道理。
Ⓓ行修於內：修養內心的人。

(　)根據本文，孔子對顏回的應答所抱持的態度為下列何者？

Ⓐ悲憫其身分處境　Ⓑ認同其心意作為
Ⓒ惋惜其懷才不遇　Ⓓ讚賞其奮發積極

答案：Ⓑ

(　)本文旨趣，與下列何者最接近？

Ⓐ心存良善的動機，快樂便可如影隨形
Ⓑ想要達成期盼的目標，必須知所忍耐
Ⓒ若要出仕為政，當先求衣食無憂
Ⓓ學道有得，則處處皆能知足自適

答案：Ⓓ

97年第二次基測

6 屈原

❖履歷表

姓	咩
氏	屈
名	平
字	原
人稱	愛國詩人、左徒、三閭大夫（左徒、三閭大夫都是屈原當過的官名）
性別	男
時代	東周戰國
生卒年	約西元前340年？～西元前280年？左右（約楚宣王30年～頃襄王17年）
忌日	農曆5月5日（端午節）
籍貫	楚國丹陽（當時楚國國都，今湖北或河南）
個性	有潔癖（因為「舉世皆濁我獨清」所以自殺）
志向	輔佐楚國國君
興趣	聽故事（在所作的楚辭中，有大量民間傳說與神話）
偶像	彭咸（後來學彭咸跳河自殺）

工作經歷

① 蘭台學官（等於現在的御用文人）
② 楚懷王左徒（只比宰相小的大官）
③ 三閭大夫（管祭祀，及教育楚國最主要昭、屈、景三姓貴族子弟的官）

相關著作

楚辭：包括〈離騷〉、《九歌》（11篇）、〈天問〉、《九章》（九篇）、〈遠遊〉等

特殊事跡

① 創立楚辭這種文體（又稱「騷體」，所以後代「詩人」也稱「騷人」）
② 中國第一個以文學著名的文學家
③ 中國最早留名的詩人（過去詩作的作者都不詳）

屈原是楚國的貴族，他的祖先是楚武王熊通的兒子屈瑕，因為封在「屈」地，所以他的後代都以「屈」為氏。

屈原何時出生，何年投江自殺，至今仍有各種不同的看法。但唯一可以確定的是，他主要工作的大老闆是楚懷王及後來的頃襄王。

一開始屈原很受楚懷王的喜愛，楚懷王給了他左徒這個工作。「左徒」這個官職，只有在楚國有，所以左徒的主要工作是什麼，各家學者也有不同的看法。不過當一個人被老闆賞識時，不管是什麼職位，說話都很有分量。

所以屈原在當左徒時，不但對於國家內部的管理，給了楚懷王很多意見，也出使其他國家，替楚國進行外交工作。

除了左徒，屈原還當過三閭大夫和頃襄王還在當太子時的老師。三閭大夫也是個只有楚國才有的官職，反正當時戰國末年，周朝天子名存實亡，各國國君只要有本事，只要想得出幾個新官職，就可以創造幾個新官職。遠在南方的楚國，就設了一個「三閭大夫」的職務，用來處理國中屈姓、昭姓、景姓三大貴族的祭祀、族譜、貴族子弟教育等工作。聽起來這個工作就是要楚國中德高望重的人來擔任。屈原擔任這個職務，可想而知他在楚國的名聲不錯。

在當時周朝的朝廷，之下有七個主要的諸侯國，秦國一邊，其他六國一邊，六國這邊就是以楚國當老大。一開始時，六國團結對抗秦國，讓秦國吃了不少苦頭。秦國為了要瓦解六國聯盟，想了一堆辦法，不停遊說楚國，要楚國背棄其他五國，跟秦國站在同一邊。幾次之後，楚懷王被秦國說動了，想去跟秦國當好朋友，但是屈原卻一直反對。

楚懷王不想聽屈原在那裡嘮嘮叨叨，加上朝廷一些嫉妒屈原的大臣、貴族，常常在懷王的面前造謠，說屈原的壞話，說久了，懷王漸漸不喜歡屈原，在楚懷王二十五年（西元前三〇五年），楚懷王為了要讓耳根子清淨，命令屈原到離開楚國的都城，到漢北地區去。

這是屈原第一次被流放。屈原被流放了五年，回到了楚國都城，沒過多久，楚懷王聽了兒子子蘭的話，被秦國騙去，不能回國。他的大兒子，屈原的學生——頃襄王繼位，三年後，楚懷王死在秦國，遺體被送回楚國，楚國人都很哀傷。

頃襄王任用自己的弟弟子蘭當宰相，子蘭超討厭屈原，在哥哥面前不停的說屈原的壞話。雖然屈原當過頃襄王的老師，但頃襄王跟子蘭的感情比較好，所以頃襄王也學他爸爸，要屈原閃遠一點。這次頃襄王把屈原放逐到江南更偏僻的地方。

屈原在放逐的過程中，不管走多遠，還是一直關心國家大事，他看著楚國不停的打敗仗，土地一塊塊被拿走，軍人、百姓一一死去，心裡非常傷心，他決定效法殷商時代的賢臣彭咸。殷商時的彭咸，就是勸諫君主不成，悲憤的投江自殺的，屈原也有樣學樣，在頃襄王十七年農曆五月五日，抱著石塊投汨羅江而死。後人為了悼念他，就在這一天包粽子、划龍舟來紀念這位偉大的詩人。

屈原死後，留下了令人讚嘆的詩歌，成為與北方《詩經》並稱的《楚辭》。

屈原創造的楚辭，文字中出現大量的語氣辭「兮」，但是，楚辭令人讚嘆的地方，當然不是因為這個「兮」字。楚辭最令人稱道的地方，就是文字裡充滿了文學的美感。像是〈離騷〉中，屈原敘述他流放時期的經歷，寫到：「朝發軔于蒼梧兮，夕余至乎縣圃」，不過是敘述早上從蒼梧這個地方出發，傍晚到縣圃這個行程，屈原就使用了對句；而對於時間流逝的恐慌，則用了「惟草木之零落兮，恐美人之遲暮。」的比擬。

除了敘述自己生平事跡和不被君王重用心情的〈離騷〉、《九章》、〈遠游〉外；《九歌》將楚國神祇的形象、姿態描寫得栩栩如生，儼然是「楚神」吟詠的代表作；而〈天問〉這篇以一百多個問句，將自古天文、地理、歷史、神話等故事中，他所疑問的，明知故問的，用一個一個的問題來表現，最後連結到自身的遭遇，抒發個人的情懷。這種把「理性」（對自然界疑問）與「感性」（感懷歷史神話人物進而興發自身遭遇）合而為一的詩篇，可說是從古至今少有的大作。

由於屈原的作品太精采，即使他的生平至今學者還爭論不休，但他所留下的《楚辭》，卻是中國文學史上光亮的一章。

❖國學常識這樣考

(　　)「用典」是古典詩詞常見的表現方式。下列關於各詩詞句子用典的敘述，正確的選項是：

Ⓐ「天子三章傳，陳王七步才」用「曹植」的典故
Ⓑ「嘆鳳嗟身否，傷麟怨道窮」用「孔子」的典故
Ⓒ「千載琵琶作胡語，分明怨恨曲中論」用「白居易」的典故
Ⓓ「傲殺人間萬戶侯，不識字煙波釣叟」用「白樸」的典故
Ⓔ「靈均標致高如許，憶生平既紉蘭佩，更懷椒醑」用「屈原」的典故

答案：ⒶⒷⒺ

92年指考

注：Ⓒ指王昭君。
Ⓓ指白樸的散曲〈沈醉東風‧漁父詞〉，並非指白樸這個人。

(　　)如果想閱讀屈原的作品，在下列那一本書中最容易找到？

Ⓐ《戰國策》　Ⓑ《昭明文選》
Ⓒ《左傳》　Ⓓ《呂氏春秋》

答案：Ⓑ

84年學測

注：《昭明文選》的卷三十二與三十三，全是屈原的作品。

(　　)余光中大江東去：「大江東去，浪濤騰躍成千古／太陽升火，月亮沉珠／那一波是捉月人？／那一波是溺水的大夫？／赤壁下，人弔髯蘇猶似髯蘇在弔古」這首新詩中提到的人物有哪些？

Ⓐ嫦娥、屈原、曹操　Ⓑ嫦娥、杜甫、蘇軾
Ⓒ李白、杜甫、曹操　Ⓓ李白、屈原、蘇軾。

答案：Ⓓ

90年第一次學測

注：捉月人指李白，溺水的大夫指屈原，髯蘇指蘇軾。

7 管仲

❖履歷表

姓	姬
氏	管
名	夷吾
字	仲
人稱	管子、管夷吾、管敬仲
齊桓公稱	仲父
謚號	敬
性別	男
時代	東周春秋
生卒年	約西元前723～西元前649年（約周平王48年～周襄王3年）
生日	農曆5月5日正午（陽曆6月27日）
籍貫	齊國潁上（今安徽省潁上縣）
祖籍	管（今河南鄭州）
個性	公私分明有才能
志向	協助齊桓公安內攘外，尊王攘夷

工作經歷

① ？～38歲：做買賣、當兵、當老師（之後老闆的哥哥——公子糾的師傅）

② 38歲～74歲：齊國相國（等同於宰相、行政院長）

相關著作

① 《管子》（很多都不是他寫的）

② 主要言論見於《國語．齊語》

特殊事跡

① 中國賢相代表

② 中國法家學派開山祖（但他可能不知道）

③ 幫助齊國創立霸業

④ 「管鮑之交」成語的主角

管仲小時候因為父親早死，家庭很貧困，不過，他的一生中卻遇到兩個厲害的貴人，一個超級好朋友——鮑叔牙，以及超級好老闆——齊桓公。讓管仲可以成為中國重要的政治家。

鮑叔牙大管仲兩歲，出生在管仲住的管家莊北方三里的鮑家莊。兩個人一起長大，一起做買賣，賺了錢，七三分帳，管仲拿七，鮑叔牙拿三，別人替鮑叔牙打抱不平，鮑叔牙說：「我爸是鮑敬叔，齊國的小官，有些地，是個小地主，不缺這點錢，管仲家窮，給他多點沒關係。」他們一起當兵，一有危險，管仲逃跑跑第一，別人笑管仲沒膽，鮑叔牙說：「這也沒辦法，他家有老媽媽要養，他萬一死了，老媽媽不就也活不成了。」有鮑叔牙這個一路相挺的好朋友，管仲不知是上輩子燒了什麼好香。

後來管仲和鮑叔牙一起去齊國，當齊國王子的老師，管仲照顧二王子——公子糾，鮑叔牙照顧三王子——公子小白。周朝規定，各國未來的老闆，都要以長子優先，任何會算數的人都知道，排行老三，比排行老二要走上國君的位置，不論距離跟時間都要久一些，有時甚至等一輩子都走不到。

鮑叔牙的個性不錯，但也不是笨蛋，他想自己不管花多少的力氣幫小白，未來也不一定有什麼光明的前途，所以他有點想辭職，管仲知道鮑叔牙的想法，跑去勸鮑叔牙說：「這小白一臉貴相，將來一定可以成大事。到時候你就發了；如果你不想做，公子小白的老師這個肥缺，一定要讓給我。」被管仲一說，鮑叔牙似乎也覺得小白越來越像一塊璞玉，連忙拒絕。結果齊國後來的情勢發展，還真如管仲所言。

小白的爸爸齊僖公死後，他的大哥呂諸兒繼位，稱為齊襄公。齊襄公當上齊國的老闆沒多久，就把齊國國政弄得一團混亂，鮑叔牙和管仲都覺得齊國不宜久留，於是分別帶著小白跟公子糾離開齊國。沒多久齊襄公果然被他的表弟公孫無知弄死了，接著公孫無知又被反對他的人給殺了。齊國一時沒有人管，鮑叔牙和管仲又分別帶著小白和公子糾，趕著回到齊國搶王位。

當時的規定是誰如果先回到齊國，誰就可以當齊國大老闆。為了讓公子糾坐上大位，管仲跑去暗殺小白，他一看到小白，就拿箭射他，管仲的箭射中小白身上的玉帶。小白為了怕管仲再射自己，立刻咬舌吐血裝死。管仲心想，唯一可以跟公子糾爭位子的人已經死了，自己立了大功，心裡很高興，他志得意滿的回去找公子糾，一行人慢慢的回到齊國。沒想到一到齊國，小白已經坐在王位上了，管仲他們只好又逃到魯國去。

鮑叔牙用計讓魯國殺了公子糾，押解「罪犯」管仲回齊國，力勸小白任用管仲。小白一聽到管仲的名字就生氣，他想到：「這不是之前想殺我，卻沒殺成的兇徒嗎？我現在任用他，豈不在自己的身上裝炸藥？」但是鮑叔牙說：「我只能幫你把齊國管好，如果你要齊國成為諸侯中的一方霸主，非靠管仲不可。」

被鮑叔牙一說，小白想先見一下管仲，看看他有什麼能耐，如果不行，再殺也不遲。齊桓公見了管仲，管仲提出了「安內攘外」、「尊王攘夷」兩大理論，小白聽了目瞪口呆，決定讓他當丞相。

管仲在當丞相時做了許多改革，提出「治國之道，必先富民」的看法。在當時土地國有情形下，管仲還定立制度，讓人民可以擁有少量的土地和私人財產。不過管仲自己擁有的，是比「少量」還要多很多的私人財產，甚至有比齊桓公更豪華的房舍。

雖然管仲過得比齊桓公更氣派，但齊國在管仲及管仲推薦的賢臣輔佐下，多次不用武力就解決了國與國之間的紛爭；阻止了自己稱「王」的楚國，想要進逼周王室及其他諸侯國的野心；也讓齊桓公成為諸侯國的領袖。所以齊桓公不但不怪罪管仲的奢華，還把他當成自己爸爸一樣，稱他為「仲父」。

管仲過世之前，齊桓公問管仲，鮑叔牙可不可以接續他的工作，管仲不同意。奸臣易牙知道了，跑到鮑叔牙面前說，管仲不讓你當相國。鮑叔牙笑著說：「這是因為管仲了解我，如果我當了相國，你們這些奸臣還不哪邊涼快哪邊去？」這個世人所稱道的「管鮑之交」，一直到最後，都沒有改變。

管仲死後留下《管子》一書，不過裡面居然出現他死後才出現的人名，我們合理的懷疑，《管子》中的一些文章，有可能是後世假託偽作。由於他不贊成貴族特權，主張訂定新的規定，用「法」取代過去用「禮樂」治國，所以後人把他當成「法家」的開山祖師。

❖國學常識這樣考

(　) 管仲告誡齊桓公曰：「宴安鴆毒，不可懷也。」意謂：

Ⓐ駭世之論，不可親信
Ⓑ 居安思危，戒險則全
Ⓒ 生於宴安，死於憂勤
Ⓓ 心廣體胖，安若泰山

答案：Ⓑ

86年預官

(　) 《管子·牧民》：「故省刑之要，在禁『　』；守國之度，在飾四維；」句中『　』應是：

Ⓐ 鬼神
Ⓑ 文巧
Ⓒ 宗廟
Ⓓ 律法

答案：Ⓑ

89年預官

(　) 「倉廩實則知禮節，衣食足則知榮辱。」為何人之語：

Ⓐ 管仲
Ⓑ 晏嬰
Ⓒ 孔子
Ⓓ 諸葛亮

答案：Ⓐ

90年預官

8 韓非

❖履歷表

姓	韓
名	非
性別	男
時代	東周戰國
生卒年	～西元前223年（？～秦王政14年）
籍貫	韓國（今山西、河南地區）
老師	荀況
同學兼仇家	李斯
粉絲	秦王政
志向	法治天下，主張重賞重罰，名實相符。
工作經歷	
出使秦國12年（被李斯毒死在牢裡）	
相關著作	
《韓非子》（但有一些不知是誰寫的也被放進來）	
特殊事跡	
集法家學派之大成	

韓非出生於戰國末年，關於他出生的年代，學者的研究有數十年的差異，因此他到底活到四十多歲或是六十多歲，也各有不同的看法。

韓非是韓國的公子，也就是說，他的爸爸、叔叔或是伯伯，是韓國的國王。有了這麼尊貴的身分，照理說韓非應該是可以過著想怎樣就怎樣的日子，但事實並非如此。

韓非生在戰國末年，當時的韓國可說是各國中最弱的一國，弱到連韓非自己都說，韓國幾乎等於秦國的小弟，秦國要韓國往東，韓國就不敢往西。所以就算韓非身為韓國的王宮貴族，想大聲說話，也只能自己關起門來說，不能讓別人聽到。

韓非曾經在儒家大師荀子門下讀書，對於道家、法家等學說也都有研究，雖然他和他的老師——荀子一樣，主張人性本惡，但是在解決的方法上卻大相逕庭。荀子主張用「禮教」改變人的心性、行為，韓非則認為不如用法治來規範。

韓非推崇法制，法家的代表人物申不害，曾經輔佐過韓國的國君，讓韓國曾有大約十五年的興盛期。不過韓非不是生在那年代，所以他曾經寫文章抱怨過申不害，說他只懂得教國君利用權術，不懂用「法」，搞得國家中有一堆奸詐小人。

在弱小的韓國，韓非空有治國能力，卻無法發揮，加上他天生口吃，縱有再好的謀略，在君王面前也說不清楚，所以他只有把他的想法化成文字。

韓非的文章，主要是為君王服務的，內容都是教導君王如何管理大臣、百姓，讓君王擁有更強大的國家。當時的秦王看到韓非的文章非常的喜歡，甚至說：「嗟夫，寡人得見此人與之游，死不恨矣。」意思是說，如果我可以跟寫這個文章的人交朋友，死也瞑目。他的手下李斯知道了，趕緊告訴秦王，韓非是他以前在荀子那裡讀書的同學，是韓國的貴族。

秦王聽了很高興，一副「沒想到偶像遠在天邊，近在眼前」的樣子，立刻要韓國讓韓非到秦國來當外交官。韓非到了秦國，發現李斯居然要秦王滅了自己的國家，立刻寫了一篇〈存韓〉的文章，要秦國先去打趙國，別打韓國。秦王把這篇文章給秦國的大臣看。雖說韓非的這篇文章，主要可能是要保全他在韓國的親戚朋友，但豈不是在告訴秦王，李斯的看法是錯的？

接下來，韓非又批評了大臣姚賈。姚賈曾經拿著秦王的一大筆錢，用賄賂的方式，擺平四個意圖聯合起來攻打秦國的國家，解除秦國危難，而獲得了秦王許多賞賜。韓非卻對秦王說：「姚賈拿金錢做外交，這種方法不入流。而且姚賈之前還在魏國做小偷，被抓到警察局過。」他勸秦王別用這樣的人當高官。

秦王找來姚賈問，姚賈不但沒有否認，還說服秦王，他才是真的能幫助秦王統一天下的人，所以秦王就放了姚賈。姚賈逃過一劫，當然把這筆帳算在韓非身上。

韓非到了秦國，一下子就得罪了秦王面前兩個大紅人，一個是他的同學李斯，一個是大臣姚賈。

於是這兩人找到機會，就對秦王說：「你的偶像韓非是韓國人，而且還是韓國的王室成員，就算你對他再好，他還是心向祖國。他是不會幫秦國統一天下的。韓非這麼聰明，又在秦國待這麼久，很了解秦國，如果放他回韓國，不知道會給秦國惹出什麼麻煩。」簡單來說，李斯和姚賈就是要秦王把韓非給除掉。

李斯和姚賈你一言我一語，秦王越聽越有理，過去看韓非是偶像，現在卻愈看愈討厭。不想再看到韓非的秦王，下令把韓非給關到牢裡去。韓非被關後，任職相當於司法部長的廷尉李斯拿毒藥去監獄，要韓非自殺。韓非想要找秦王辯解，但是沒有機會，只能夠死在獄中。韓非死後，秦王後悔了，想要見韓非，不過已經來不及了。

結果韓非這個被秦王視為「不認識，死都會後悔」的人，見了秦王，反而被秦王給殺死了。

韓非最後留下《韓非子》一書，成為後人了解韓非思想的主要依據。在這本書中，韓非運用了許多寓言來支持他的道理，像是「三人成虎」、「老馬識途」、「守株待兔」這些成語，都是出自《韓非子》。

韓非死後三年，韓國成為秦王政，也就是後來的秦始王第一個滅掉的國家。

❖國學常識這樣考

(　)「公子糾將為亂，桓公使使者視之，使者報曰：『笑不樂，視不見，必為亂。』乃使魯人殺之。」這則故事中，使者是根據公子糾哪一方面的表現來判斷他必定作亂？

Ⓐ生活作息　Ⓑ胸襟氣量
Ⓒ行為舉止　Ⓓ學識才能

答案：Ⓒ

98年第二次基測

注：齊桓公的使者發現公子糾「臉上在笑卻不快樂，眼睛在看卻看不見。」這樣的行為舉止，代表他心裡一定有事，就是想作亂，齊桓公於是先下手為　，請魯國人先殺了公子糾。

(　)「定法」一文中「術者，因任而授官，循名而責實，操生殺之柄，課群臣之能者也。」「課」意指：

Ⓐ執行　Ⓑ授權
Ⓒ掌握　Ⓓ考核

答案：Ⓓ

87年預官

(　)《韓非・定法》：「商君雖十飾其法，人臣反用其資。」句中「十飾」是指：

Ⓐ極力整飭　Ⓑ刻意修飾
Ⓒ獎賞　Ⓓ鼓勵告姦

答案：Ⓐ

89年預官

9 張衡

❖履歷表

姓	張	
名	衡	
字	平子	
性別	男	
時代	東漢	
生卒年	約西元78年～西元139年（約東漢章帝建初3年～東漢順帝永和4年）	
籍貫	南陽西鄂（今河南南陽市）	
個性	追根究柢、手腦並用（根據古代渾天說，創造渾天儀）	
志向	科學救國	

工作經歷

① 約23歲～31歲：南陽太守鮑德的主簿（南陽地方首長的文書）
② 約33歲～37歲：郎中（皇帝身邊的高級官員）
③ 約37歲～38歲：尚書郎（皇帝身邊的高級官員，高於郎中）
④ 約38歲～44歲：太史令（管曆法祭祀、寫詔書、修史）
＊發明渾天儀
⑤ 約44歲～49歲：巴士司馬令（掌管宮廷車馬使用）
⑥ 約49歲～56歲：太史令（管曆法祭祀、寫詔書、修史）
＊發明候風地動儀
⑦ 約56歲～59歲：侍中（皇帝身邊的重要官員）
⑧ 約59歲～61歲：河間王劉政的相國（王爺的宰相）
⑨ 約61歲～62歲：尚書（丞相，行政院長）

相關著作

《靈憲》、《靈憲圖》、《渾天儀圖注》、《算罔論》

特殊事跡

① 中國古代重要的科學家、數學家與天文學家
② 發明檢測地震儀器——「候風地動儀」
③ 聯合國天文組織將太陽系中的1802號小行星命名為「張衡星」

如果要說到中國的科學家，一定得提到東漢的張衡。張衡的爸爸名氣不大，爺爺名叫張堪，是個品行很好的清官，年輕時被稱為「聖童」，曾把張衡曾祖父留下的祖產，全部留給自己的姪子；當他在蜀地當官卸任時，只搭乘不知用了多久，許多破損的老車離開。

張衡小時候家裡窮，不過他很認真讀書。他曾經寫過不少文章，像是〈兩京賦〉，就是東漢著名的文學作品之一。他的畫也很棒，史料都有記載。不過最讓張衡最出名的，並不是他的文采藝術，而是他在天文、地理、數學上的成就。

在漢代當官，並沒有像是科舉一樣的考試制度，張衡一直到了三十幾歲，才到京城做官，之前他只是地方的一個小主簿，也就是幫地方首長處理文書的祕書。不過他的學問高，名聲好，引起皇帝的注意，因此被召入京。

張衡一生為官二十幾年，有十多年擔任太史令，這個官職讓他可以接觸很多官方文獻，對於他的研究有很大的幫助。渾天儀和候風地動儀，據說都是在張衡兩次擔任太史令的期間發明的。

一開始張衡依據古書中所計載的天文知識，發明渾天儀，渾天儀又稱「渾象」，是一個模擬行星運轉與星座運行的天文儀器，上面有南北極、赤道還有許多重要的星座位置。渾天儀不只是個模型，張衡在裡面裝設了機關，讓渾天儀可以轉動，轉動的頻率真的跟地球運轉的速度差不多。有了渾天儀，科學家們就可以觀察地球運轉的情形。張衡還寫了〈靈憲〉一文，敘述他對於宇宙天文的觀點。

由於漢朝從西元九十二年開始，就發生了多次地震，漢朝多數人相信「天人感應」，所謂「天人感應」就是如果皇帝百官把國家治理得好，天就會賜福給這個國家；相反的如果皇帝昏庸、百官無道，天就會降災給國家。

從「天人感應」的觀點，漢朝多次的地震代表了皇帝、百官事情沒做好，漢朝的皇帝不但曾經因此公開責備自己，還有官員因為地震發生而辭職。

因為地震不只造成民眾的恐慌，也造成官員很大的壓力。張衡決定創造一個能夠提早掌握地震的訊息的儀器，經過他多年研究，終於在西元一三二年，發明了候風地動儀，這個儀器可以在地震剛發生微幅震動，人類還沒感覺到時，先檢測出地震的方位，幫助人民提早防災。

候風地動儀製作出來時，大家都不相信它的功用，因此這個設計精密的儀器，被當成是裝飾品，擺在皇宮中。三年後的某一天，候風地動儀動了，本來大家都沒什麼感覺，但又過了幾天，地震真的來了，大家才知道這個奇形怪狀的金屬探測器，不是雕塑家所做的失敗品。

張衡在科學上的成就，除了天文、氣象，他還發明了類似沙漏的「刻漏」來計時；會飛的木鳥、對於數學的圓周率也有所研究，可說是中國最重要的發明家之一。

10

曹操

❖履歷表

姓	曹
名	操
字	孟德
小名	阿瞞
性別	男
時代	東漢
生卒年	約西元155年～220年（約東漢桓帝永壽元年～東漢獻帝建安25年）
籍貫	沛國譙縣（今安徽亳州）
個性	愛算計，城府深，為達目的不擇手段
志向	當治世之能臣，亂世之英雄

工作經歷

① 約20歲～23歲：郎官（皇宮侍衛）、洛陽北部尉（首都北部的警察局長）
② 約23歲～24歲：頓丘令（河南地方縣令）、議郎（比郎官高的侍衛）
③ 約26歲～30歲：議郎（比郎官高的侍衛）
④ 約30歲～31歲：騎都尉（國家騎兵隊師長）、濟南相（地方首長）、東郡太守
⑤ 約34歲～35歲：西園典軍校尉（管理皇家侍衛軍隊）
⑥ 約36歲：奮武將軍（所有將軍的首領）
⑦ 約37歲～38歲：東郡太守（河南山東一帶太守）
⑧ 約40歲～41歲：兌州牧（兌州州長）
⑨ 約42歲～54歲：建德將軍、鎮東將軍、費亭侯、司空、武平侯、大將軍
⑩ 約54歲～59歲：丞相
⑪ 約57歲～62歲：魏公
⑫ 62歲～66歲：魏王

相關著作

著作有《魏武帝集》，已失傳。

特殊事跡

① 三國時代魏國的領袖
② 與兒子曹丕、曹植並稱「三曹」
③ 建安文學的代表人物
④ 中國梟雄的代表
⑤ 寫作風格雄渾豪邁

曹操的父親是東漢末年宦官曹騰的養子，千萬別以為別稱「太監」的「宦官」是低等人，相反的在東漢末年，宦官集團可是最夯的政治勢力團體之一。

宦官原本是服侍皇帝的家臣，東漢中晚期，當皇帝的都是一堆小娃兒。小皇帝未成年時，皇帝的媽媽，也就是皇太后，理所當然以監護人的身分，幫皇帝出主意、下命令，不過，要皇太后一個女人家處理整個國家大事，未免也太強人所難，所以皇太后通常會找自己娘家的親戚朋友來幫忙。

皇太后家族幫小皇帝管國家，這忙一幫，幫了好幾年，等到小皇帝長大，想要把國家拿回來自己管，他的舅舅、姨丈等這些母系長輩卻不肯放手。自小長在深宮，沒什麼朋友的皇帝，只好請身邊的宦官朋友幫忙。於是，長大的皇帝帶領著「宦官集團」，與皇太后帶領的「外戚集團」，不斷在皇宮中上演奪權的戲碼。

能成為皇帝的親密戰友，宦官集團的身分必然大大的提高。身為宦官之後的曹操，在年輕時候也是個有錢有勢的搗蛋鬼。他在人家結婚時，跑去偷新娘；假裝中風，讓自己的叔父驚得跑去告訴曹操的爸爸，當曹操的爸爸趕來看曹操時，曹操又一副沒事的樣子，搞得爸爸也不相信自己的弟弟。

曹操二十歲時，依據東漢選官制度——舉孝廉的方法，成為東漢的官員。一開始曹操沒工作經驗，只能做個小官，所以，曹操先到皇宮去當小侍衛。由於身邊有爺爺、爸爸當靠山，沒多久曹操就升官去做京城北邊的警察局長——洛陽北部尉，接著又升到頓丘當縣長、再回去皇宮做侍衛。

當「黃巾之亂」爆發時，曹操被任命為騎都尉，征討黃巾賊，騎都尉是個管五千名騎兵的軍官，曹操帶了這五千名騎兵，打贏了黃巾賊。

「黃巾之亂」平息後，曹操被皇帝派去當了三年的「濟南相」，管理山東一帶，免職了一堆貪官，把當地管理得很好。濟南相卸任後，曹操跑回家鄉休息了兩三年，直到被任命為皇家侍衛隊——典軍校尉，才回到洛陽。

曹操當沒多久典軍校尉，西涼刺使董卓就帶著兵鬧進了京城，把皇帝廢了，自稱太師，另立漢獻帝當他的傀儡皇帝。曹操不想跟董卓混在一起，改換姓名逃出了洛陽，自己擔任奮武將軍，找了一堆幫手來殺董卓，最後董卓雖然被他的乾兒子呂布殺死了，但天下卻更加大亂。

亂世出英雄，在紛亂中，三國的序幕即將開展，曹操在現今河南的官渡，打垮了當時最有勢力的袁紹，把漢獻帝抓來，繼續當他的傀儡皇帝，並且自命為漢朝的宰相。最後卻在赤壁被另外兩股勢力——劉備與孫權聯手打敗，弄出了三分天下的局面，曹操在東漢之下的管區成立了魏國；劉備在關中也弄出了蜀漢；孫權則是在長江東部自成吳國。

有人要曹操別躲在漢獻帝後面當藏鏡人，自己當皇帝就好了。但曹操不肯，因此在他六十六歲過世時，都只是個魏王。不過他的兒子曹丕，就沒這麼客氣了，一繼承了魏王的官爵，就跑去找漢獻帝要皇位，滅了東漢，追封曹操為魏武帝。

由於《三國演義》將曹操描寫成奸詐的梟雄，一般人對於曹操的評價都不高，不過若不論人品，曹操可說是中國歷史上，非常少見允文允武的軍事家兼詩人。

曹操留下許多精采的樂府詩，最著名的就是「對酒當歌，人生幾何？譬如朝露，去日苦多。」的〈短歌行〉；以及「老驥伏櫪，志在千里，烈士暮年，壯心不已。」的〈龜雖壽〉。

曹操的詩歌內容，包括了描寫當時漢末政治動亂、戰爭頻仍的淒苦生活狀況，還有他自己想要一統天下的雄心壯志與征戰沙場的悲涼心情。曹操的文字樸實雄健，雖然被《詩品》評為下品，但後世很多人都認為，這個評價不甚公允。

他與兒子曹丕、曹植被並稱為「三曹」，而他帶領的建安文學，也使他在文學史上具備了一定的地位。

❖國學常識這樣考

（　）曹操〈短歌行〉一文中有云：「……慨當以慷，憂思難忘。何以解憂，唯有杜康。」其中「杜康」在詩中是指

Ⓐ 水　Ⓑ 油
Ⓒ 茶　Ⓓ 酒

答案：Ⓓ

94年預官

注：杜康是周朝一位善於釀酒的人，因此作為酒的代稱。

11 諸葛亮

❖履歷表

姓	諸葛
名	亮
字	孔明
人稱	臥龍先生
受封	武鄉侯
諡號	忠武侯
性別	男
時代	東漢末年
生卒年	約西元181年～西元234年年（東和靈帝光合4年～三國蜀漢懷帝建興12年）
籍貫	琅琊陽都（今山東省沂南縣）
個性	忠心（一輩子跟著劉備工作）
志向	輔佐劉備創立偉大的劉氏王朝
興趣	園藝與閱讀（在還沒有擔任劉備的軍師前，諸葛亮在隆中耕讀）
偶像	管仲、樂毅

工作經歷

① 約27歲～29歲：劉備地下軍師
② 約29歲～41歲：軍師中郎將（軍師、將軍之職）
③ 約41歲～48歲：蜀國宰相兼益州牧（益州州長）
④ 約48歲：右將軍（但還是做宰相工作）
⑤ 約43歲～54歲：封為武鄉侯兼益州牧（益州州長）
⑥ 約49歲～54歲：蜀國宰相兼益州牧

相關著作

① 自作文章包括：《前出師表》，《誡子書》，《誡外甥書》，《悼周瑜》，《馬前課》，《兵法二十四篇》
② 後人選編包括：《諸葛亮集》二十四篇（西晉陳壽編）、《武侯全書》（明王士騏編）、《諸葛忠武侯文集》（清張澍編）

特殊事跡

① 足智多謀的象徵（這類人後來被讚美為「賽諸葛」）
② 古代賢相的代表之一

諸葛亮跟孔子一樣是山東人，因為長時間住在瑯琊諸縣，所以複姓諸葛。他的祖先曾經做過「司隸校尉」，這個官是監督朝廷、朝廷附近地區高官言行舉止的官，等於是這個國家重要官員的糾察隊。諸葛亮的父親諸葛圭曾經做過太山郡丞，用現在的話來說，就是輔佐市長，類似副市長之類的工作，所以諸葛亮其實是官宦世家的子弟。

諸葛亮的爸爸在諸葛亮十二歲的時候過世了，當時正是漢朝末年，群雄混戰、烽煙四起，誰也不知道下一把戰火要燒到什麼地方，於是諸葛亮的哥哥，已經二十歲左右的諸葛瑾，去到了江東避難，後來成為吳國的臣子；諸葛亮與弟弟諸葛均則跟著叔父諸葛玄來到江西，諸葛玄做官的地方——豫章。諸葛亮在江西沒多久，朝廷又派了新官取代了諸葛玄的官職，於是諸葛玄帶著諸葛亮和諸葛均到了荊州。

諸葛亮十七歲的時候，諸葛玄死了，諸葛亮就跟弟弟待在荊州南陽的隴中當農夫。據說幫助吳王句踐復國的范蠡，以及幫周文王、周武王滅了商朝的軍師姜子牙，都是這個地方的人。

諸葛亮這個農夫，並不是平常的農夫，與他結交往來的可都是後來響噹噹的人物，像是與諸葛亮「臥龍」齊名，被稱為「鳳雛」的龐統；為了救母親而投靠曹操的徐庶，都是諸葛亮的好朋友。除此之外，他跟當地有名望的貴族也都有來往。所以，雖說諸葛亮在隴中當農夫，倒不如說，耕種只是他等待機會施展抱負時，打發時間的活動。

到了諸葛亮二十七歲左右，機會果然來了。自從漢末群雄亂戰時，就加入戰局的劉備，聽了當時很有名望，號稱「水鏡」先生的司馬徽建議，找上了諸葛亮。

當時劉備已經四十六歲，雖然四處征戰小有名氣，卻還依附在劉表手下，駐兵南陽的新野。劉備不想一輩子當劉表「劉氏企業」下的員工，他想要成立自己的「劉氏王朝」，所以，他四處找厲害的人來幫忙他做事。劉備去諸葛亮家，想找諸葛亮成為劉氏王朝合夥人，諸葛亮卻讓劉備吃了兩次閉門羹。被諸葛亮拒絕了兩次，劉備還是不死心，他又去了第三次，終於見到了諸葛亮。關於這段劉備見諸葛亮的經過，就是我們常聽見的「三顧茅廬」。

諸葛亮讓劉備等這麼久，不是為了仔細打扮，而是想試試劉備是不是真正求才若渴的好老闆。畢竟這是諸葛亮的第一次工作，如果老闆肯賞識，自己的能力得以發揮，這個工作才能做得長久。否則在亂世中，要換工作也不難，但要找到好工作就不容易了。

劉備前兩次沒見到諸葛亮，第三次還肯來，誠意十足，讓諸葛亮覺得很滿意，所以他開了門，送給劉備一個禮物，也就是分析劉備的「劉氏王朝」該怎麼樣在亂世中生存的〈隆中對〉。〈隆中對〉又稱為〈草蘆對〉，在這篇文章中，諸葛亮要劉備把荊州當成「劉氏王朝」辦公總部，有總部在，當員工手下出去征戰，疲累時可以有總部休息。由於諸葛亮分析精闢，讓劉備非常滿意，這次面試成功後，劉備把諸葛亮帶到軍隊裡，諸葛亮跟劉備才回到荊州，曹操就打來了，諸葛亮還沒發功，劉表就把荊州輸給了曹操。

劉備跟諸葛亮帶著軍隊逃到夏口，他們無法接受預備的王朝總部被魏國的曹操搶走，但自己的兵少，又搶不贏曹操。這時諸葛亮想起遠在江東幫吳氏王朝工作，哥哥諸葛瑾的老闆孫權。於是諸葛亮出使吳國，在諸葛亮的分析之下，孫權答應和劉備結盟，諸葛亮與吳國的首席軍師周瑜聯手，在赤壁用火攻打敗了曹操的水軍。

這場火燒連環船的赤壁之戰，讓劉備拿回部分的荊州，確定了魏、蜀、吳三分天下的局勢。劉備拿到荊州，趕緊給諸葛亮一個名片，上面的頭銜是「軍師中郎將」，也就是「大將軍」的職務，這個職務諸葛亮當了十年左右，在他三十九歲時，劉備的二弟——關羽戰死沙場；好多年前就被曹操藏起來的漢獻帝，發了一封詔書給大家，說他封了曹操為魏王，劉備看到自己的對手——曹操，名片上的官位比自己大，在輸人不輸陣的情形下，也把自己的頭銜改為「漢中王」。隔年曹操去世，劉備的三弟——張飛被暗殺身亡；曹操的兒子曹丕逼迫漢獻帝讓位給他，成立了「曹魏」，東漢王朝在此刻正式結束。劉備不想剛換的頭銜，又輸給了曹丕，所以漢中王他也不想當了，他成立了歷史上稱為「蜀漢」的「漢朝」，把諸葛亮升為丞相。兩個月後，孫權也改了頭銜，成立了「吳國」。

劉備當上漢王沒多久就生病了，他待在重慶「白帝城」的居所，找來諸葛亮，對他說：「君才十倍曹丕，必能安國，終定大事。若嗣子可輔，輔之；如其不才，君可自取。」意思是說，你比曹魏那個曹丕厲害多了，如果你能輔佐我們家阿斗，蜀漢應該可以安定，不過我們家阿斗如果資質駑鈍，那麼，你就自己當漢王吧！諸葛亮一聽劉備這麼說，哭著說：「臣敢不竭股肱之力，效忠貞之節，繼之以死！」意思是說：「我一定完全賣命給蜀漢，不求加班費，不求當董事長，做到死也會努力不讓『劉氏王朝』倒閉。」

劉備將自己的獨生子——世稱「扶不起的阿斗」的劉禪託給了諸葛亮後，沒兩個月就病死了。雖然後代對於劉禪的評價不高，但他卻是個能夠顧全大局的人，他把所有的政事交給諸葛亮處理。或許是為了完成劉備時期蜀漢君臣的理想，諸葛亮不顧劉禪勸阻，北伐曹魏。在北伐之前，諸葛亮寫了一篇世人稱頌的〈出師表〉，文中表達了他想要北伐的原因，是因為蜀漢地區百姓生活困苦，趁現在還有一些老將要報劉備的知遇之恩，努力奮戰時，他想要替「劉氏王朝」多擴展一些版圖，免得老將凋零後，曹魏或是東吳弄倒劉備他們辛苦建立的事業。

在文中諸葛亮不停的叮嚀劉禪，要如何治理國家，並告訴他宰相不在時，哪些事可以找誰商量；還說了自己當初跟劉備打天下的過程與心情。文章最後，「臣不勝受恩感激！今當遠離，臨表涕泣，不知所云。」似乎把這篇文章當成一去就不復返的臨別遺言。

果然諸葛亮從西元二二八年至二三四年間，發動五次北伐曹魏，但都沒有成功的戰役後，因積勞成疾，病逝陝西的五丈原，遺命葬於陝西的定軍山。〈出師表〉真的成為後人看到諸葛亮的最後遺言。

諸葛亮智慧、忠誠的形象，給後世無限的崇敬，詩聖杜甫寫的〈蜀相〉：「丞相祠堂何處尋，錦官城外柏森森。映階碧草自春色，隔葉黃鸝空好音。三顧頻煩天下計，兩朝開濟老臣心。出師未捷身先死，長使英雄淚滿襟。」就是在說諸葛亮，而那「出師未捷身先死，長使英雄淚滿襟」，也寫出許多人對於諸葛亮最後北伐曹魏失敗的惋惜。

❖國學常識這樣考

(　)下列文字是《三國志・蜀書》有關「劉備託孤於諸葛亮」一事的記載，仔細閱讀後，選出下列敘述正確的選項：

「章武三年春，先主於永安病篤，召亮於成都，屬以後事，謂亮曰：『君才十倍曹丕，必能安國，終定大事。若嗣子可輔，輔之；如其不才，君可自取。』亮涕泣曰：『臣敢竭股肱之力，效忠貞之節，繼之以死！』先主又為詔敕後主曰：『汝與丞相從事，事之如父。』」

Ⓐ本段文字有三個人物，主角是劉備
Ⓑ後主在文中完全沒有對話，可說僅是整個事件的一個道具而已
Ⓒ劉備告訴諸葛亮：「如其不才，君可自取」，可能是真心話，也可能是一種權謀
Ⓓ先主薨後，諸葛亮的作為堪稱符合孔子所說「可以託六尺之孤，可以寄百里之命，臨大節而不可奪也，君子人與？君子人也」
Ⓔ讀歷史不僅是看故事而已，還應培養在文字背後尋找真相的能力。上列引文看似單純敘事，實深寓言外之意

答案：ⒶⒷⒸⒺ或ⒶⒷⒸⒹⒺ皆可

91年學測

注：Ⓓ這個選項有爭議，因為「君子人也。」出自《論語・泰伯篇》，這句話是曾子說的，不是孔子；但可確定的是這段曾子的話是被孔子認同的。

12 曹丕

❖履歷表

姓	曹	
名	丕	
字	子桓	
人稱	魏文帝	
性別	男	
時代	後漢～曹魏	
生卒年	西元187年～226年（漢獻帝中平4年～魏明帝黃初7年）	
籍貫	沛國譙（今安徽省亳州市）	
個性	冷靜深沉，善攻心計	
志向	當曹家獨生子，壯大曹氏王朝，進而統一全中國	

工作經歷

① 約25～31歲：五官中郎將（等於副宰相）、副丞
② 約31歲～34歲：魏世子（魏王王位的繼承人）
③ 約34歲：魏王、丞相、冀州牧（地方的軍事首長）
④ 約34歲～40歲：魏明帝

相關著作

① 曹丕著作《隋書．經籍志》著錄有集23卷，又有《典論》5卷，《列異傳》3卷等，皆已散佚
② 明代張溥輯有《魏文帝集》

特殊事跡

①《典論．論文》，是中國現存最早的文學批評專論
② 與父親曹操、弟弟曹植並稱「三曹」

曹丕是魏朝的第一個君主，世人一般都覺得，他的雄才大略不如爸爸曹操，文學才氣不如弟弟曹植。不過，由於他是名實相符的政治領袖，因此在他的領導下，當代的文人開創了語言清新、情致深刻、風格爽朗悲壯的「建安文學」。

歷史上有關曹丕的記載不多，但從他的行為，實在很難讓人對他拍拍手。首先是曹丕敢跟爸爸搶女人。當時曹操攻下袁紹的家，想要把袁紹次子袁熙的太太——甄宓當成戰利品帶回家，沒想到曹丕竟先一步以太子的身分闖進袁紹家，斥退曹操的士兵，把甄宓帶回家，曹操只好把甄宓讓給曹丕。

他在與曹植的王位爭奪戰中，更是以哭贏了曹植。據說有一次曹操帶著曹丕英勇的二弟曹彰出征，曹植在曹軍出發時，當場獻了一首詩，預祝曹操獲勝班師。曹丕一看，他的兩個弟弟，一個會打仗，一個會寫文章，都比他有本事，眼下這一局就要輸了，心正慌時，身旁的人要曹丕什麼都別做，只要放聲大哭就行了。曹丕毫不遲疑，立刻照做，果然引起曹操的注意，以為曹丕真的很愛他，捨不得他離開，對曹丕的印象大大加分。

當曹丕當王以後，先把漢獻帝弄下台，自己當王；以毒棗弄死武功高強的曹彰；以七步成詩作為曹植的死亡考驗；就連當他初從曹操那裡搶來的甄宓，當他不愛的時候，也要人把她殺了。

面對阻礙或是不順他意的人，即使再親近，曹丕對付起來都不會心軟，但是，他對於自己所帶領的文學集團成員，卻是頗有情意。孔融被曹操殺害時，曹丕不在乎他老爸的感覺，重金收購孔融流散在各處的文稿；建安七子中，有好幾個人死於當時流行的疾病，曹丕同樣派人蒐集他們的文稿，替他們出紀念冊。

曹丕的詩不如曹操的雄渾，沒有曹植浪漫。他最有名的，是中國第一首結構完整的七言詩〈燕歌行〉：「……賤妾煢煢守空房，憂來思君不敢忘，不覺淚下沾衣裳。……」從這首詩裡，我們竟然可以看到曹丕這個看似冷血自私的魏國國君，也有婉約溫柔的一面。

曹丕在他當太子期間，曾寫過一本書，名為《典論》，裡面共有二十篇文章，包含他對於政治、文化等等的看法，是一本曹丕年輕時期的論文總集，可惜這本書並沒有流傳下來。幸好這本書其中一篇評論「文學」的文章〈論文〉，因為被蕭統選入《昭明文選》而得以流傳。

曹丕的〈典論．論文〉，內容包含了文學評論的標準、對當代幾位作家文學風格的評論。「建安七子」的稱號就是由此而來。在文中他先分析了「建安七子」在文學表現上的特色與優劣，後半段則是寫出了他心目中的文學觀點：「文以氣為主，氣之清濁有體，不可力強而致」這個「文氣」的看法，成為後來文學批評很重要的標準。

〈典論．論文〉雖然全文只有區區七百多字，但是他理性的分析，設立了文學批評的標準，成為中國文學批評的始祖。

❖國學常識這樣考

(　)「氣」的原始字形作「气」，畫的是雲氣升騰的樣子。古人相信宇宙萬物皆由「氣」所構成，「氣」也因此成為涵意豐富的詞。下列敘述，正確的選項是：

Ⓐ「氣」可指人的身體或精神狀態，如《論語》：「及其老也，血氣既衰，戒之在得」

Ⓑ「氣」可指冷熱溫度的變化，如柳宗元〈始得西山宴遊記〉：「悠悠乎與顥氣俱，而莫得其涯」

Ⓒ「氣」可指人展現於外的性格或態度，如蘇軾〈留侯論〉：「故深折其少年剛銳之氣，使之忍小忿而就大謀」

Ⓓ「氣」在哲學上可指人應具有的正直道義，如《孟子》：「其為氣也，至大至剛，以直養而無害，則塞於天地之間」

Ⓔ「氣」在文學上可指因作者才性所顯現的語文氣勢，如曹丕〈典論論文〉：「文以氣為主，氣之清濁有體，不可力強而致，雖在父兄，不能以移子弟」

答案：ⒶⒸⒹⒺ

93年指考

注：「顥氣」是指瀰漫在天地間的大氣，不是溫度。

(　)下列作品皆與文學批評、理論相關，請依時間先後選出正確的排列順序：

甲、文心雕龍　乙、詩品　丙、典論論文　丁、人間詞話

Ⓐ甲乙丙丁　Ⓑ丁甲乙丙

Ⓒ丙甲乙丁　Ⓓ丙乙甲丁

答案：Ⓒ

93年預官

注：Ⓐ文心雕龍：南朝梁劉勰撰。

Ⓑ詩品：南朝梁鍾嶸撰。（晚於文心雕龍）

Ⓒ典論論文：三國曹丕撰。

Ⓓ人間詞話：民國王國維撰。

13

曹植

❖履歷表

姓	曹
名	植
字	子建
謚號	思
人稱	陳思王
性別	男
時代	後漢　曹魏
生卒年	西元192年～232年（漢獻帝初平3年～魏明帝太和6年）
籍貫	沛國譙（今安徽省亳州市）
個性	浪漫
志向	除了當曹家獨子，其他志向與同父同母的哥哥曹丕一模一樣
興趣	文武兼備，可惜嗜酒，常常誤事

工作經歷

① 約20～23歲：封為平原侯
② 約23～30歲：封臨菑侯
③ 約30～31歲：封鄄城侯
④ 約31歲～32歲：鄄城王
⑤ 約32歲～38歲：雍丘王、浚儀王（曹丕死後不到一年）、雍丘王
⑥ 約38歲～41歲：東阿王
⑦ 約41歲：陳王

相關著作

① 生前自編過作品選集《前錄》78篇，已佚
② 南宋嘉定六年刻本《曹子建集》10卷，輯錄詩、賦、文共206篇
③ 明代有《陳思王集》

特殊事跡

① 詩、文、賦都寫得好，為建安時代排名第一的文學家
② 與父親曹操、哥哥曹丕並稱「三曹」

曹植是曹操的四兒子，十歲就能寫詩，曹操很喜歡他。在他還沒出生時，同父異母的大哥曹昂就戰死了，於是能夠繼承曹操事業的人，變成了曹植同一個母親所生的大哥曹丕、二哥曹彰和曹植三兄弟。

由於曹植文筆超好，他的〈薤露行〉寫出了他想要貢獻心力的雄心壯志；〈贈丁翼〉又把遊樂的暢快描寫出來；〈銅雀臺賦〉：「……仰春風之和穆兮，聽百鳥之悲鳴。天雲垣其既立兮，家願得而獲逞。揚仁化於宇內兮，盡肅恭於上京。惟桓文之為盛兮，豈足方乎聖明！……」更是所有歌詠曹操所建的銅雀臺詩文中，最好的一篇。加上曹植年輕時，曾多次請求曹操讓他隨兵出征，有文有武，很得曹操的歡喜，曹操多次想要把事業交到曹植手上。

不過，曹植卻因為喝酒而喝掉自己的錦繡前程。一次，曹植在酒後開了司馬門，走了皇帝才能走的「馳道」，讓曹操大為光火；又一次，曹操召來曹植，要他領兵解救被關羽圍困的叔叔曹仁，沒想到曹植卻醉得無法接任務，氣得曹操要他閃邊去。

曹植因為愛喝酒又常常任性而為，漸漸失去曹操的寵愛，也失去了獲得王位的機會。

曹操死後，曹丕當了魏王，曹植的日子更是不好過。曹丕當王後，先要漢獻帝讓出帝位，自己當皇帝。弄垮了漢室，曹丕開始對自己兄弟下手，他先讓曹彰吃下了有毒的棗子，弄死了曹彰，又把曹植叫來，聲稱他聽聞曹植的詩都是別人代寫的，要曹植在七步之內寫出一首詩，以證明自己會寫詩。

曹植才情超高，加上生死關頭，果然寫出了〈七步詩〉：「煮豆燃豆萁，漉菽以為汁。

萁在釜下燃，豆在釜中泣。本是同根生，相煎何太急？」這首暗喻手足相殘的詩歌，或許沒有打動曹丕，但曹植依規定在七步之內寫成詩，曹丕只好暫時放他一馬。

曹植被曹丕一嚇，趕緊去找媽媽求救，曹丕的媽媽找上門，對曹丕說：「你已經害死我的二兒子曹彰，如果你再把曹植害死，我也不要活了。」

曹丕被媽媽一說，只好放棄弄死曹植的想法，不過，他也不想要看到曹植，所以就把他外放到遠地，還派人監視他。曹植滿腔熱血只能悶著燒。

曹丕死後，曹植同樣沒被重用，在鬱鬱不得志之下，曹植在曹丕死了三、四年後，也跟著病死了。曹植生命的後十年，可說是他自己生命中的黑暗時代，而在這黑暗時代，他所寫出的詩文，卻是更加的光亮，他的〈遠遊篇〉與〈仙人篇〉等，將鬱悶的心情轉化成幻想的詩篇，頗有屈原〈天問〉、〈離騷〉等浪漫色彩。

曹植的詩文，不論在質與量上都是建安時期頂尖代表作品，鍾嶸《詩品》將他的詩作列於上品；後人將他與曹操、曹丕並稱「三曹」；就連自視甚高的晉朝詩人謝靈運都讚美他：「天下才有一石，曹子建（植）獨佔八斗，我得一斗，天下共分一斗。」稱讚曹植「才高八斗」，順便提到自己「才高一斗」，比起其他人加起來不過才一斗，厲害很多。謝靈運的盛讚，也是後人對曹植的一般評價。

❖國學常識這樣考

(　)風花雪月等景物，作者都可藉之寄情，以表達思念愛悅之意，曹植〈七哀〉「願為西南風，長逝入君懷」即是其例。下列文句，運用相同寫作手法的選項是：

Ⓐ 白露橫江，水光接天，縱一葦之所如，凌萬頃之茫然
Ⓑ 海水夢悠悠，君愁我亦愁，南風知我意，吹夢到西洲
Ⓒ 霪雨霏霏，連月不開，陰風怒號，濁浪排空，日星隱耀，山岳潛形
Ⓓ 然後知是山之特出，不與培塿為類，悠悠乎與灝氣俱，而莫得其涯
Ⓔ 玉戶簾中卷不去，擣衣砧上拂還來，此時相望不相聞，願逐月華流照君

答案：ⒷⒺ

100年指考

注：Ⓐ出自蘇軾〈赤壁賦〉。
Ⓑ出自江淹〈西洲曲〉
Ⓒ出自范仲淹〈岳陽樓記〉
Ⓓ出自柳宗元〈始得西山宴遊記〉
Ⓔ出自張若虛〈春江花月夜〉

(　)「（曹植）善屬文，太祖嘗視其文，謂植曰：『汝倩人邪？』植跪曰：『言出為論，下筆成章，顧當面試，奈何倩人？』」「倩人」一詞，從上下文意推敲，其意應為：

Ⓐ 請人代筆　　Ⓑ 模擬他人名作
Ⓒ 文章講求漂亮辭藻　　Ⓓ 文章有女性陰柔之美

答案：Ⓐ

94學測

注：「倩人」是請人代筆的意思，語出《三國志・魏志・陳思王植傳》。

14 陶淵明

❖履歷表

姓	陶
名	潛
字	淵明、元亮
人稱	五柳先生、靖節先生
性別	男
時代	東晉末年
生卒年	約西元365年？（陶淵明好朋友，顏延之說的）～西元前427年（約晉哀帝興寧3年？～宋文帝元嘉4年）
籍貫	潯陽柴桑（今江西九江西南）
個性	恬淡
志向	找到一個沒有戰亂、和諧安定、人人自食其力的完美社會
興趣	種菊花、愛讀書。但也愛喝兩杯

工作經歷

① 約29歲：江州祭酒（江州的教育局長）
② 約36～40歲：短暫當幾個軍隊裡的小文官
③ 約41歲：彭澤縣令
④ 其他時間當農夫與花農（養菊花）

相關著作

《陶淵明集》（梁昭明太子蕭統主編）

特殊事跡

① 中國隱逸詩人之宗
② 白居易、蘇軾的頭號偶像
③ 東晉詩人代表

陶淵明有個節儉的祖先叫陶侃，陶侃身居高位，除了喜歡搬磚頭練身體，還懂得資源回收。最有名的故事，就是他把地方上造船剩下的木屑收起來，在下雪的冬天，路面又溼又滑，陶侃命人把木屑鋪在地上，解決人民行走的煩惱。

陶侃很節儉，是個清官，沒給後世子孫留下什麼房地產及金銀珠寶，加上陶淵明的爸爸又早逝，家裡沒個賺錢的人，所以，陶淵明從小就只是個窮貴族。

陶淵明的外祖父，就是當時有名的讀書人孟嘉。小時候，陶淵明常待在外祖父家，跟著外祖父讀書。在魏晉時候，像陶淵明這樣的官宦之後，有很多為官的朋友或者是長輩，只要你願意，多多少少可以做個小官，養家活口。

不過陶淵明實在討厭當官，當他娶妻生子後，就一直在家鄉以種田為生，直到二十九歲，他實在窮得快過不下去了，才跑去找他朋友，弄一個官職做做。

陶淵明一輩子做了四、五次官，每次都撐不久就不做了，對他而言，縱使是有很多的抱負與理想，想要和統治階層的人把國家治理成一個理想國，一個在他心目中：「……有良田、美池、桑、竹之屬，阡陌交通，雞犬相聞。其中往來種作，男女衣著，悉如外人；黃髮垂髫，並怡然自樂。……」的「桃花源」。但他不僅沒辦法說服跟他想法不一樣的人，也沒辦法為了「活著」而隨波逐流，所以只好選擇辭官。

陶淵明有五個小孩要養，他自己從小身體又差，貧病交迫之下，陶淵明為「五斗米折腰」了好幾次，一直到了四十一歲，他當彭澤縣縣令時，有一天郡裡來了高級長官，有人要他穿好衣服去迎接。這本來不算什麼大不了的事，但卻成為「壓跨駱駝的最後一根稻草」，陶淵明因此寫了著名的〈歸去來辭〉：「……歸去來兮！田園將蕪胡不歸？……乃瞻衡宇，載欣載奔。……」快快樂樂的回家去種田。

接下來的日子，陶淵明過著身體貧苦、心裡舒坦，安貧樂道的耕讀生活，除了種田，大部分的時間他都在讀書、寫作和喝酒，陶淵明最令人稱道的作品，多半是在這個時期寫成。

陶淵明超級愛喝酒，據說他在當彭澤縣令時，竟然下令人民在公有的田地裡種高粱，打算等高粱結實後拿來釀酒，最後在他夫人極力勸阻之下，陶淵明才分出非常微小的土地拿來種稻。陶淵明辭官後，他的朋友來找他喝酒聊天，離去時，朋友怕陶淵明沒錢花，給了他兩萬個銅錢，陶淵明卻把錢寄在酒館裡，預付之後的酒錢。

陶淵明愛喝酒，現今流傳下來的「飲酒詩」就有二十首；陶淵明愛菊花，認為「秋菊有佳色，裛露掇其英」，而當他「採菊東籬下，悠然見南山」時，內心更是充滿愉悅。

陶淵明的詩與人在當時雖然不受重視，但卻影響到了後代的文人。他不慕名利的態度與恬然自得的生活情趣，都讓後人景仰不已，尤其是許多在官場上失意的文人，從唐朝的李白、王維、杜甫、孟浩然、白居易到後來的蘇東坡，無不以陶淵明為偶像，嚮往他可以超脫世俗，漁樵耕讀的情懷。

陶淵明更被視為隱逸詩人的代表，後來唐朝田園詩派，也受到了陶淵明很大的影響。

❖國學常識這樣考

(　)「種豆南山下，草盛豆苗稀。晨興理荒穢，帶月荷鋤歸。道狹草木長，夕露沾我衣。衣沾不足惜，但使願無違。」若不論本詩的創作年代，如何從其結構判斷它不是「五言律詩」？

Ⓐ 句數太多　Ⓑ 偶數句沒有押韻
Ⓒ 第二聯及第三聯均無對仗　Ⓓ 不合乎起承轉合的型式。

答案：Ⓒ

91年第一次基測

注：Ⓐ五言律詩也是八句，所以句數沒錯。

Ⓑ偶數句尾的稀、歸、衣、違四個字，現在的注音韻母雖有ㄧ和ㄟ的不同，但在古代卻同韻，所以押韻沒錯。

Ⓒ五言律詩的第二聯與第三聯必須對仗，這首詩沒有，因此證明它不是五言律詩。

Ⓓ這首詩的八句是有起承轉合的型式，所以型式沒錯。

(　)關於陶淵明〈歸去來辭〉一文，下列敘述，何者為非？

Ⓐ 描述作者辭去彭澤令歸隱的心情與生活。
Ⓑ 陶淵明辭官乃因志趣不合，不願受束帶折腰之累，故作此文表明心志。
Ⓒ 文中名句：「悟已往之不諫，知來者之可追；實迷途其未遠，覺今非而昨是。」
Ⓓ 歐陽脩極推崇此文，曾曰：「晉無文章，惟陶淵明〈歸去來辭〉而已。」

答案：Ⓒ

98年預官

注：Ⓒ不是「覺今非而昨是」，應該是「覺今是而昨非。」

⑮ 陳子昂

❖履歷表

姓	陳
名	子昂
字	伯玉
人稱	陳拾遺
性別	男
時代	初唐
生卒年	約西元661年～西元702年（唐高宗龍朔元年～武則天皇帝長安2年）
籍貫	梓州射洪（今四川射洪縣）
個性	豪爽、熱情、敢言（因此被武則天皇帝抓去關）
志向	讓國家好、百姓好，大家都可以過好日子

工作經歷

① 約24～29歲：麟臺正字（掌管國家機密的文官）
② 約29～31歲：右拾遺（在皇帝身邊勸諫皇帝的官）
③ 約38歲：建安王武攸宜攻打契丹的參謀（軍隊裡出意見的文官）

相關著作

約100首詩歌被保留了下來，被編為《陳伯玉文集》

特殊事跡

初唐末期詩歌改革者

陳子昂的祖先是曾經輔佐漢高祖劉邦的陳平。陳子昂出生在四川，跟後來的詩仙李白同樣生長在西蜀。

陳子昂的爸爸在地方上做一個小官，因為有一些祖先流傳下來的家業，據說陳子昂在十八歲之前都在混日子，天天玩樂，過著令人羨慕的紈褲子弟生活，一直到十九、二十歲才認真讀書。

二十二歲時，陳子昂想當官，跑到洛陽考科舉，結果沒考上。當不成官的陳子昂，心裡非常的不平，他認為自己是有才能的，怎麼其他人都沒看到呢？

這一天，陳子昂走在街上，看到一個老人在賣古琴，這把琴很貴，一堆人圍觀，卻沒有人掏出錢來買。陳子昂走上前去，看了看琴，問了一下價格，立刻掏錢買下古琴。

所有的人都想，花這麼多錢買琴，應該是個音樂家吧？否則，誰會花千萬銀兩，去買個琴來當裝飾品呢？大家都想聽聽陳子昂這「音樂家」，演奏這把昂貴的古琴。陳子昂卻要圍觀的人，第二天到宣陽城聽他的演奏會。

第二天早上，一大堆人到了宣陽城，陳子昂看到人都到齊了，拿起古琴，說：「這把古琴很棒，但比起我寫作的詩文，根本就不算什麼。」說完他把古琴往地上一摔，正當大家被他瘋狂的舉動嚇傻之時，陳子昂把他的作品四處傳送，大家看了都紛紛叫好，從此陳子昂在京城闖出了名聲。

陳子昂摔琴成名後，跑到山裡去修行，在山裡住了一年多，才又再去考科舉，這次他中了進士。

陳子昂考中進士後，被叫到皇宮去見皇帝，當時的唐太宗剛死不久，所有的權力都掌握在當時還不是皇帝的武則天皇后手上。陳子昂對武則天講述了一些他對治理國家的看法，武則天很喜歡，就給了陳子昂一個「麟臺正字」的官做，這是一個掌管國家機密文件的官員，官雖然不大，卻很重要。

西元六九〇年，武則天把自己從皇后升為皇帝，陳子昂寫了一篇文章支持武則天，武則天很高興，也給陳子昂升官。陳子昂當上了「右拾遺」，拾遺這個官，類似皇帝身邊的糾察隊長，專門勸諫皇帝的。為感謝武則天的知遇之恩，陳子昂上班時都認真的挑武則天的毛病，最後武則天終於忍不住，把陳子昂的官給免了。

武則天以為把陳子昂給趕出皇宮，自己就可以耳根清靜，沒想到陳子昂是個熱血男兒，沒官做，還是不停的寫信給武則天，批評朝政，氣得武則天把陳子昂關到了監獄。

被關的陳子昂終於知道「禍從口出」的道理，當他被放出來後，雖然武則天恢復了他的官職，但陳子昂已不想再多說什麼了。

陳子昂三十八歲時，東北地方發生戰亂，他想既然沒辦法在朝廷改革，那就實地到戰場為國效力。於是，陳子昂要求跟著一起出兵打仗，武則天答應了。

陳子昂跟著不會打仗的建安王武攸宜出征，眼看著唐朝軍隊屢戰屢敗，陳子昂請求武攸宜直接讓他帶兵出征，武攸宜立刻拒絕。

沮喪的陳子昂，跑到了軍隊紮營的城外，爬山以紓解心中的鬱悶，寫下了著名的〈登幽州臺歌〉：「前不見古人，後不見來者，念天地之悠悠，獨愴然而涕下。」

寫完詩後，陳子昂決定辭官回家養老，回鄉後三年，陳子昂的父親過世了，陳子昂非常傷心，守在墓前，卻被當縣令不知以什麼罪名，把他關進牢裡。因為哀傷而身體虛弱的陳子昂，就這樣被害死在牢裡，死的時候只有四十二歲。

陳子昂在政治上雖然沒能有所作為，但在中國詩歌史上卻很重要。在唐朝之前，南北朝詩人很多都是用優美的辭藻，華麗鋪張的敘述，書寫風花雪月男女之情。雖然也有人反對這種詩歌的樣貌，提出詩歌改革的主張，要求詩人把內心中深切的情感表達出來，卻沒有引起很大的迴響。

到了陳子昂時，他明白的表示，詩歌的風格應該要有「漢魏風骨」與「風雅興寄」的主張。簡單來說，就是要學習漢朝、魏朝時期用樸質的文字，書寫生活與個人心情。

陳子昂不只提出這樣的詩歌理論，他自己的詩歌創作也能夠貫徹這樣的主張，像是他最著名的〈感遇詩〉「……但見沙場死。誰憐塞上孤。……」具備剛健進取的風格，即使是悲傷，也不會是軟弱的啼哭。陳子昂的詩歌，影響到了後世如李白這樣的大詩人，這也是陳子昂雖然只留下一百多首詩歌，卻能在中國詩歌史上留名的原因。

❖國學常識這樣考

(　)翻開辭典，可看到詞義及例證的說明。以下的詞義與例證，何者與陳子昂詩句「前不見古人，後不見來者。念天地之悠悠，獨愴然而涕下。」中的「悠悠」詞義相同？

Ⓐ憂思，如「悠悠我思」
Ⓑ眾多，如「悠悠者天下皆是」
Ⓒ荒謬不合事理，如「悠悠之談」
Ⓓ空闊無際，如「白雲千載空悠悠」。

答案：Ⓓ

91年第一次基測

注：陳子昂〈登幽州臺歌〉「念天地之悠悠，獨愴然而涕下。」所說的「悠悠」，就是形容眇遠無盡的樣子。就像《詩經・鄘風・載馳》所說的「驅馬悠悠，言至于漕。」也像唐朝詩人崔灝在《黃鶴樓》詩裡說的「黃鶴一去不復返，白雲千載空悠悠」。

(　)詩史上所稱「初唐四傑」四傑指：

Ⓐ王勃、楊炯、盧照鄰、駱賓王。
Ⓑ沈佺期、宋之問、陳子昂、王績。
Ⓒ陳叔達、孔紹安、虞世南、袁朗。
Ⓓ上官儀、王績、陳子昂、沈佺期。

答案：Ⓐ

87年預官

注：初唐四傑根據《舊唐書・楊炯傳》記載：「（楊）炯與王勃、盧照鄰、駱賓王以文詩齊名，海內稱為王楊盧駱，亦號為四傑。」四傑活動於唐朝高宗到武后時期。他們勇於改革齊梁浮艷的詩風，在詩的內容與風格上，突破宮體詩的限制，並將五言律詩發展成熟，因此被尊稱為「初唐四傑」。

16 孟浩然

❖履歷表

姓	孟
名	浩
字	浩然
人稱	孟襄陽
性別	男
時代	盛唐
生卒年	約西元689年～西元740年（武則天永昌元年～唐玄宗開元28年）
籍貫	襄州襄陽（今湖北襄樊）
個性	好交朋友（張九齡、王維等人都是他朋友）
志向	做大官成大事（可惜完全沒成功）
興趣	遊山玩水，品酒著作，結交俠義之士

工作經歷

① 約49～50歲：王昌齡幕僚（王昌齡當時擔任荊州大都督府長史，算是荊州的大官）

② 大部分時間都在當雲遊詩人

相關著作

後人選編：唐朝王士源選編218首孟浩然詩，但這本書已經找不到了。現在的《孟浩然集》，收了263首（應該有別人的詩混入）

特殊事跡

盛唐時期田園詩人的代表

孟浩然是盛唐時候山水田園詩派的代表人物，據說這個派別就是由他所開啟的。孟浩然可以成為盛唐山水田園詩派的創始者，跟他這一輩子大部分時間都在雲遊四海有關。不過孟浩然並不是個愛遊山玩水的人，他四處遊歷，是想找機會做官，可惜他這一輩子，完全沒有達成願望。

因此，孟浩然的山水詩中，不時會流露出一些悲傷的情懷，像是當他四十歲左右去長安考科舉卻沒考上，離開長安後寫下的〈宿桐廬江寄廣陵舊遊〉：「山暝聽猿愁，滄江急夜流。風鳴兩岸葉，月照一孤舟。建德非吾土，維揚憶舊遊。還將兩行淚，遙寄海西頭。」

這首詩前四句雖然描寫景致，但是「仇」、「孤」這些字，讓人怎麼讀也沒辦法「心情愉快」，後面的「兩行淚」一出，更令人感到淒切悲涼。

如果從豁達自適的角度看來看來，王維的詩的確讓人覺得比孟浩然高竿，不過王維一生大部分的時候名利雙收，加上深研佛教，自然沒什麼哀與愁；而孟浩然早早得到詩名，卻在後輩王維、李白一個個升官加爵後，還是只掛著「詩壇前輩」的稱號，你要他如何能夠放寬心去遊山玩水，領略自然？

據說有兩次，孟浩然幾乎可以當官了，不過卻陰錯陽差，與官職失之交臂。第一次是孟浩然在王維家，正好唐玄宗來找王維。原本這是個當官的好機會，唐玄宗也想看看這個頗有名氣的詩人，有什麼精采的詩作？

可惜的是，孟浩然卻拿出一首哀怨的田園詩〈歲暮歸南山〉：「北闕休上書，南山歸敝廬。不才明主棄，多病故人疏。白髮催年老，青陽逼歲除。永懷愁不寐，松月夜窗虛。」。看到了「不才明主棄」這句詩，玄宗就不高興了，他心想，這是在諷刺我看不出你是個人才嗎？哼！既然你自己都說自己「不才」了，那我何必要重用你？惹皇帝不高興的結果就是，孟浩然當不成官，乖乖離開京城回家。

另一次則是有個名叫韓朝宗的官，跟孟浩然約見面，想要將孟浩然引薦給唐玄宗，不過孟浩然竟放韓朝宗鴿子，沒去赴約，當然也就沒機會當官。

孟浩然唯一一次作官，是他的朋友張九齡找他當身邊的幕僚，這不是朝廷真正給的官職，只是一個閒差。雖然孟浩然做這個官做得很無聊，但他還是很感激張九齡。這個幕僚工作，孟浩然做了一年多，後來因為背部長了瘡而回家養病。

背上的瘡不但讓孟浩然無法工作，也讓孟浩然失去生命。有一天，被貶官的王昌齡來找孟浩然，他們兩個找了家海產店喝酒聊天，孟浩然一時興起，竟然忘記醫生告訴他，他的背疾不能吃海鮮。結果孟浩然把海鮮吃完，病也發作，沒多久就過世了。

孟浩然死後留下兩百多首詩歌，被後人集成《孟浩然集》，他的〈春曉〉：「春眠不覺曉，處處聞啼鳥。夜來風雨聲，花落知多少？」等多首自然詩，至今仍在後世傳唱不絕。

❖國學常識這樣考

（　）下列詩句和孟浩然〈宿桐廬江寄廣陵舊遊〉：「風鳴兩岸葉，月照一孤舟」句法結構完全相同的選項是：

Ⓐ 功蓋三分國，名成八陣圖
Ⓑ 夜雨翦春韭，新炊間黃粱
Ⓒ 倚杖柴門外，臨風聽暮蟬
Ⓓ 採菊東籬下，悠然見南山

答案：Ⓐ

86年學測

注：Ⓐ杜甫〈八陣圖〉
Ⓑ杜甫〈贈衛八處士〉
Ⓒ王維〈輞川閒居贈裴秀才迪〉
Ⓓ陶淵明〈飲酒詩〉
題目裡句首「風」與「月」都是名詞，而答案裡只有Ⓐ的句首「功」與「名」是名詞。

（　）「紅顏棄軒冕，白首臥松雲。醉月頻中聖，迷花不事君。」係李白贈與何人的詩作？

Ⓐ 王維　Ⓑ 孟浩然　Ⓒ 韋應物　Ⓓ 賀知章

答案：Ⓑ

86年預官

注：出自李白〈贈孟浩然〉

（　）下列敘述何者為非：

Ⓐ 司馬相如做三都賦，構想十魁而成，洛陽為之紙貴
Ⓑ 孟浩然少好節義，隱居鹿門山，四十歲應進士舉，不第
Ⓒ 柳永所為歌詞，有雅俗二類，俚詞雖淺俗，而大眾好之，風靡一時
Ⓓ 辛棄疾志切國仇，耿耿精忠，白首不衰，著有稼軒詞

答案：Ⓐ

88年預官

注：〈三都賦〉並非東漢的司馬相如所寫，而是西晉左思的作品，分別是吳都賦、魏都賦與蜀都賦，是寫魏、蜀、吳三個國家的概況。

17 李白

❖履歷表

姓	李
名	白
字	太白
號	青蓮居士
人稱	詩仙、詩俠、酒仙、謫仙人
性別	男
時代	盛唐
生卒年	約西元701年～762年（約武后大足元年～唐肅宗寶應元年）
祖籍	隴西成紀（今甘肅秦安東）
籍貫	一說西域的碎葉（Suyab，位於今日吉爾吉斯托克馬克附近）；一說是四川省江油市青蓮縣
個性	灑脫、不受拘束
志向	要把鐵杵磨成繡花針
興趣	遊山玩水，擊劍讀書，結交各界朋友，也愛喝兩杯

工作經歷

① 約42～44歲：翰林待詔（或稱翰林供奉，寫文章給皇帝看高興的）
② 約56歲：永王李璘的幕僚（王爺府的家臣）

相關著作

《李太白集》

特殊事跡

① 浪漫主義詩人的代表
② 與李煜、李清照並稱詞家三李
③ 與杜甫並稱「李杜」

根據李白自己說，他的祖先是漢朝守邊的大將，因為犯了罪，被流放到了西域的碎葉，後來李白的父親因為經商，舉家遷到四川。所以有關李白出生地，就有西域碎葉，或是四川兩種說法。由於李白祖先曾待過國外，也有人認為李白不是漢人。無論如何，李白在四川度過了他的童年，因此四川可說是李白的故鄉。在李白之前，四川出過最有名的文學家，應屬漢賦高手司馬相如；比李白早一點生的是唐朝詩人陳子昂；而在李白之後，四川出生的文學家，則是宋詞第一大家蘇東坡。

李白五歲開始讀書，十五歲時，因為嚮往「銀鞍照白馬，颯沓如流星」的俠客生涯，李白開始帶著劍在家鄉四處行俠仗義；二十五歲時離開家鄉四川，四處遊歷。

李白的父親是個商人，而且是個有錢的商人，所以，李白離開四川時並不缺錢，他曾經在〈上安州裴長史書〉中提到：「曩昔東遊維揚，不逾一年，散金三十餘萬，有落魄公子，悉皆濟之，此則是白之輕財好施也。」意思是說他在離開四川時，帶了三十萬的銀兩，只要朋友缺錢，他就拿錢給他的朋友。所以這三十萬，一年不到就被李白花光光。

然而，李白離開四川，可不是只為了國內旅遊及拿錢給別人花，他曾經說過，「壯士懷遠略，志在解世紛。」「懷經濟之才，抗巢由之節；文可以變風格，學可以究天人。」這個十五歲就做出不少好詩的天才詩人，心裡想要成為的是一個英雄豪傑，想成就的是一番轟轟烈烈的大事業。只是李白的祖先曾經犯過罪，他的父親又是個商人。在唐朝時，商人的地位很低，不能考科舉；罪人後代也被規定不能參與國家考試。所以李白的「功成名就」，注定不能夠從科舉考試中得到。

四處遊歷讓李白認識了不少人，包括像寫過：「故人具雞黍，邀我至田家」，與王維並稱「王孟」的田園派詩人孟浩然；被宋朝人稱為「詩天子」的王昌齡；寫過「少小離家老大回，鄉音無改鬢毛衰。兒童相見不相識，笑問客從何處來。」的書法家兼名詩人的賀知章。

當賀知章看到他那篇「蜀道之難難於上青天」的〈蜀道難〉後，不但拿下身上的金龜換酒與李白共飲，還稱他為天上因罪被貶謫下凡的「謫仙人」。

認識這些文壇上頗具聲望的老大哥，使得李白的文名越來越高，終於在他四十三歲時，被唐玄宗任命為「翰林待詔」。李白因此成為皇帝身邊的宮廷文學家。在這期間，李白除了寫幾首像是〈清平調〉：「名花傾國兩相歡，常得君王帶笑看，解識春風無限恨；沉香亭北倚欄杆」這類的詩歌讓皇帝高興，就是偶爾幫皇帝寫寫詔書。胸懷大志的李白，沒過多久就厭倦這種無趣的生活，於是，他跟唐玄宗辭了官，離開了宮廷。

李白離開朝廷後四處遊歷，他在洛陽認識了中國另一個大詩人杜甫。當時李白已經是文壇響噹噹的人物，而小李白十一歲的杜甫，只是個崇拜李白的文壇新秀。個性豪爽的李白跟著名的邊塞詩人高適、杜甫，一起遊歷了好一陣子才分開。接下來的日子，李白繼續在中國各地寫詩遊歷了將近十年，直到唐朝國內最大的內戰——安祿山之亂爆發。

安祿山之亂，除了賠掉了中國四大美女之一——楊貴妃的命，李白也差點被害死。當安祿山之亂爆發時，唐玄宗退位，唐肅宗繼位，唐肅宗有個同父異母的弟弟叫做李璘，因為母親早逝，李璘跟在唐肅宗身邊，被唐肅宗親手養大。當安祿山叛變時，被封為永王的李璘獲得了肅宗更大的兵權。唐肅宗以為這個他一手帶大的弟弟，應該會跟他一起為了大唐的江山奮戰。結果李璘的確起兵了，不過他起兵的目的，不是要安祿山的頭顱，而是要唐肅宗的帝位。

李璘的造反很快就被平息了，但因為安祿山之亂逃到廬山，成為永王李璘幕僚的李白也被連累，被視為叛軍的黨羽，被流放到偏遠的夜郎，不得回到都城。這時候李白已經五十八歲了。

兩年後，朝廷赦免了李白的罪，但歷盡滄桑的李白，已經不是「縱死俠骨香，不慚世上英」的俠客了，他寄住同宗叔父李陽冰的住所，最後死在往安徽的途中。

李白被稱為浪漫詩人的代表，他的詩自由奔放，帶著俠氣。他寫過許多有關於月亮的詩，像是：「今人不見古時月，今月曾經照古人。」的〈把酒問月〉；「舉杯邀明月，對影成三人」的〈月下獨酌〉，因此，關於他的死因，後人給他一個美麗的傳說：他乘坐一葉扁舟，賞月喝酒。酒醉後為了撈起水中的月亮而跌落水中，卻不幸淹死了。

李白一生寫過無數的好詩，雖然最後留下的僅剩近千首，但每一首幾乎都令人讚嘆不絕，這也是李白可以成為「詩仙」，在中國文壇上，享有無人能及地位的原因。

❖國學常識這樣考

(　)「渡遠荊門外，來從楚國遊。山隨平野盡，__________。__________，__________。__________，萬里送行舟。」這是李白的〈渡荊門送別〉，依律詩中間兩聯必須對仗、偶數句必須押韻的格律，下列何者是正確的排序？

Ⓐ月下飛天鏡／江入大荒流／雲生結海樓／仍連故鄉水
Ⓑ江入大荒流／雲生結海樓／仍連故鄉水／月下飛天鏡
Ⓒ江入大荒流／月下飛天鏡／雲生結海樓／仍連故鄉水
Ⓓ月下飛天鏡／雲生結海樓／仍連故鄉水／江入大荒流

答案：Ⓒ

97年第二次基測

注：題目裡要補的是四、五、六、七句，答案裡只有Ⓒ的一、三句尾「流」與「樓」是押韻的。

(　)唐詩「朝辭白帝彩雲間，千里江陵一日還。兩岸猿聲啼不住，輕舟已過萬重山，」為何人作：

Ⓐ李白　Ⓑ陶淵明　Ⓒ杜甫　Ⓓ白居易

答案：Ⓐ

87年預官

(　)下列有關崔顥〈黃鶴樓〉、李白〈登金陵鳳凰臺〉之敘述，何者為非？

Ⓐ〈黃鶴樓〉首句為：「昔人已乘黃鶴去，此地空餘黃鶴樓」；〈登金陵鳳凰臺〉首句為：「鳳凰臺上鳳凰遊，鳳去臺空江自留」
Ⓑ「晴川歷歷漢陽樹，芳草萋萋鸚鵡洲」乃使用修辭學上「層遞」之用法。
Ⓒ「吳宮花草埋幽徑，晉代衣冠成古邱」為李白深感盛衰榮枯枝嘆。
Ⓓ二首詩之「詩眼」皆是：愁。

答案：Ⓑ

97年預官

注：Ⓑ「晴川歷歷漢陽樹，芳草萋萋鸚鵡洲。」用的是對偶與疊詞的修辭手法，並不是層遞。

18

王維

❖履歷表

姓	王
名	維
字	摩詰
人稱	詩佛、王右丞
性別	男
時代	盛唐
生卒年	約西元前701年～西元前761年（武后長安元年～肅宗太原2年）
籍貫	太原祁縣（山西祁縣）後遷居山東蒲州（今山東永濟）
個性	溫和
志向	起初是當大官，後來是能夠平安過日子
興趣	琴棋書畫、禮佛

工作經歷

① 約21歲：太樂丞（皇宮的音樂總監）
② 約22～25歲：濟州司倉參軍（管倉庫的官員）
③ 約35～55歲：歷任右拾遺、監察御史、庫部郎中、吏部郎中等等中央官員
④ 約55歲～57歲：給事中（安祿山給的職位，審核官員給皇帝的奏章）
⑤ 約59歲～60歲：太子中允（負責掌管太子、皇后的瑣事，等於是皇帝的管家）、集賢殿學士（整理書籍並寫撰寫文章），後改任太子中庶子（太子的專屬管家），又改任中書舍人（幫皇帝起草詔書）、給事中（審核給官員給皇帝的奏章）
⑥ 約60歲～61歲：尚書右丞相（等於現在的行政院長）

相關著作

① 《王摩詰文集》10卷（宋朝人選編）
② 《王右丞集》（詩集）6卷（元朝人選編）
③ 《類箋唐王右丞詩集》10卷（明朝人選編）
④ 《王右丞集箋注》（清朝趙殿成選編）

特殊事跡

① 山水派詩人
② 與孟浩然齊名，世稱「王孟」
③ 「水墨山水」的代表畫家
④ 被後世稱「詩中有畫，畫中有詩」

王維與李白同年生，同年死，同樣都是名留千古的大詩人。但兩個人最大的不同，應該就是王維命好，李白命不好。王維投胎時找了個世代為官的好人家。王維的爸爸是個司馬，這個工作相當於現在各縣的副縣長，王維的好幾個祖先，也曾做過司馬這樣的官職。王維這個官家之後和李白這個祖先是罪人，爸爸是商人的庶民後代，在唐朝時代，任誰也知道王維的家世比較好。

所以即使兩人都極富文采，王維十九歲就通過科舉，最後還當上了右丞相。而李白到了二十五歲，才因為在四川弄不出什麼名堂而離開家鄉，又因為不能考科舉，只能在各地四處遊蕩，一生中只做了小小的宮廷文學家。

王維雖然大部分的人生，都在別人艷羨的榮華富貴中度過，但他也有被貶官，甚至差點掉腦袋的時候。

王維第一次當官是他二十一歲的時候。由於王維的家世好，父母認真栽培，王維在音樂、美術、文學的表現上都很優秀，當他考上狀元的兩年後，被分派到皇宮管宮廷音樂，沒想到，居然有舞者在皇帝不在時舞黃獅子，在那時這樣舞黃獅是大逆不道的。我們不知道那搞不清楚狀況的舞者下場如何？但王維卻被貶官到濟州去管倉庫。

雖然這個管倉庫的司倉參軍，也是個不小的官，但對王維而言，就好像是老考前幾名的好學生，考壞了一次考試，才發現也有他不會的題目。這個發現讓王維謹慎起來，加上王維的母親是虔誠的佛教徒，使得王維在二十五歲辭官離開濟州後，開始了隱居生活。王維隱居生活的開始，正好是李白離開四川，打算在中原大展身手的時候。

王維隱居了兩年，再度回到長安，遇見了沒考上科舉的孟浩然，兩個官場失意的人結成了好友。王維勸孟浩然當官沒什麼好，還是早早回家，看是要種田或是做什麼都好。

王維表面上勸孟浩然別當官，他自己卻不甘心就這樣平淡過一生，他來到洛陽，送詩給張九齡看。當初李白也曾獻詩給文壇大老賀知章，換來了很高的名望及「謫仙人」的稱號；而王維獻詩，換得的只是可以勸諫皇帝的右拾遺小官。接下來的幾年，王維就在朝廷擔任許多不大不小的官職，日子過得也算優閒。因為沒什麼大事要管，王維在公餘之際有很多時間畫畫、寫詩，在文壇的名望就更高了，不過王維的好日子，在安史之亂爆發後，沒了。

安祿山是個胡人，也是個武將，當他攻下長安後，想要找一些唐朝的官員幫他做事，聽到王維來不及跟唐玄宗等逃出京城，立刻把王維找來做官。王維不想在安祿山手下做官，但又怕明白拒絕安祿山，小命會不保，所以他吃了幾帖瀉藥，假裝自己生病，不能說話，不過安祿山還是硬塞了一個「給事中」的官職給王維。

有一次安祿山在凝碧池這個地方舉行宴會，一個樂師不肯為安祿山奏樂，遭到安祿山當場殺害，王維因此寫了一首〈凝碧詩〉：「萬戶傷心生野煙，百官何日再朝天？秋槐葉落深宮裡，凝碧池頭奏管弦。」沒想到這首詩竟然救了王維一命。

安祿山叛變被唐肅宗平定後，由於王維曾在安祿山手下當官，唐肅宗打算定王維罪，幸好王維的弟弟王縉在安史之亂時，在太原幫忙大將李光弼守邊，功勞不小。由於王縉幫哥哥王維求情，加上〈凝碧詩〉那句：「百官何日再朝天？」意味著希望唐朝皇帝可以再回來的想法，不但讓王維免了死罪，還讓他當了太子中允。

太子中允負責的是關於皇后及太子宮中的事物，這個官表面上不大，但卻很有前途，試想皇后權力不小，太子又是國家未來的領導人，皇帝把這個工作交給王維，代表了對王維一定的信任。果然王維陸續升官，一直到他六十一歲過世時，他當上了尚書右丞，等於現在的行政院長。只是這個官職，他才做了一年就去世了，留下四百首詩作。

王維的母親一生禮佛，王維對於佛學也很有研究。在他第一次被貶官時，曾經在嵩山、終南山隱居修佛，居住的環境加上心靈的沉靜，使他寫出了〈歸嵩山作〉：「流水如有意，暮禽相與還。荒城臨古渡，落日滿秋山。」這類山水詩，雖然他曾經寫過不少邊塞詩，但他仍是盛唐田園山水詩派的代表人物。

王維本身就是個水墨畫高手，他把畫畫的能力帶到文字中，像是〈終南別業〉：「行到水窮處，坐看雲起時。偶然值林叟，談笑無還期。」從詩句中就可以畫出一幅圖畫，所以被後人稱他「詩中有畫，畫中有詩」。

王維晚年修佛更加虔誠，在他的詩中也都看得出些許禪味，因此他被稱為「詩佛」。

❖國學常識這樣考

( ) 王維早年詩風積極進取，雄渾豪邁；中年以後風格轉為清雅閑淡，意境悠遠。下列詩句，何者最可能是他早年的作品？

危石：亂石 空磧：沙漠 槿：木槿，植物名 葵：葵菜，植物名

Ⓐ 泉聲咽危石，日色冷青松
Ⓑ 行到水窮處，坐看雲起時
Ⓒ 暮雲空磧時驅馬，秋日平原好射雕
Ⓓ 山中習靜觀朝槿，松下清齋折露葵

答案：Ⓒ

93年第一次基測

注：Ⓐ出自王維〈過香積寺〉.
Ⓑ出自王維〈終南別業〉
Ⓒ出自王維〈出塞作〉
Ⓓ出自王維〈積雨輞川莊作〉
只有Ⓒ的〈出塞作〉「暮雲空磧時驅馬，秋日平原好射雕。」符合王維早期慷慨雄壯的邊塞詩風。

閱讀下列短文，回答下列2題：

中國的「田園詩」，到東晉的陶淵明時才具備獨立的風格，他的詩將田園景致與（1）相互融合，開創了田園詩的新境界。唐代初期，田園詩並不多，直到盛唐時（2）出現，田園詩才有可觀的發展，雖然兩人詩風不同，卻都留下許多膾炙人口的田園詩。

( ) Ⓐ 隱逸生活　Ⓑ 遊仙思想
Ⓒ 行旅感懷　Ⓓ 諷諫意圖。

答案：Ⓐ

( ) Ⓐ 李白、杜甫　Ⓑ 王維、孟浩然
Ⓒ 李白、王維　Ⓓ 孟浩然、杜甫。

答案：Ⓑ

91年四技二專統測

19 杜甫

❖履歷表

姓	杜
名	甫
字	子美
號	少陵野老（或杜陵野老、杜陵布衣）
人稱	杜少陵、杜草堂
性別	男
時代	盛唐
生卒年	約西元712年～西元770年（約唐玄宗先天元年～唐代宗大歷5年）
祖籍	長安杜陵（所以杜甫也被稱為杜少陵）
籍貫	河南鞏縣（今河南省鞏義市）
個性	年輕時熱血，中年後沉鬱
志向	廣建國民住宅，幫助貧苦百姓

工作經歷

① 約44～46歲：右衛率府冑曹參軍（太子軍隊中，出主意的參謀文官；此時安祿山造反）
② 約46～47歲：左拾遺（在皇帝身邊勸諫皇帝的官）
③ 約47歲～48歲：華州司功參軍（類似地方的教育局長）
④ 52歲：節度參謀、檢校工部員外郎（好朋友嚴武身邊出主意的幕僚官員）

相關著作

約1500首詩歌被保留了下來，被北宋王洙編為《杜工部集》

特殊事跡

① 杜甫與李白合稱「李杜」
② 被稱為「詩聖」、「詩史」

杜甫有個很有名的祖父叫做「杜審言」，近體詩中關於律詩的格律定型，跟他有極大的關聯。杜審言文章、書法都寫得很好，個性也很狂傲，他不但不把宋玉和屈原這樣的大文豪放在眼裡，當他生病時，還對著去探病的宋之問，這個文壇大師說：「我死了對你們也不壞，這樣你們這些文章寫沒我好的文人才有出頭天。只可惜我有生之年，都遇不到跟我一樣厲害的作家。」

這段話在他生前還可能說得過去，但如果杜審言活得久一點，見到他的孫子杜甫，不知是不是還會感嘆自己的寫作，打遍天下無敵手？

杜甫的爸爸雖然沒有杜審言這麼大的名氣，倒也是個官員，因此杜甫可說是出生在一個書香世家。

杜甫的媽媽在他兩歲時就過世了，杜甫被寄養在姑母家，到了十四、五歲，杜甫帶了一些錢，開始四處遊歷、寫詩，他「會當凌絕頂，一覽眾山小」，要人家一定要登泰山頂去看風景的〈望岳〉詩，就是在這一陣子所寫下的。

杜甫玩了差不多十年左右，決定到洛陽參加貢舉。貢舉是科舉制度的一種，就像現在公職人員的考試，考上的人就可以當官，可惜杜甫沒考上。

落榜的杜甫，又跑去遊山玩水解悶，直到三十歲才回到洛陽。

這次到洛陽，對杜甫而言，可說是生命中的重要時期，他不但結了婚，而且還遇到了詩仙李白。

杜甫三十三歲遇到李白時，李白已經四十四歲，剛帶著唐玄宗送給他的金子離開皇宮，杜甫見到了李白這個前御用詩人，非常的景仰。秋天的時候，杜甫又在洛陽遇到了結婚前就認識的邊塞詩人——高適，他們三個沒官當、沒事做的男人，決定結伴去當雲遊詩人。

這個雲遊詩人旅遊團結束後，杜甫自己一人自由行，期間又遇到了李白一次，然後兩人就沒有再見面了。

由於對李白的崇拜，杜甫寫了不少跟李白相關的詩，像是〈贈李白〉、〈飲中八仙歌〉等等。

杜甫四處遊歷這麼久之後，決定好好的工作。三十五歲時，杜甫回到洛陽和長安，想要尋找當官的機會，一年後皇帝唐玄宗忽然下令，要找天下賢能的人來做官，杜甫立刻去報名。

這次的徵才活動是由宰相李林甫負責的，李林甫在中國歷史上是個著名的壞官，我們現在所說的「口蜜腹劍」，就是從形容李林甫開始的。李林甫是皇室的遠親，很懂音樂，最初只是皇宮裡的侍衛，但是他懂得巴結皇帝親近的太監、后妃，很快就成為皇帝的寵臣。

李林甫成為宰相後，只要任何批評他、反對他的人，都被他整得貶官、入獄。

當唐玄宗要徵才時，李林甫很擔心這些人會在唐玄宗面前告自己的狀，所以李林甫表面上辦理了一個甄選賢才的活動，在評選時卻把所有人都淘汰。之後李林甫再對唐玄宗說：「恭喜皇上，民間沒有半個可以用的人才，因為所有優秀的人，都已經被招攬成為國家的重臣了。」

參加選拔的杜甫，就成了這個「野無遺賢」鬧劇的犧牲品。

杜甫離家近二十年都沒工作，身上自然沒什麼銀兩，他窮得只能去山上摘草藥賣，由於這種生活實在太苦了，最後，杜甫只好寫了一封求職信給唐玄宗。唐玄宗看完後，似乎也沒有特別喜歡，要杜甫去集賢院排隊等分發工作。

集賢院是唐朝國家圖書館，杜甫在集賢院等待官職，沒什麼事可做，就在城裡四處亂走，觀察到一般百姓生活悲慘，漸漸展現出「詩史」的風範。

他寫〈兵車行〉：「牽衣頓足攔道哭，哭聲直上干雲霄。」藉著寫漢武帝四處征戰，描寫唐朝徵兵百姓的苦；寫〈麗人行〉：「犀箸厭飫久未下，鑾刀縷切空紛綸。」諷刺唐玄宗寵幸楊貴妃，不顧百姓疾苦，過著奢華的日子；寫〈前出塞〉，批評唐玄宗窮兵黷武、發動戰爭；寫「朱門酒肉臭，路有凍死骨」控訴社會不公。

杜甫在集賢院待了四年，終於等到了一個右衛率府胄曹參軍的官職，屬於太子軍隊中獻策的文官。

杜甫官沒當多久，安祿山就造反了。唐玄宗把帝位讓給太子，也就是杜甫的老闆，後來的肅宗。

若是在太平盛世，杜甫的老闆成為國家的首領，杜甫離飛黃騰達的日子應該也不遠了。不過這時的杜甫完全沒心情想這些，因為他正帶著家小逃難。

杜甫將他的妻兒安置在鄜州，自己去找肅宗，半路卻被叛軍給抓到長安。身為俘虜，置身於戰爭中心點的杜甫，寫下了〈月夜〉、〈春望〉、〈哀江頭〉、〈悲陳陶〉等詩，忠實記錄了安祿山之亂時戰爭的慘與烈。

杜甫被叛軍俘虜後，一直等待機會逃亡，最後他終於逃出叛軍營隊，經過長途跋涉，在鳳翔（今陝西鳳翔）見到了肅宗，這時候的他，「麻鞋見天子，衣袖見兩肘」，肅宗看杜甫這麼忠心，就把他留在身邊當左拾遺，這是一個在皇帝身邊提出勸諫的官。

不過，杜甫沒記取前輩陳子昂的教訓，認真的勸諫皇帝，把皇帝惹火了，藉機把他貶為華州司功參軍，這個職務類似華州地方的教育局長。杜甫這個官做了一年多，就跑四川成都西城外的浣花溪畔築草堂，靠朋友接濟過日子。後來四川戰亂，杜甫又舉家遷到四川梓州，直到亂平後才回到成都。

杜甫多次經歷戰亂，感觸更深。在這段日子，他進一步寫下了著名的「三吏」：〈新安吏〉、〈石壕吏〉、〈潼關吏〉；「三別」：〈新婚別〉、〈垂老別〉、〈無家別〉，都是描寫戰爭中百姓的悲與苦。

戰爭結束後，杜甫的朋友嚴武當上了節度使，節度使是唐朝很重要的武官，手中握有兵權，當初安祿山就當過節度使。

嚴武當節度使後，向朝廷推薦杜甫，請杜甫擔任自己的參謀，因此，杜甫又有工作了。這次他的工作職稱是節度參謀、檢校工部員外郎。

杜甫才在嚴武手下工作一年，嚴武就死了，杜甫再度失業。他帶著全家四處漂流，居無定所，當他漂流到湖南，遇到了大水，受困在船上好幾天沒有食物，附近的縣令聽說杜甫被困在船上，派人送來了白酒與牛肉，吃完這頓飯後，當晚杜甫睡去，就再也沒有醒來，這年他五十九歲。

杜甫死後留下一千五百多首詩，由於他的詩記錄了當時唐代人民的生活，因此被稱作「詩史」；更因為他有著大量關懷國家、人民的詩作，因此被稱為「詩聖」。

❖國學常識這樣考

(　)杜甫歷經安史之亂，對戰爭多有感觸。下列詩句，何者最能反映出他期待戰爭停止的心情？

Ⓐ 良相頭上進賢冠，猛將腰間大羽箭
Ⓑ 翻身向天仰射雲，一箭正墜雙飛翼
Ⓒ 萬里悲秋常作客，百年多病獨登臺
Ⓓ 焉得鑄甲作農器，一寸荒田牛得耕

答案：Ⓓ

97年第一次基測

注：Ⓐ出自杜甫〈丹青引贈曹霸將軍〉.
Ⓑ出自杜甫〈哀江頭〉
Ⓒ出自杜甫〈登高〉
Ⓓ出自杜甫〈蠶谷行〉
只有Ⓓ的〈蠶谷行〉「焉得鑄甲作農器，一寸荒田牛得耕。」是期待戰爭早日平息的心願。

20 白居易

❖履歷表

姓	白		
名	居易		
字	樂天		
人稱	香山居士		
性別	男		
時代	中唐		
生卒年	約西元772年～846年（約唐代宗大歷7年～約武宗會昌6年）		
祖籍	山西太谷縣	籍貫	河南新鄭
個性	敢言	興趣	禮佛
志向	揭發社會不平		

工作經歷

① 約32歲：秘書省校書郎（國家書文的編輯校對）
② 約35～36歲：周至縣尉（陝西周至縣警察局長）
③ 約36～37歲：翰林院學士（起草皇帝詔書）
④ 約37歲～39歲：左拾遺（負責勸諫皇帝）
⑤ 約39～40歲：京兆府戶曹參軍（京城管戶籍的官員）兼翰林學士
⑥ 約43～45歲：太子左贊善大夫（太子府中給建議的人）
⑦ 約45歲～48歲：江州司馬（今江西九江軍政官員）
⑧ 約48歲～49歲：忠州刺史（中央派到地方的監察官員）
⑨ 約49～51歲：尚書司門員外郎（司法部下面的員工）、尚書主客郎中暨知制誥朝散大夫、中書舍人（都是幫皇帝寫詔書，只是官階有別）
⑩ 約51～53歲：杭州刺史
⑪ 約53～54歲：左庶子（太子侍從官）
⑫ 約54～55歲：蘇州刺史
⑬ 約55～56歲：秘書監（管理國家圖書）
⑭ 約56～57歲：刑部侍郎（似今天司法部副部長）
⑮ 約57～58歲：太子賓客（類似太子管家，兼具秘書功能）
⑯ 約58歲～62歲：河南尹（洛陽附近21個地區的最高地方長官）
⑰ 約64歲～71歲：太子少傅（太子的老師）
⑱ 約71歲：刑部尚書（類似今天司法部長）

相關著作	自編《白氏文集》

特殊事跡

① 與元稹並稱「元白」
② 中唐新樂府運動推動者
③ 與劉禹錫並稱「劉白」

白居易出生在被安史之亂搞得亂七八糟的中唐，他很晚才考科舉，很晚當官，也活得很久。在中唐時，以他的才氣、能力、熱情及活得久所累積的經驗，在文壇上與元稹共同發起「新樂府運動」，強調不論文章或詩歌都要反映社會現實，與韓愈、柳宗元所發起的「古文運動」，同為中唐時期重要的文學運動。

白居易二十九歲考科舉，三十一歲開始，除了他不想當官跟守喪期間，他都在朝廷或地方上做官。

在他四十三歲被貶到江州，擔任在軍隊中管財務的司馬前，他對於治國其實有很多想法，對於當時政壇上一些人的作法也有所批評。只不過這些白居易認為是建言的話語惹火了一些人，於是他們找白居易麻煩，跟皇帝批評白居易不孝。這些人說，白居易的媽媽在賞花時不小心落井溺死，但白居易卻寫了關於賞花的詩。皇帝覺得批評白居易的人說得很有道理，就把白居易貶官了。

其實白居易寫的賞花詩，是在他媽媽溺死之前寫的，被誣賴而貶官的白居易心情很差，當他遇到了年華已去的歌妓，聽到她敘述自己從風光到落魄的生涯，有感而發，寫下了著名的〈琵琶行〉，除了感嘆歌妓的身世，也是感傷自己的遭遇。

白居易貶官後，為了自己的腦袋著想，他不再將喜怒形於色，甚至要求外放，開始修佛，不太過問國事。

白居易活了七十多歲，雖然因為貶官的打擊讓他沉靜了許多，但骨子裡熱血的個性讓他在地為官時，非常照顧當地的百姓；他公餘之際，愛交朋友的個性，也讓他與當代文壇的一流作家，元稹、劉禹錫都成為好朋友。七十幾歲時，白居易還在洛陽和他六個年過七十的朋友，組成「七老會」。

白居易對於人充滿熱情，特別關注眾人的生活，他認為詩文就是要能寫出一般平民老百姓的苦、樂、悲、喜，讓統治者能夠有所警醒，像是〈賣炭翁〉：「賣炭翁，賣炭翁，伐薪燒炭南山中。滿面塵灰煙火色，兩鬢蒼蒼十指黑。」描寫了升斗小民的卑微生活；〈長恨歌〉表面上描寫唐明皇與楊貴妃的愛情，卻暗批唐明皇寵幸楊貴妃而不理朝政，甚至讓楊貴妃的家人「雞犬升天」的歷史。

這類諷諭詩，不怎麼受到統治者及那些錦衣玉食的達官貴人所喜愛，倒是這樣淺顯易懂的文字，流傳到了大街小巷，因此後人對他有了：「童子解吟長恨曲，胡兒能唱琵琶篇」的評價。

❖國學常識這樣考

(　　)「上苟好奢，則天下貪冒之吏將肆心焉；上苟好利，則天下聚斂之臣將置力焉。」這段話的涵義，與下列何者最接近？

Ⓐ 志高品高，志下品下
Ⓑ 上者作惡，下民遭殃
Ⓒ 上之為政，得下之情則治
Ⓓ 君好則臣為，上行則下效

聚斂：搜刮
置力：盡力

答案：Ⓓ

97年第二次基測

注：出自白居易《策林》卷二十一〈人之困窮，由君之奢欲〉。

❖履歷表

姓	韓	名	愈
字	退之	諡號	文
人稱	韓昌黎、韓文公	性別	男
時代	晚唐		
生卒年	約西元768年～824年（約唐代宗大曆3年～穆宗長慶4年）		
祖籍	郡望昌黎郡（今河北省昌黎縣）		
籍貫	河南河陽（今河南孟縣）		
個性	見義勇為，好管閒事（連皇帝禮佛都要管）		
興趣	辦好教育	志向	以儒道治國

工作經歷

① 約29～32歲：節度使觀察推官（軍隊裡的司法官）
② 約34～36歲：國子監四門博士（大學教授）
③ 約36～37歲：監察御史（查核官員）
④ 約37～38歲：連州陽山令（小縣縣長）
⑤ 約38～39歲：江陵法曹參軍（地方的司法官）
⑥ 約39～41歲：國子博士（跟「四門」不同科目的大學教授）
⑦ 約42～44歲：都官員外郎分司東都兼判祠部（管禮儀的官）、河南令（河南縣長）
⑧ 約44～46歲：方員外郎（管國家地圖及軍事重鎮，屬於重要的軍事官）
⑨ 約46～47歲：比部郎中（管稅收的）、史館修撰（修史）
⑩ 約47～48歲：考功郎中（考察紀錄百官的主管）、知制誥（幫皇帝草擬公文）
⑪ 約48～50歲：中書舍人（幫皇帝草擬公文）
⑫ 約50～52歲：行軍司馬（軍隊中的參謀長）、刑部侍郎（司法部副部長）
⑬ 約52～53歲：潮州刺史（潮州最高行政長官）
⑭ 約53～54歲：袁州刺史（袁州最高行政長官）、國子祭酒（國立大學校長）
⑮ 約54～55歲：兵部侍郎（國防部副部長）
⑯ 約55～56歲：吏部侍郎（考核官員的副部長）
⑰ 約56～57歲：京兆尹（首都市長）兼御史大夫

相關著作

《昌黎先生集》

特殊事跡

① 唐代古文運動的領導者
② 散文與柳宗元並稱「韓柳」
③ 蘇東坡稱「文起八代之衰，道濟天下之溺」

歐陽修的偶像韓愈出生於晚唐，三歲左右就變成孤兒，由他的哥哥、嫂嫂撫養長大。韓愈從小就很會讀書，也很愛讀書，七歲開始就拿著書不放，這麼好讀書，原本應該可以輕易的考取個好功名，沒想到韓愈二十歲到京城考試，竟然連考三次都沒考上，一直到二十五歲，好不容易中了進士科，獲得了資格，卻在真正任官的考試中三次失敗。幸好汴州節度使董晉讓他在軍中擔任司法官，韓愈才有工作可做。

韓愈對於教育很有想法，他的〈師說〉：「古之學者必有師。師者，所以傳道、受業、解惑也。……」跟〈進學解〉：「業精於勤，荒於嬉」都是他重要的教育主張。

韓愈第四次參加選官考試通過後，被派到中央，擔任相當於現在大學教授的官職，韓愈毫不藏私地指導當時的太學生，把李翱、張籍這些晚唐時重要的文人收做門徒，使得當時學術界出現一堆「韓門弟子」。

有了弟子的唱和，韓愈利用機會宣傳他對散文寫作的想法，發表己見，批評當時華而不實的駢體散文。

韓愈的名氣讓他被升為監察御史，到處去查核官員有沒有失職。由於韓愈太公正了，在天災時寫了一篇文章批評官員，因此被人挾怨報復，在皇上面前咬耳朵，說韓愈壞話。沒多久韓愈就被貶官到連州陽山去做小縣令。

韓愈到了陽山，不但沒有被人遺忘，反而吸引了一大堆學生去拜師。在陽山一年多，因為當時不想看到他的德宗死了，新皇帝憲宗即位後進行大赦，韓愈才得以離開陽山。

韓愈離開陽山，好一陣子謹言慎行，不但到國史館去修史、幫皇帝擬詔書、還跟著軍隊去打仗。韓愈的部隊打勝仗後，韓愈升官成司法部副部長，眼看從此就要成為高官顯貴，卻因為「迎佛骨」事件，惹出了禍事。

釋迦摩尼佛得道後，肅宗想把釋迦摩尼肉身所遺留下來的一根手指頭，從外國迎回宮中祭拜，韓愈卻寫了篇〈諫迎佛骨表〉，要皇帝不要勞民傷財，還說信佛的皇帝都沒什麼好下場，氣得皇帝想要讓韓愈立刻沒好下場，要不是宰相及其他大臣阻止，韓愈早就小命不保。沒弄死韓愈，皇帝也不想看到他，要他閃到偏遠的潮州去當官。韓愈到了潮州，除了寫一篇給鱷魚的信，要他們不要偷吃居民的雞鴨之外，還學會了吃檳榔，來驅逐潮州的溼熱之氣，後人因此把他當成了檳榔業者的祖師爺。

韓愈一直到五十四歲才被調回京城，這次他真的學乖了，有些話說了沒用就不說，皇帝覺得他愈來愈懂得說話的技巧，就派他去跟叛軍談判，談判結果很成功，皇帝很滿意，決定升韓愈的官，最後韓愈終於當上了首都市長，以榮耀結束一生。

不過，韓愈最大的成就不在於政治生涯上的表現，而是他在晚唐為文，一片重視形式的寫作風氣之中，提倡了古文運動。不要以為韓愈提倡古文運動，要求文章要傳遞聖賢之道，就覺得他的文章很無趣，其實，韓愈的文筆很好，他的文章寫作技巧，有時諷刺、有時深情；有對話、有設問，在理論與作品都完備的狀況下，韓愈的古文運動成為一時風尚，也成為北宋與明朝古文運動的仿效對象。

❖國學常識這樣考

（　）有關下引文字的敘述，錯誤的選項是：

「始先生以進士，三十有一仕歷官，其為御史、尚書郎、中書舍人，前後三貶，皆以疏陳治事，廷議不隨為罪。常惋佛、老氏法潰聖人之隄，乃唱而築之。及為刑部侍郎，遂章言憲宗□□□非是，任為身恥，震怒天顏，先生處之安然，就貶八千里海上。」

Ⓐ「先生」應指韓愈

Ⓑ□□□可能是「迎佛骨」

Ⓒ「就貶八千里海上」應指貶謫永州

Ⓓ由「常惋佛、老氏法潰聖人之隄」可推知這位「先生」以傳承儒學自任

答案：Ⓒ

92年學測

注：Ⓒ「就貶八千里海上」是指貶謫潮州，不是柳州。

世有伯樂，然後有千里馬。千里馬常有，而伯樂不常有。故雖有名馬，祇辱於奴隸人之手，駢死於槽櫪之間，不以千里稱也。

馬之千里者，一食或盡粟一石。食馬者，不知其能千里而食也。是馬也，雖有千里之能，食不飽，力不足，才美不外見，且欲與常馬等，不可得，安求其能千里也？

策之不以其道，食之不能盡其材，鳴之而不能通其意，執策而臨之，曰：「天下無馬。」嗚呼！其真無馬耶？其真不知馬也！

——唐．韓愈〈雜說〉四

（　）作者想藉本文來抒發什麼？

Ⓐ悲傷賢士懷才不遇

Ⓑ感慨「天下無馬」

Ⓒ憾恨伯樂不遇千里馬

Ⓓ譏評養馬人不懂養馬的方法

「駢」死：齊、併
槽櫪：養馬的地方
執「策」而臨之：馬鞭

答案：Ⓐ

（接下頁）

( )本文用什麼方法來表達主旨？

Ⓐ借景物來抒情
Ⓑ借故事來說理
Ⓒ用直言來勸諫
Ⓓ用史實來批判。

答案：Ⓑ

( )下列文意的說明，何者正確？

Ⓐ「世有伯樂，然後有千里馬」——只有伯樂才養得出千里馬
Ⓑ「不知其能千里而食也」——把千里馬當作普通馬來餵養
Ⓒ「策之不以其道」——不能擬定正確的養馬策略
Ⓓ「鳴之而不能通其意」——馬不了解主人呼喚的用意

答案：Ⓑ

92年學測

注：Ⓐ不是伯樂才養得出千里馬；是伯樂才分辨得出哪一匹馬是千里馬。
Ⓒ「策」之不以其道，說的是鞭策馬匹，而不是政策。
Ⓓ是主人不瞭解馬嘶的用意，而不是馬不瞭解主人呼喚的用意。

( )韓愈〈進學解〉「業精於勤荒於嬉，行成於思毀於『 』。」句中『 』是：

Ⓐ忿 Ⓑ惑
Ⓒ隨 Ⓓ驕

答案：Ⓒ

90年預官

22 杜牧

❖履歷表

姓	杜		
名	牧		
字	牧之		
號	樊川		
人稱	杜十三（在家族中排行十三）		
性別	男		
時代	晚唐		
生卒年	約西元803～西元852年（約唐德宗貞元19年～周襄王3年）		
籍貫	京兆萬年（今陝西西安）	個性	風流、不拘小節
興趣	寫作，可惜嗜酒	志向	想從軍，不可得

工作經歷

① 約25歲：弘文館校書郎（圖書管理兼編輯校對）
② 約25～30歲：江西觀察使幕僚（類似於監察官的助手）
③ 約30～32歲：淮南節度使牛僧孺的幕僚（守邊將軍守下）
④ 約32～34歲：監察御史（類似官員糾察隊）
⑤ 約34～35歲：宣州觀察使崔鄲的幕僚
⑥ 約36歲：左補闕（勸諫皇帝的官）
⑦ 約37歲～39歲：尚書省膳部（掌管祭祀用具）、比部（掌管經費支出，類似今日出納、會計）員外郎，皆兼史職
⑧ 約39～45歲：黃州（湖北黃岡）、池州（安徽貴池）、睦州（浙江建德）刺史（等於現在的縣市長）
⑨ 約45～47歲：吏部尚書司勳員外郎、史館修撰（負責審核官員的工作表現、升遷職務）、吏部員外郎（吏部之下，不同部門的工作）
⑩ 約47～49歲：湖州刺史（位於浙江）
⑪ 約49歲：中書舍人（起草皇帝的詔令）

相關著作

① 注解《孫子兵法》
②《樊川文集》（詩文450首，20卷，由外甥裴延翰所編）

特殊事跡

① 晚唐重要的詩人
② 與李商隱並稱「小李杜」

中唐時期有個被稱為「老杜」的詩人杜甫；晚唐時期則另外有個被稱為「小杜」的詩人杜牧。這兩人不論是生平、時代、個性、寫作風格都不相同，唯一相同的就是，他們兩人都是西晉著名軍事家杜預的後代。

杜牧的祖父杜佑曾經當過三任皇帝的宰相，父親也在朝廷當官，杜牧小時候，就是個超級權貴子弟。杜佑在長安城南方的樊川有個別墅，又大有美，杜牧就是在那裡長大的。不過，杜牧十多歲時，祖父和父親相繼去世，杜牧也就從有錢貴公子，變成了一個貧窮老百姓。

幸好杜牧在當有錢貴公子時，玩歸玩，書還是有讀，才不至於一無事處。據說他二十三歲時，寫了一篇知名的〈阿房宮賦〉，有個很受敬重的老文人吳武陵看了非常喜歡，跑去找當年度主持科舉考試的主考官崔郾，要他把當年科舉的狀元評給杜牧。崔郾雖然覺得杜牧的〈阿房宮賦〉寫得好，但面有難色的說，第一名早就被訂走了。

吳武陵一聽崔郾這麼說，立刻退而求其次，要求崔郾把科舉的第五名評給杜牧，崔郾還是有些為難，吳武陵不高興的說：「你要是不給杜牧第五名，你就得拿出其它考生，寫得比杜牧好的文章說服我。」被吳武陵這麼一說，崔郾只好答應。

雖然其他主考官覺得杜牧一天到晚上酒家，品行不太好，但是崔郾還是遵守諾言，把第五名評給了杜牧。

杜牧在二十六歲時考上了進士，從此開始做官，雖然做的官都不大，但日子也算平順。

杜牧很愛喝酒，更喜歡找漂亮女生陪他喝酒，在他的詩中，有很多關於酒家和酒女的內容，像是〈清明〉：「清明時節雨紛紛，路上行人欲斷魂。借問酒家何處有？牧童遙指杏花村」，或是〈泊秦淮〉：「煙籠寒水月籠沙，夜泊秦淮近酒家。商女不知亡國恨，隔江猶唱後庭花。」等名詩。

有很長一段時間，杜牧一下班就上酒家。當他在揚州當牛僧孺的幕僚時，有一天，牛僧孺把杜牧找去，勸他不要每天去酒家找漂亮女生喝酒。杜牧做壞事被發現，起初還忙著辯解，後來牛僧孺拿出了一疊「狗仔」跟蹤杜牧所回報的「下班現形記」，上面全都是某月某日某時，杜牧到酒家去的內容，杜牧看了很慚愧，從此不再上酒家，還寫下了他的心情〈遣懷〉「落魄江湖載酒行，楚腰纖細掌中輕。十年一覺揚州夢，贏得青樓薄倖名。」

由於杜牧常上酒家跟漂亮女生當朋友，對於女孩的心情有很深刻的了解，所以寫出了很多從女性角度出發的感情詩，像是以「銀燭秋光冷畫屏，輕羅小扇撲流螢。天階夜色涼如水，坐（或作「臥」）看牽牛織女星。」描寫寂寞宮女心情的〈秋夕〉等詩。

不過，身為晚唐時期的代表詩人，杜牧的詩作也不是只跟「酒色」有關，他對歷史的批判極優，從早期讓他一「文」成名的〈阿房宮賦〉，到「東風不與周郎便，銅雀春深鎖二喬。」的〈赤壁〉；還有「江東子弟多才俊，捲土重來未可知。」的〈烏江亭〉，都是具備獨到見解的詠史詩。

杜牧只活了五十歲，當時他臥病在床，不但自己寫墓誌銘，不知為何，還把自己許多詩作給燒了。

後人認為，杜牧的詩作文辭清麗、很有韻味，而將他與比他小幾歲的李商隱並稱「小李杜」。雖然他將自己的詩作幾乎都燒光了，但他之前寫的詩都有寄給他的外甥裴延翰，所以，裴延翰就把杜牧的作品集成《樊川文集》流傳後世。

❖國學常識這樣考

（　）詩句往往透露季節線索，如「吹面不寒楊柳風」提供春季的線索。下列詩句與季節的配對，何者正確？

Ⓐ 天階月色涼如水，坐看牽牛織女星——春
Ⓑ 四顧山光接水光，憑欄十里芰荷香——夏
Ⓒ 莫笑農家臘酒渾，豐年留客足雞豚——秋
Ⓓ 誰念西風獨自涼，蕭蕭黃葉閉疏窗——冬

答案：Ⓑ

92年第二次基測

注：Ⓐ杜牧〈秋夕〉「天階夜色涼如水，坐看牽牛織女星」是指秋天，不是春天。

Ⓒ陸遊〈遊山西村〉「莫笑農家臘酒渾，豐年留客足雞豚」是指冬天，不是秋天。

Ⓓ納蘭性德〈浣溪紗〉「誰念西風獨自涼，蕭蕭黃葉閉疏窗」是指秋天，不是冬天。

23 溫庭筠

❖履歷表

姓	温	原名	岐
名	庭筠	字	飛卿
性別	男		
人稱	温鐘馗（長得太醜）、温八叉（八韻一首的律賦，温庭筠叉手八次就完成）		
時代	晚唐		
生卒年	約西元812年～約西元866年（唐憲宗元和7年～唐懿宗咸通7年）		
籍貫	太原祁（今山西祁縣）		
個性	才高氣傲		

工作經歷
沒考上科舉，沒真正當過官，偶爾在當官的朋友手下做事

相關著作
① 著有《握蘭》、《金荃》二集，均不存 ② 後人編輯成《温庭筠詩集》

特殊事跡
①《花間集》的代表詞家 ② 詩與李商隱並稱「温李」 ③ 詞與韋莊並稱「温韋」

溫庭筠是晚唐的作家，他的詩寫得好，與李商隱齊名，兩人並稱「溫李」；詞與西蜀的韋莊齊名，兩人並稱「溫韋」，據說他還會寫小說，可惜都沒有流傳下來。

溫庭筠是個天才藝術家，與李商隱同年生，據說他音樂行、寫詩寫文寫詞都一把罩，唯二的缺點是心高氣傲、做事不給人留情面，加上長得醜，造成他一輩子坎坷的命運。因為長得醜，溫庭筠拒絕了他的女學生，年輕貌美又有才的魚玄機示好，把她嫁給了另一個文人李億當小老婆。間接害死了魚玄機。李億把魚玄機帶回家後，大老婆吃醋吃得兇，時時虐待魚玄機，李億只好把魚玄機送走，魚玄機一連被兩個男人拋棄，從此自暴自棄，不但亂交男朋友，還跟自己的丫環爭風吃醋，打死了丫環，在二十多歲時被判死刑。

溫庭筠雖然才高八斗，卻在科舉考試時幫著身邊的人作弊，一次還幫了八個，當場被趕出考場；他為相國令狐陶填詞獻給皇帝，卻又大嘴巴的四處張揚，這種叛經離道的行為，讓他一輩子當不了大官。

六十歲左右，溫庭筠甚至因為晚上跑出來亂晃，違反了唐朝當時的宵禁，而被京城的侍衛打到血流滿面、掉落牙齒，鬧得滿城風雨。後來溫庭筠好不容易當了個相當於國立大學的國子監助教，又惹惱其他大官，人緣超差的他，沒多久就被貶官，在路途中過世。

溫庭筠心高氣傲，行事率性而為，但文字卻充滿了柔情，以他的〈定西番〉為例：「細雨曉鶯春晚，人似玉，柳如眉，正相思。羅幕翠簾初卷，鏡中花一枝。腸斷寒門消息，雁來稀。」描寫女子深閨相思的情懷，正是《花間集》典型的風格。

24 李商隱

❖履歷表

姓	李		
名	商隱		
字	義山		
號	玉谿生、樊南生		
性別	男		
時代	晚唐		
生卒年	約西元812年～西元858年（約唐憲宗元和6年～約唐宣宗大中11年）		
籍貫	河南滎陽		
老師	令狐楚	個性	敏感細膩
志向	雖然無法功成名就，但愛情故事很精彩		
興趣	讀古文、歷史、玩猜謎（詩中有許多晦澀難解的典故）		

工作經歷

① 約17～18歲：天平軍節度使令狐楚幕僚（守邊將軍手下）
② 約21～22歲：華州刺史、崔戎幕僚；山東兗、海、沂、密四州觀察使崔戎幕僚（觀察使類似於監察官）
③ 約27歲：秘書省校書郎（圖書管理兼編輯校對）
④ 約27歲～28歲：弘農縣尉（地方上的警察局長）
⑤ 約29歲：忠武軍節度使、陳許觀察使王茂元的幕僚
⑥ 約30歲～35歲：秘書省正字（編史、書籍的官）
⑦ 約35歲～36歲：桂州刺史掌書記（類似現在的機要秘書）
⑧ 約36～37歲：周至縣尉（地方上的警察局長）
⑨ 約37～38歲：徐州刺史盧弘正幕僚
⑩ 約39歲：國子監（國家最高教育機構，負責教導太學生）
⑪ 約39～43歲：梓州刺史、劍南東川節度使柳仲郢幕僚
⑫ 約45歲～46歲：鹽鐵推官（掌管國家鹽鐵買賣機構下的小官）

相關著作

①《樊南甲集》、《樊南乙集》（自編的駢文集，現在已經不見了）
②《李義山文集》（清朝朱鶴齡編）
③《玉谿生詩》

特殊事跡

① 晚唐最重要的詩人
② 與杜牧並稱「小李杜」
③ 與温庭筠並稱「温李」

與杜牧並稱「小李杜」的李商隱，爸爸是個貧窮的讀書人，在李商隱十歲左右就死了，身為長子的李商隱，只好幫人家抄書賺錢。

十五歲左右，李商隱成為令狐楚的門生，令狐楚在朝廷中當大官，對李商隱非常好，幾乎把他當成自己兒子看待，當時寫皇帝詔書須用駢體文的格式，如果駢體文寫得好，就像擁有一張高等英文能力證書，升遷的機會比一般人多。李商隱對於駢文並不擅長，剛好令狐楚是駢體文寫作的第一把交椅，他毫不藏私的將所有技巧都教給了李商隱。

可惜的是，李商隱連考四次的科舉都沒考中，第五次好不容易考上，但是令狐楚來不及幫他弄一個好工作，就在當年過世了，那時候李商隱才二十五歲。

令狐楚過世沒多久，李商隱結婚了，他的夫人是當時朝廷官員王茂元的七女兒。有人說，李商隱這個婚結壞了，因此影響到他當官的仕途。

當時朝廷官員分成兩派，一派是以牛僧孺為首，一派是以李德裕為首。這兩派的官員從來都不是「好朋友」。李商隱的恩師兼恩人令狐楚是屬於牛僧孺這一派；王茂元則屬於李德裕這一派的。令狐楚一死，李商隱就娶了跟他不同派的王茂元之女，雖然愛情沒有界線，但對「牛派」而言，李商隱這種行為根本就是投奔敵營、忘恩負義。

因為結婚，李商隱被動得從「牛派」成為「李派」，一如伊索寓言裡鳥獸大戰中的蝙蝠，不管是「牛派」或「李派」都不太欣賞他，連令狐楚的兒子都因此要跟他絕交。

本來他的岳父王茂元或許可以幫他一點，不過結婚沒多久，李商隱因為母親過世，回家守喪三年，等李商隱回到官場，王茂元也過世了。

李商隱雖然才氣縱橫，但跟可以幫助他的父執輩的緣分都很短，這讓李商隱一輩子都只能當小官、賺小錢，鬱鬱悶悶過日子。

或許是天性傷感，或許是自小身體虛弱，或許是生活的不得志，讓他心情愁苦，李商隱寫出許多淒美的情詩。

李商隱的詩好用典故，他有名的詩作〈錦瑟〉：「錦瑟無端五十絃，一絃一柱思華年。莊生曉夢迷蝴蝶，望帝春心託杜鵑。滄海月明珠有淚，藍田日暖玉生煙。此情可待成追憶，只是當時已惘然。」就用了「莊周夢蝶」、「望帝死後變成杜鵑鳥」、「南海鮫人落淚成珍珠」、「藍田種玉得妻，與名為紫玉的少女成煙」等典故。加上他有許多名為「無題」的詩，使得後人解詩特別困難。但他的文辭唯美、情緻幽微，不但成為後人模仿的對象，也使他成為晚唐的代表詩人。

❖國學常識這樣考

(　) 「春蠶到死絲方盡」句中的「絲」是「思」的諧音，借春蠶吐絲來形容思念綿長，至死方休。下列何者沒有使用同樣的技巧？

Ⓐ 無所味噴霧劑，讓你神清氣爽
Ⓑ 為拉抬人氣，網站使出渾身勁
Ⓒ 好字在原子筆，讓你的書寫更流暢
Ⓓ 業者開發新冰品，消費者清涼一夏

答案：Ⓑ

92年第二次基測

注：Ⓐ無所「味」諧音無所謂。
Ⓒ好「字」在諧音好自在。
Ⓓ清涼一「夏」諧音清涼一下。

25 李煜

❖履歷表

姓	李		
名	煜（原名：從嘉）		
字	重光		
號	鐘隱、蓮峰居士		
人稱	李後主、千古詞帝		
性別	男		
時代	後周		
生卒年	西元937年～978年（西元南唐升元元年～宋太平興國3年）		
生日	農曆七月七日	卒日	農曆七月七日
籍貫	彭城（今江蘇徐州）	個性	優柔寡斷、感情豐富
志向	和漂亮的妻子無憂無慮過日子	興趣	琴棋書畫，除政治外都喜歡

工作經歷

① 23歲：封為鄭王
② 約23～25歲：吳王、尚書令、知政事（其實都是預備皇帝的實習工作）
③ 約25～39歲：太子監國、後周皇帝
④ 約40～42歲：亡國後受封右千牛衛上將軍、違命侯、隴西公（被軟禁在宋朝，死後被封為吳王）

相關著作

後人將其作品與他爸爸李璟的作品同編為《南唐二主詞》

特殊事跡

① 詞風婉約，為花間詞的代表人物
② 與李白、李清照並稱「詞家三李」

李煜是南唐第三個皇帝，也是南唐最後一個皇帝。李煜是個藝術家皇帝，無論書法、畫畫、音樂、詩詞都很厲害。不過從中國的歷史上看來，凡被稱為藝術家皇帝的，通常都是讓自己過得太美妙，反而弄垮了祖先留下來的基業。

除了李煜，北宋的另一個藝術家皇帝——宋徽宗；明朝木匠皇帝——明熹宗，都是多才多藝的昏庸皇帝。

李煜是南唐中主李璟最小的兒子，李璟有六個兒子，第二個兒子到第五個兒子都早死，所以李煜等於是李璟的二兒子。

李煜的大哥李弘冀是個兇狠的人，當初李璟當皇帝時，曾經說過要把皇位傳給自己的弟弟，李弘冀害怕他叔父真的跟自己搶皇位，就把叔父給殺了，李煜害怕自己有一天也會被他哥哥弄死，故意給自己號為「鐘隱」、「鐘峰隱者」、「蓮峰居士」，意思是自己淡泊名利，不會跟哥哥爭皇位。

幸好李弘冀還沒來得及確認，李煜是不是真的不要皇位前，自己就先突然死掉了，李璟只能把皇位傳給僅剩的兒子李煜。

當時李煜和他的妻子大周后感情很好，大周后不但長得漂亮，而且是個音樂、舞蹈家，她曾經和李煜一起修編唐明皇的〈霓裳羽衣曲〉，使得此曲得以流傳。可惜大周后很年輕就病死了。

在大周后生病期間，李煜雖然很悲傷，但卻與來探視大周后病情，比大周后小十多歲的親妹妹偷情。大周后死後四年，李煜娶了大周后的妹妹，史稱小周后。

李煜因為怕死而不想當皇帝，但是真的做了皇帝，也就毫不客氣的大肆享樂，這段時間他的創作，不論是描寫他與大周后恩愛、小周后偷情、平時歌舞玩樂的詞，都是風格綺麗的作品。

像是〈浣溪紗〉：「紅日已高三丈透，金爐次第添香獸。紅錦地衣隨步皺。佳人舞點金釵溜，酒惡時拈花蕊嗅。別殿遙聞簫鼓奏。」或是〈玉樓春〉：「晚妝初了明肌雪，春殿嬪娥魚貫列。笙簫吹斷水雲間，重按霓裳歌遍徹。臨春誰更飄香屑？醉拍欄杆情味切。歸時休放燭光紅，待踏馬蹄清夜月。」都充滿了香豔華麗、柔靡婉約的風格。

李煜在宮中夜夜笙歌，完全不在乎對面強大的北宋虎視眈眈，想要吃掉後周這塊肥肉。對於強大的敵人——北宋，李煜只是不停的送錢，尋求苟安。不過有些事不是有錢就可以解決的，過了十年左右，北宋還是滅了南唐。

李煜亡國後，光著上身，帶著幾個官員和小周后到北宋的京城求饒，被軟禁在汴京，一直到被宋太宗賜毒酒弄死。這段被軟禁的時間，他所創作的詞風格大變。

像是〈相見歡〉：「無言獨上西樓，月如鉤，寂寞梧桐深院鎖清秋。剪不斷，理還亂。是離愁，別是一番滋味在心頭。」及因為這首詞而讓宋太宗找到殺他理由的〈虞美人〉：「春花秋月何時了，往事知多少。小樓昨夜又東風，故國不堪回首月明中。雕闌玉砌應猶在，只是朱顏改。問君能有幾多愁？恰似一江春水向東流。」都表現了哀婉悲愁的情懷。

李煜在中國文學史上能佔有一席之地，主要來自於他被俘之後所創作的詞，風格擺脫以往多寫男歡女愛的情歌風格，增加了對於自身感受、家國思念等內容，擴展了詞的領域。他用淺白的文句，加入比興等修辭技巧，使得讀者讀來更覺意境悠遠。

由於李煜在詞方面的精采表現，使他獲得「千古詞帝」的封號，後人將他與之前的李白、之後的李清照並稱為「詞中三李」。

❖國學常識這樣考

(　) 周邦彥詞〈浣溪沙〉：「樓前芳草接天涯，勸君莫上最高梯。」李後主詞〈清平樂〉：「離恨恰如春草，更行更遠還生。」以上文句中的「草」，皆有何種象徵意義？

Ⓐ 欣欣向榮的氣象
Ⓑ 源源而來的挫折
Ⓒ 綿綿不絕的鄉愁
Ⓓ 默默省思的體悟

答案：Ⓒ

92年第二次基測

注：在古典詩詞中，芳草、春草和楊柳一樣，與離別有密切關係，最早來自於《楚辭・招隱士》「王孫游兮不歸，春草生兮萋萋。」因此「樓前芳草接天涯」與「離恨恰如春草」，都是指鄉愁。

26 歐陽修

❖履歷表

姓	歐陽	
名	修	
字	永叔	
號	醉翁、六一居士	
諡號	文忠	
性別	男	
時代	北宋	
生卒年	約西元1007年～1072年（宋真宗景德4年～宋神宗熙寧5年）	
籍貫	吉州廬陵（今江西）	
個性	豪爽、心胸廣	
志向	提攜後輩、為國效命	
興趣	琴棋書畫、酒、考古	

工作經歷

當官四十多年，每一兩年就換工作，從地方小官到首都市長、教育部、外交部、財政部副部長、外交官、副宰相都當過。

相關著作

① 與宋祁合修《新唐書》，並獨撰《新五代史》
②《歐陽文忠公文集》
③《集古錄》，是今存最早的金石學著作
④《六一詩話》（原名《詩話》，為品評詩歌的論文集）

特殊事跡

① 古文八大家之一
② 北宋古文運動推動者

歐陽修四歲時爸爸就過世了，他家很貧窮，沒筆沒紙，媽媽拿著樹枝在沙上畫，教他認字，當他十歲看到韓愈的作品時非常喜歡。從此把韓愈當成偶像。

歐陽修十七歲參加科舉考試的初試，因為文章有幾句沒有符合韻腳被淘汰了；二十歲時歐陽修又去考一次，這次初試過了，但複試又沒過；二十二歲時，歐陽修拿著自己的文章去見當時很有名的文官胥偃，胥偃很欣賞歐陽修的才華，把他收為門徒，並帶著他去見市面，把他介紹給文壇中自己的朋友。第二年，歐陽修三度考科舉，這次他在初試、複試中一路以第一名闖關成功，最後在皇宮的殿試中得到十四名，從此開始他的為官生涯。

歐陽修的第一個官職，是二十五歲時在洛陽擔任西京留守推官，這個官類似地方首長身邊的高級幕僚，而洛陽又是中國古代重要的大城市，所以歐陽修這個官，其實不算太小。

歐陽修當官之後，與尹洙、梅堯臣等當時一些文人，一天到晚開讀書會，寫詩、論文，成為文壇最閃亮的明星，也娶了恩師胥偃十五歲的女兒為妻，可惜胥偃的女兒在十七歲時，替歐陽修生了一個兒子，不到一個月就生病過世了。

歐陽修西京留守推官任期滿後，從地方小官慢慢升遷，一直到他六十六歲過世，總共四十二年的當官生涯，做了三十多種官職，除了一兩次的貶謫，一直到他死前，仕途都可算是安穩平順。

他曾經代表北宋出使遼國、最高官拜副宰相；還與宋祁合修《新唐書》，自己獨立完成《新五代史》；以主考官的身分拔擢了北宋最重要的文人蘇軾、曾鞏、王安石等人，推動北宋古文運動；他喜歡玩骨董字畫，所作的《集古錄》是今存最早的金石學著作。

歐陽修結過三次婚，第一次是他二十多歲時，和他老師的女兒、年僅十五歲的「胥氏」結婚。不過才結婚一年，胥氏就因為生孩子後，身體虛弱，生病死了。胥氏所生的孩子，也在五歲時生病死了。

歐陽修的第二任妻子楊氏，是當時和他一起在集賢院工作的同事楊大雅之女，沒想到楊大雅這十八歲的女兒，才嫁給歐陽修一年左右又病死了。歐陽修再接再厲，在三十歲左右，娶了戶部侍郎薛奎的女兒，薛氏不但讓歐陽修擺脫「剋妻」的惡名，還為他生了好幾個孩子。

歐陽修一生娶了三個妻子，被貶了三次官。自號醉翁，當他第一次被貶官到滁州時，寫下了著名的〈醉翁亭記〉，內容提到：「醉翁之意不在酒，在乎山水之間也。」表現出了志士文人在困頓的政治生涯，從山水中獲得紓緩的情景。

三國時曹丕在〈典論・論文〉中提及：「文人相輕，自古而然。」歐陽修卻不會。有一次他對朋友梅聖俞說：「讀軾書，不覺汗出，快哉！（有版本多一「快哉」）老夫當避路，放他出一頭地也。」意思是說，蘇東坡的文章太棒了，這麼有才華的年輕人，我們還是早點退休，讓他們早點揚名。

蘇東坡的文章讓歐陽修「快哉」，另一個學生王安石卻讓歐陽修「快」不起來。當時王安石被皇帝重用，推行新的法令，歐陽修不中意王安石的新法，偏偏皇帝聽王安石，不聽歐陽修的話，搞得歐陽修在政壇工作很「不快」，一天到晚鬧辭職。好不容易弄到一張退休令，沒多久卻生病辭世。

歐陽修對於散文華而不實很不滿，因而推行古文運動，但他的詞卻以婉約、旖旎著稱，他的〈蝶戀花〉：「庭院深深深幾許，楊柳堆煙，簾幕無重數……」寫出了閨中女子的哀愁，〈生查子〉：「去年元夜時，花市燈如晝，月上柳梢頭，人約黃昏後……」描寫了男女約會的情形，完全表現了「西崑體」的特色，屬於北宋「婉約派」詞人。

歐陽修晚年自號「六一居士」，這六個「一」分別是：藏書一萬卷、藏金石文一千卷，有琴一張、有棋一局，而常置酒一壺，吾老於其間，是為「六一」。因此，他本來題為《詩話》的論詩文集，也被後世命名為《六一詩話》。

❖國學常識這樣考

（　）歐陽修〈朋黨論〉：「然而後世不誚舜為二十二人朋黨所欺，而稱舜為聰明之聖者，以能辨君子與小人也。」句中「誚」意指：

Ⓐ 讚美　　Ⓑ 譏笑
Ⓒ 責怪　　Ⓓ 敬畏

答案：Ⓒ

90年預官

（　）宋史載：「軾以書見歐陽修，修語梅聖俞曰：『吾當避此人出一頭地。』」句中的「此人」指的是誰？

Ⓐ 宋史的作者
Ⓑ 蘇軾
Ⓒ 歐陽修
Ⓓ 梅聖俞

答案：Ⓑ

92年第二次基測

（　）「淚眼問花花不語，亂紅飛過秋千去」，句中以人的動作——「不語」來描述「花」，是將花擬作人的修辭技巧。下列何者也使用了這種技巧？

Ⓐ 你說我像詩意的雨點，輕輕地飄上你的紅曆
Ⓑ 我失眠，唯一能在黑暗中撫養我長大的夢拋棄了我
Ⓒ 古人從遙遠的陰暗中走出，走成一部稀世珍貴的石刻史書
Ⓓ 蒼茫茫天涯路是你的漂泊，尋尋覓覓常相守是我的腳步

答案：Ⓑ

97年第一次基測

注：Ⓑ把「夢」擬人化，是一種修辭技巧。

27 蘇軾

❖履歷表

姓	蘇
名	軾
字	子瞻
人稱	東坡居士
性別	男
時代	北宋
生卒年	約西元11037年～1101年（約宋仁宗景祐3年～武宗會昌6年）
籍貫	四川眉山
個性	瀟灑真性情，快嘴封不住
志向	做官、做事、做自己
興趣	煮菜、當江湖郎中（喜歡研究醫書，自己開藥）
老師	歐陽修

工作經歷

曾任杭州通判（副市長）、密州與徐州知州（市長）、黃州團練副史（警察局副市長）、窮州別駕（沒權力的閒差）。官運很不順。

相關著作

① 文集《東坡全集》
② 詞集《東坡樂府》

特殊事跡

① 開創豪放派詞　② 與父親蘇洵、弟弟蘇轍並稱「三蘇」
③ 詩與黃庭堅並稱「蘇黃」
④ 詞與辛棄疾並稱「蘇辛」
⑤ 書法擅長行、楷書，與黃庭堅、米芾、蔡襄並稱「宋四家」
⑥ 唐宋八大家之一
⑦ 擅長水墨文人畫

宋朝大文豪，詩詞書畫樣樣皆通的蘇東坡，二十一歲跑去考科舉，當時的主考官是歐陽修。歐陽修看到蘇軾的文章，以為是他的學生曾鞏所寫，為了避嫌，把這篇文章放到第二名。結果成績揭曉，曾鞏還是第一名，蘇軾冤枉變成第二名。

變成第二名的蘇東坡，開始了他的官宦生涯。當官沒多久，蘇東坡就遇到了新舊黨爭。北宋的文人政治家，大部分都曾經捲入新舊黨爭之中。

造成新舊黨爭的主要人士，就是當時的宰相王安石，王安石提出了很多新的方法，希望新法實行之後，國家能夠強大。

新法的出發點是好的，但是王安石提出的法案，許多人都不喜歡，包括了王安石的老師歐陽修，也包括了蘇軾。這些人後來被統稱為「舊黨」，而王安石與依附他的那一群不怎麼好的官員，就被稱為「新黨」。

「新黨」成員有大當家宋神宗與二當家王安石挺著，日子過得應該很得意，偏偏「舊黨」的組成分子，很多都是當時著名的政治家，他們沒事就上奏皇帝，批評新黨的政策，兩黨吵個不休，鬧成了「新舊黨爭」。

被歸為「舊黨」的蘇東坡看宋神宗不聽勸，乾脆請調到地方上去當官，眼不見為淨。蘇東坡七、八年間外調了三、四個地方，日子倒也過得自在愜意，不料，在四十四歲時，卻發生了一件讓他差點沒命的「烏臺詩案」。

烏臺是當時御史臺的另一個稱呼，「烏臺詩案」簡單來說，就是北宋看不順眼蘇東坡的御史大夫們，從蘇東坡的詩中挑毛病，牽強附會的說，蘇東坡妖言禍國，把蘇東坡抓起來，關了三個多月。

這些新黨心胸狹窄的官員，本來想要弄死蘇東坡，不過，這事情鬧得太大，驚動了喜歡蘇東坡的皇太后，就連跟蘇東坡沒什麼交情的王安石都看不下去，跳出來替蘇東坡求情，蘇東坡才得以免除死罪。

在「烏臺詩案」結束後，蘇東坡寫下了：「平生文字為吾累，此去聲名不厭低，塞上縱歸他日馬，城東不鬥少年雞……」，用了唐玄宗時寵愛因鬥雞而升官的賈昌典故，諷刺那班害他的新黨是「少年雞」。

他才因寫詩被弄進牢裡，結果剛剛出牢，又忍不住手癢，難怪他自己寫完詩後，都忍不住丟筆罵自己「無可救藥」。

蘇東坡的死罪可免，活罪卻難逃，他被貶到黃州去當個有名無實的官，還拖累了他一票親朋好友，他的弟弟蘇轍為了救蘇東坡，也削職離開京城。

「貶官」這件事，自古到今文臣武將在所難免，但要把貶官的人生也過得這麼通達，蘇軾應該是佼佼者。

他在黃州四、五年，生活清貧，常要靠朋友接濟，雖然偶有感慨自憐，但多半都是自在閒適的。著名的東坡肉，據說就是蘇東坡在黃州貶官時發明的一道菜，許多經典的作品，也都是在黃州所寫下的。

神宗死後，哲宗皇帝即位，哲宗當時只有十二歲左右，由祖母宣仁皇太后輔政，皇太后很賞識蘇東坡，把他叫回京城，並用舊黨的司馬光當宰相，舊黨戰鬥力變強，不過，蘇東坡又不全然接受舊黨的想法。

所以，當他被調回京城沒多久，再次請求外調。然而外調的蘇東坡，並不能夠脫離新舊黨爭的另一波風暴，麻煩仍然不停地來找他。

當哲宗皇帝用了屬於新黨的章惇當宰相之後，蘇東坡又倒大楣了。這次蘇東坡的貶官，竟然遠到了海南島，還限制他不可以離開海南島。

蘇東坡到了海南島，當時地方官因為崇拜蘇東坡，修了個官舍給蘇東坡住，卻在沒多久後，被章惇所派的官員們趕出了房舍。

蘇東坡因此住在當地原住民所居住的傳統檳榔屋，房屋簡陋，蘇東坡卻也住得甘之如飴。因為朝廷不給蘇東坡有管事的權力，蘇東坡住在海南島，並沒有因有志難伸而唏噓不已，反倒樂得跟著當地人到處遊玩。

當哲宗病重，章惇開始失勢，蘇東坡被赦免，終於可以離開海南島回家去。據說他從海南島一路回到家鄉，走了一年多，因為沿途有許多人請他吃飯聊天，蘇東坡不想掃這麼多粉絲的興，每到一個地方就停留一陣子，這樣停停走走，每天應酬，把原本不太好的身體給搞壞了，終於染上了病，在常州過世。

一代文豪蘇東坡，之所以在數千年的中國文學史上，怎麼樣都無法不被看見，是因為他的才氣還有脾氣。

蘇東坡詩詞書畫樣樣精通，他的詩與門下弟子，北宋「江西詩派」黃庭堅並稱「蘇黃」，具備「詩中有畫，畫中有詩」的特色，他著名的〈題西林寺壁〉：「橫看成嶺側成峰，遠近高低各不同。不識廬山真面目，只緣身在此山中。」把廬山的特色「點畫」了出來。

這首詩的末句「只緣身在此山中」，除了說景，更是說理，七個字的一句詩，字字淺白，卻有不同層次的意涵，這種功力，豈是一般人所有？

蘇東坡的詞，被歸屬於豪放派，更被視為「豪放派」主要的代表人物，他的〈念奴嬌‧赤壁懷古〉：「大江東去，浪淘盡、千古風流人物。故壘西邊，人道是、三國周郎赤壁。亂石崩雲，驚濤裂岸，卷起千堆雪。江山如畫，一時多少豪傑！遙想公瑾當年，小喬初嫁了，雄姿英發。羽扇綸巾，談笑間、檣櫓灰飛煙滅。故國神遊，多情應笑我、早生華髮。人生如夢，一樽還酹江月。」

〈水調歌頭〉：「明月幾時有？把酒問青天。不知天上宮闕，今夕是何年。……人有悲歡離合，月有陰晴圓缺，此事古難全。但願人長久，千里共嬋娟。」都是用淺白的字眼，將文人的胸懷展露無遺，成為千古絕唱。

蘇東坡除了文學藝術很有成就，其他像是烹飪、醫學也多有研究，在他生病之時，常常研究醫書，自己開藥，有人根據史料，認為他就是開錯藥，才把自己給弄死的。

蘇東坡聰明一生，但卻鋒芒太露，吃了不少苦頭，在他晚年時曾寫下一首〈洗兒詩〉：「人皆養子望聰明，我被聰明誤一生；唯願孩兒愚且魯，無災無難到公卿。」道出了他心中的無奈。

許多文人藝術家，常常恃才傲物沒人緣，蘇東坡卻不會，他天生具有「儒俠」的個性，看到百姓的問題，他不會為了顧慮自己的利益而不說、不做，他在杭州任官時，為了解決西湖淤積的問題，當了一回水利工程師，整治了西湖，建造了「蘇堤」，讓整個城市得以發展，百姓都很喜歡他。

蘇東坡在面對國家問題時，說不過就寫詩來消遣一下他看不慣的人，或是找機會戲弄他們一下。面對自己的困境，他搖身一變，成了無入而不自得的大頑童，即使在別人眼中最糟的環境下，還是能「玩」得高高興興，所以，當蘇東坡的敵人實在很倒楣，因為要讓蘇東坡痛苦還真不容易。

❖國學常識這樣考

（　）蘇軾記承天夜遊：「庭中如積水空明，水中藻荇交橫，蓋竹柏影也。何夜無月？何處無竹柏？但少閑人如吾兩人耳！」作者所呈現的心境與下列何者最接近？

Ⓐ忙人無是非，閑人是非多
Ⓑ人閑桂花落，夜靜春山空
Ⓒ人莫樂於閑，非無所事事之謂也
Ⓓ江山風月，本無常主，閑者便是主人

答案：Ⓓ

90年第一次基測

注：蘇軾寬慰自己與好友張懷民都是沒有俗務的閒人，所以才有興致夜遊，因此選Ⓓ。

元豐六年十月十二日，夜，解衣欲睡；月色入戶，欣然起行。念無與樂者，遂至承天寺，尋張懷民。懷民亦未寢，相與步於中庭。
庭下如積水空明，水中藻荇交橫，蓋竹柏影也。
何夜無月？何處無竹柏？但少閑人如吾兩人耳！

——蘇軾〈記承天夜遊〉

（　）根據文意，作者為什麼要到承天寺？

Ⓐ失眠難耐　Ⓑ心緒無聊　Ⓒ偕友賞月　Ⓓ參禪求道

答案：Ⓒ

注：蘇軾本來已解衣就寢，卻因窗外照進的月光怡人而欣然起身，出門賞月，但想到無人同樂，才到承天寺找張懷民一同賞月。

（　）本文末句「但少閑人如吾兩人耳！」表達出怎樣的感慨？

Ⓐ標榜自己有隨遇而安的修養　Ⓑ自嘲自己與張懷民一事無成
Ⓒ有閑情逸致才能欣賞到美景　Ⓓ無所事事的人才能欣賞美景

答案：Ⓒ

（　）下列語句，何者點出了題目中的「遊」字？

Ⓐ月色入戶，欣然起行　Ⓑ相與步於中庭
Ⓒ水中藻荇交橫　Ⓓ何夜無月？何處無竹柏

答案：Ⓑ

91年第二次基測

28

李清照

❖履歷表

姓	李
名	清照
自號	易安居士
人稱	詞后、中國史上最著名的女詞人
性別	女
時代	北宋末年～南宋初年
生卒年	約西元1084年～西元1155年?（約北宋神宗元豐7年～南宋高宗紹興25年？）
籍貫	山東
個性	外柔內剛、情感細膩
志向	美滿的婚姻生活
興趣	讀書、寫詞、收藏骨董字畫

工作經歷

① 約16～18歲：新鋭業餘詞人
② 約18歲～46歲：古董字畫收藏家趙明誠助理、業餘詞人
③ 約46歲～：古董字畫收藏家、業餘詞人

相關著作

① 據説著有《易安居士文集》七卷、《易安詞》八卷，但已經遺失。
② 現存《漱玉詞》輯本，約五十首左右。
③ 替丈夫趙明誠的《金石錄》作序

特殊事跡

① 李清照之詞別具特色，號稱「易安體」
② 詞中婉約派之首，與李白、李煜合稱「詞家三李」

李清照生於北宋末年，爸爸李格非是蘇東坡的學生，十七歲時考上進士第一名，李清照的媽媽是王圭的女兒，王圭在北宋神宗時曾擔任參知政事，等同於我們所知的副宰相，現在的副行政院長。李清照就是在這樣一個書香、官宦世家出生的第一個孩子。

李清照三歲以後，李格非先在國立大學——太學裡擔任似教官、教務主任的「太學錄」、「太學正」以及有如國立大學教授的「太學教授」等工作，後來又做了類似現在考試院中的官員——「禮部員外郎」。身為教授、學者、官員的女兒，李清照的生活安逸而快活。

十六歲時，李清照就開始有作品問世，並為文壇視為當時的才女。當她十八歲時，嫁給掌管官員賞罰、升遷的吏部副部長——吏部侍郎趙挺之的兒子趙明誠，當時趙明誠還只是國立大學身分的太學生。

李清照和趙明誠結婚後，兩人的感情很好，從婚前到初婚這段時間，李清照寫出來的作品像是〈怨王孫〉的「水光山色與人親，說不盡無窮好」；〈浣溪沙〉的「繡面芙蓉一笑開，斜飛寶鴨襯香腮」，都透露出開朗、愉悅的心情。這是李清照第一時期的作品。

趙明誠喜歡收集骨董字畫，李清照對於這些古物也懂很多，兩人志趣相投，即使賣掉身上的衣物去換一個古代的盤子，都樂此不疲。

無奈從結婚第二年開始的二十多年，李清照經歷了父親因為政治風暴而被罷官、趙明誠被誣陷而短暫入獄、免官回鄉等不順遂，雖有趙明誠相伴，卻不再無憂無慮，寫出的作品也開始摻雜像是〈一剪梅〉中「一種相思，兩處閒愁。此情無計可消除，才下眉頭，卻上心頭。」這樣的悲愁。這是李清照第二時期的作品。

李清照四十三歲時，北宋被金人攻下，兩個皇帝被俘虜到金國，北宋正式亡國。在這兵荒馬亂的時代，任何一個人都不可能過著自由自在的生活。李清照夫婦逃難逃了快一年，許多心愛的骨董都丟失了，而戰爭也終於結束了。

這時候朝廷派趙明誠去浙江工作，由於戰爭才剛結束，整個社會還是很混亂，趙明誠決定自己先去。但趙明誠這一去，卻跟李清照天人永隔。

趙明誠在路上染上了瘧疾，李清照接到趙明誠生病的信，連夜趕去見他，沒想到趙明誠還沒見到李清照，就因重病死了。

失去了趙明誠，李清照的生命簡直沒了光亮，四十九歲時，他曾經嫁給一個貪圖趙明誠留下來的古董，假意接近他的騙子——張汝舟，為了離婚，李清照不惜舉報張汝舟賄賂官員的事情。

舉報了張汝舟之後，李清照雖然得以離婚，但宋朝的法令中，妻子控告丈夫，就算是真的，也要判有期徒刑三年。所以李清照被關進了大牢。幸好李清照的親友搭救，她只被關了九天，就被放了出來。

經過這件事後，李清照生活更加淒涼，這些悲傷的情緒，反映在她的作品中。事實上，自從北宋滅亡、趙明誠離開李清照後，李清照的詞中，都充滿像是〈蝶戀花〉的「獨抱濃愁無好夢」；〈浣溪沙〉的「醒時空對燭花紅」這類孤單、悲傷的情懷，而這正是李清照第三期的作品風格。

在國破家亡的情形下，最後，這個與李白、李煜並稱「詞中三李」的一代女詞人——李清照消失在文壇，後人竟不知她最後死於何時何地？

❖國學常識這樣考

薄霧濃雲愁永晝，瑞腦消金獸。
佳節又重陽，玉枕紗櫥，半夜涼初透。

東籬把酒黃昏後，有暗香盈袖。
莫道不消魂，簾捲西風，人比黃花瘦。

——李清照〈醉花陰〉

（　）這首詞呈現了婦女怎樣的情態？

Ⓐ 相思難解的情愁　Ⓑ 酒後慵懶的嬌媚
Ⓒ 奢華綺麗的浪漫　Ⓓ 佳節賞花的悠閑

答案：Ⓐ

（　）根據這首詞所描述的時間背景，如果李清照在此時出門散步，她最可能看到什麼景色？

Ⓐ 競折團荷遮晚照　Ⓑ 紫豔半開籬菊靜
Ⓒ 晚風庭院落梅初　Ⓓ 北風吹雁雪紛紛

答案：Ⓑ

93年第二次基測

注：Ⓐ是夏天的景色，Ⓒ與Ⓓ則是冬天的景色，只有Ⓑ是秋天的景色，與題目「佳節又重陽」相符。

29

岳飛

❖履歷表

姓	岳		
名	飛		
字	鵬舉		
人稱	岳武穆		
封號	鄂王		
諡號	武穆、忠武（兩宋臣子中最高諡號）		
性別	男	時代	北宋～南宋
生卒年	約西元1103年～西元1142年（約北宋徽宗崇寧2年～南宋高宗紹興11年）		
籍貫	相州湯陰縣（今河南省安陽市）		
恩人	宗澤	仇人	秦檜（幕後黑手可能是南宋高宗趙構）
個性	豪邁	興趣	練兵打仗，寫作唱歌
志向	打下金國，收回北宋失土		
工作經歷			
一輩子當軍人，從小小敢死隊民兵當到國防部長（但還是被弄死）			
相關著作			
後人編《岳武穆遺文》，又名《岳忠武王文集》			
特殊事跡			
① 中國民族英雄的代表人物 ② 岳家軍統領 ③ 據說有岳武穆兵書，有岳家拳，岳家槍傳世			

岳飛生在北宋末年，當時金人、遼人沒事就跑來北宋的地盤放火打劫，年輕的岳飛因此內心充滿憤怒。

二十歲左右，北宋到河北去招募民兵，岳飛立刻報名參加，先跟著宋朝與金人的聯軍一起去打遼國，打了幾場仗，岳飛因為父親過世而回家奔喪，離開軍隊。就在岳飛回家這段期間，金人打垮了遼國，正當北宋人要拍手放鞭炮之時，金人卻把目標轉向北宋，岳飛再次加入軍隊保家衛國。

雖然北宋有很多厲害的將帥，但是身為藝術家的宋徽宗，對於打仗沒興趣，只要不是打到自己家門口，金人要什麼他給什麼。這些將帥就被晾在那裡，沒什麼事做。直到金人真的打到家門口，北宋也滅了。

金人抓走整個皇宮的人，幸好康王趙構不在皇宮，順利成為唯一皇帝繼承人。本來金人還要抓他，不過他躲到海上去當海賊王，金人拿他沒辦法，只好退兵。

金人退兵後，仍然照常的打南宋，岳飛一次一次的打回去，他越打越北，變成宋高宗的趙構開始有些煩惱，原本他只是想讓岳飛把南宋的國土弄大一點，讓自己當皇帝當得威風點，不過，以岳飛勢如破竹的打法，萬一打到金人那裡，把宋徽宗的皇室成員全部接回來，宋高宗還有皇帝可做嗎？

接著趙構又查了查岳飛的底，發現岳飛從過去就是個衝動派，當小兵時，就曾越級向他告狀當時宰相不認真打仗。

岳飛另一個不良記錄是，當他在「八字軍」將領王彥的手下時，因為不滿王彥某次對戰金兵，遲遲不出兵，竟私自帶著自己的小隊跑去打仗，雖然打贏了，卻沒軍糧，只好硬著頭皮回來找王彥。過去種種犯上的行徑，令趙構再次倒抽了口氣。

再看看岳飛帶領的士兵，那些從三、五萬變成近十萬，對岳飛忠誠度超高的「岳家軍」，每次出征時，不會像其他軍隊藉機強住民宅、強搶民糧，打敵人之前，先搶自己人。這種軍紀嚴明的軍隊，超級受百姓歡迎。

如果讓岳飛與岳家軍壯大，岳飛會不會功高震主？宋高宗心中的疑慮越來越深。過去歷史上不乏武將幫主子打江山，打一打連主子的人頭順便打下來之事，趙構的老祖宗趙匡胤也是其中的佼佼者。或許宋高宗心中算盤打一打後發現，寧可做個偏安江南的小皇帝，也不要幫爸爸宋徽宗、哥哥宋欽宗弄回江山；或者一不小心就讓岳飛把自己的頭給打下來，只好先下手為強。

所以在岳飛好不容易向北打到開封時，收到了皇帝要他回京，別再打了的命令，但岳飛不肯回去，回了一封信，大意是說，我打開封的進度，已經到了百分之九十九，金人已經被我打得像喪家之犬，如果現在回去，下一次，金人變成金鋼狼，要打就難了，請老大讓我打下開封。

過了兩三天，金人主帥感嘆：「撼山易，撼岳家軍難！」狼狽逃出開封。岳飛則高興的對部下說：「直搗黃龍府，與諸君痛飲爾！」意思是等這場戰打贏了，我們再來好好的喝一杯。

可惜岳家軍的酒還沒喝到，岳飛在那天卻收到了十二道詔書，要他立刻回京。岳飛不是沒讀書的武將，他收到這十二道詔書，大概可以猜得到皇帝的想法，他難過的說：「十年之功，廢於一旦。」

為了國家，一天到晚犯上的岳飛，以謀反罪被押入大牢，在監獄中遭殺害，死前悲憤的說：「天日昭昭，天日昭昭」，意思是我的一片丹心，天可明鑑，有天必能真相大白。其他一路跟著他打仗的兒子岳雲和部下，則被押到鬧區的刑場斬首。

岳飛死時只有三十九歲，他的屍體被當時的獄卒隗順偷偷背出杭州城，再偷偷埋起來。後來宋孝宗當皇帝，幫岳飛平反，追封他種種官爵；而當時幫著宋高宗弄死他的秦檜，則成為千古罪人。

岳飛氣勢磅礴的〈滿江紅〉：「怒髮衝冠，憑欄處，瀟瀟雨歇。擡望眼，仰天長嘯，壯懷激烈。三十功名塵與土，八千里路雲和月。莫等閒，白了少年頭，空悲切！靖康恥，猶未雪。臣子恨，何時滅？駕長車，踏破賀蘭山缺！壯志饑餐胡虜肉，笑談渴飲匈奴血。待從頭，收拾舊山河，朝天闕！」透露這民族英雄對家國的忠與誠，對照他悲慘的結局，可說是令人不勝唏噓。

❖國學常識這樣考

依據下列詩詞，回答下列二題：

甲、昔人已乘黃鶴去，此地空餘黃鶴樓。黃鶴一去不復返，白雲千載空悠悠。晴川歷歷漢陽樹，芳草萋萋鸚鵡洲。日暮鄉關何處是？煙波江上使人愁。

——崔顥〈黃鶴樓〉

乙、遙望中原，荒煙外、許多城郭。想當年、花遮柳護，鳳樓龍閣。萬歲山前珠翠繞，蓬壺殿裡笙歌作。到而今、鐵騎滿郊畿，風塵惡。兵安在？膏鋒鍔。民安在？填溝壑。歎江山如故，千村寥落。何日請纓提銳旅，一鞭直渡清河洛。卻歸來、再續漢陽遊，騎黃鶴。

——岳飛〈滿江紅　登黃鶴樓有感〉

(　)下列關於甲詩、乙詞意涵的敘述，正確的選項是：

Ⓐ 甲詩抒發遊子思鄉的情懷
Ⓑ 乙詞感慨黃鶴樓今非昔比
Ⓒ 二者都充溢著對古人的追慕
Ⓓ 二者都流露了飄泊天涯的孤寂

答案：Ⓐ

(　)下列關於甲詩、乙詞作法的敘述，正確的選項是：

Ⓐ 甲詩後四句的空間呈現由遠而近，以人影微渺呼應篇首的情境
Ⓑ 乙詞藉「荒煙」、「風塵惡」、「千村寥落」點出國勢的危殆
Ⓒ 二者均藉仙人乘鶴高去的事蹟，暗寓自身隱遁學仙的心志
Ⓓ 二者均即景生議，陳說登高遠望、更上層樓的體會

答案：Ⓑ

92年指考

注：甲詩的空間呈現是由近而遠，不能選Ⓐ。至於甲詩與乙詞雖然題名同是登黃鶴樓，但Ⓒ與Ⓓ的敘述都是在說甲詩，與乙詞剛巧相反，所以只能選Ⓑ。

30 陸游

❖履歷表

姓	陸
名	游
字	務觀
號	放翁
性別	男
時代	南宋
生卒年	約西元1125～西元1210年（北宋徽宗宣和7年～南宋寧宗嘉定3年）
籍貫	越州山陰（今浙江紹興）
個性	堅持（到死不忘復國）
志向	打敗金國，搶回北宋失土
興趣	學佛、寫詩

工作經歷

自34歲左右，做了50多年的地方官和中央部會的小官，跟其他人一樣，每個官都當不久。

相關著作

《渭南文集》、《放翁詞》、《渭南詞》、《劍南詩稿》

特殊事跡

① 南宋愛國詩人
② 與尤袤、楊萬里、范成大並稱為「南宋四大詩人」

陸游與南宋的理學大師朱熹同是北宋末年出生，陸游在宋徽宗被壞鄰居金人抓走、北宋亡國那一年出生，朱熹小他五歲，他們在襁褓中就不停被抱著逃命，因此對金人懷抱著極大的怨恨。

雖然朱熹和陸游都是主戰派，面對南宋皇帝對於爭戰搖擺不停的態度，兩人卻有不同的對應方式：朱熹把自己埋首於教育與學術研究中；陸游則是藉由大量詩文寫作，抒發內心的苦悶與悲慟。

陸游活了八十六歲左右，在當時可算是人瑞了。不過活得久不代表活得好，陸游的一生，不論是情感或是志向抱負上，都沒有得到他想要的。

陸游二十歲時，娶了自己的表妹唐琬。結婚一年左右，兩人就在陸游母親逼迫下離婚了。之後，兩人各自嫁娶。過了幾年，偶然相遇，陸游對唐琬還是情難捨。據說見過這一面後，陸游竟然非常沒有公德心的在當時旅遊勝地——沈園的牆壁上亂塗鴉，不過曾有「小李白」美譽的陸游，在牆上寫的不是「陸游愛唐琬」之類的俗爛文字，而是一闋悲傷的情詞〈釵頭鳳〉：「紅酥手，黃藤酒，滿城春色宮牆柳；東風惡，歡情薄，一懷愁緒，幾年離索，錯！錯！錯！春如舊，人空瘦，淚痕紅浥鮫綃透；桃花落，閑池閣，山盟雖在，錦書難託，莫！莫！莫！」

唐琬看過這闋詞後，悲傷的回應了陸游另一首〈釵頭鳳〉：「世情薄，人情惡，雨送黃昏花易落；曉風乾，淚痕殘，欲箋心事，獨語斜欄，難！難！難！人成各，今非昨，病魂常似秋千索；角聲寒，夜闌珊，怕人詢問，咽淚裝歡，瞞！瞞！瞞！」之後沒多久，唐琬就病死了。

陸游在二十歲時，情場失意，在官場上也沒有什麼好運氣。一開始他參加科舉初試，雖然拿了個第一名，卻贏了當時宰相秦檜的孫子。這下子秦檜不好好的在陸游的名字上做記號，那才奇怪。

果然第二年陸游科舉複試，雖然主考官把陸游評為前幾名，卻被秦檜直接除名。如果秦檜跟陸游一樣活到七、八十歲，陸游可能一輩子都不能翻身，幸好秦檜在陸游三十三歲左右就死了，陸游才有機會當官。

陸游這輩子當了許多種官，但都不是什麼大官，為了打敗金人，他在五十歲左右加入了軍隊的幕僚，不過南宋的國力在當時實在很難打敗金人，因此即使他活得夠久，都沒有機會看到南宋拿回金人搶走的土地。在他死前，寫下了〈示兒〉：「死去元知萬事空，但悲不見九州同。王師北定中原日，家祭毋忘告乃翁。」

可惜不只是陸游沒有等到「王師北定」，他的兒孫等到的也是一幕悲慘的亡國屠殺。這回他子孫遇上的，正是幾乎打遍天下無敵手的蒙古軍。在陸游死後七十年，他的玄孫陸天騏在南宋和蒙古軍的崖山戰鬥中，兵敗投海自盡；他的孫子陸元廷、曾孫陸傳義也悲憤、絕食而亡。

陸游是中國著名的愛國詩人，他的詩中有一部分是他在軍旅生活寫下，充滿了復國熱血與情懷的愛國詩；像是入蜀加入軍旅生活所寫的〈黃州〉：「局促常悲類楚囚，遷流還嘆學齊優。江聲不盡英雄恨，天意無私草木秋。萬里羈愁添白髮，一帆寒日過黃州。君看赤壁終陳跡，生子何須似仲謀！」；另一部分則是退休隱居後，充滿閒淡曠遠，隱隱透著蒼涼的抒懷詩，像是他在七十六歲時所寫下的〈枕上作〉：

「蕭蕭白髮臥扁舟，死盡中朝舊輩流。
萬里關河孤枕夢，五更風雨四山秋。
鄭虔自笑窮耽酒，李廣何妨老不侯。
猶有少年風味在，吳箋著句寫清愁。」

陸游因為活得夠久，想做的事都做不成，把許多時間拿來寫詩抒懷，所以一生寫下九千多首詩歌，是中國詩歌史上，作品留存最多的詩人，他的作品存於《渭南文集》、《放翁詞》、《劍南詩稿》之中。

❖國學常識這樣考

(　) 南宋文學家陸游是中國有名的愛國詩人，下列哪一詩句最能看出他報效朝廷的雄心壯志？

Ⓐ 數間茅屋鏡湖濱，萬卷藏書不救貧
Ⓑ 衣上征塵雜酒痕，遠遊無處不消魂
Ⓒ 躬耕本是英豪事，老死南陽未必非
Ⓓ 自笑滅胡心尚在，憑高慷慨欲忘身

答案：Ⓓ

93年第二次基測

注：Ⓐ出自陸遊〈暮春〉。
Ⓑ出自陸遊〈劍門道中遇微雨〉。
Ⓒ出自陸遊〈過野人家有感〉。

31 朱熹

❖履歷表

姓	朱
名	熹
字	元晦、仲晦
號	晦庵
謚號	文
封	徽國公
性別	男
時代	南宋
生卒年	約西元1130年～西元1200年（約宋高宗建炎4年～宋寧宗慶元6年）
祖籍	婺源縣城（今江西省）
籍貫	福建尤溪
個性	擇善固執（連皇帝都敢直接教訓）
志向	打敗金國，收復北宋失土
興趣	寫書、辦學校、傳道學
偶像	孔子、孟子
仇家	金人

工作經歷（辭官次數比當官次數多，管廟時間比當官時間久）

① 約24～27歲：任泉州同安主簿（類似地方府處理文書的地方官員）
② 約34歲：武學博士（國防大學教授，不過只當一個月左右）
③ 約50～52歲：江西南康知軍（管軍隊的）兼白鹿洞書院校長
④ 約52～53歲：兩浙東路提舉常平茶鹽公事（管理當地鹽的販賣）
⑤ 約58～59歲：江南西路提點刑獄公事（管地方司法）
⑥ 約60～61歲：漳州知事（漳州市長）
⑦ 約64～66歲：潭洲知事、侍講（皇帝的老師）、朝請郎（皇帝的顧問）
⑧ 66歲後被「慶元黨禁」弄得聲名掃地，在家低調寫書，其他時間都在當寺廟祠祿（宋朝特有，在家領錢不管事、不做事的閒官）

相關著作（非常多）

① 著有《四書章句集注》、《周易本義》、《詩集傳》、《楚辭集注》等四十多部
② 後人所編纂《晦庵先生朱文公文集》、《朱子語類》等

特殊事跡

① 理學集大成者
② 「閩學」代表人物
③ 元明清科舉考試教材編寫者

朱熹生在南宋初年，當時北方的壞鄰居——金人已打到北宋皇宮，搶了金銀珠寶不說，還把宋徽宗及他所有的兒子、女兒、皇后、宮人全部都抓到了金國去虐待。唯一沒被抓的，只有宋徽宗第九個兒子趙構，他把皇宮往南搬，成了南宋的第一個皇帝。

面對壞鄰居，有些大臣主張狠狠的打，這派人馬稱為「主戰派」；另一些大臣則認為，刀劍無眼，保命要緊，還是乖乖送錢求饒，這派人馬稱為「主和派」。朱熹的爸爸朱松在宋朝當官，屬於主戰派，偏偏當時朝廷中是宰相秦檜做主，秦檜不想打仗，叫朱松滾一邊去，朱松就帶著朱熹回到福建建陽。

朱松是個理學家，當時的理學家分兩派，一派親近道家、佛教思想，一派則持反對態度，朱松屬於前者，他在朱熹十四歲時過世，要朱熹拜劉勉之、胡憲、劉子翬為師，這三人對於佛、道思想都有研究，因為他們的關係，朱熹年輕時候讀了許多佛教、道家的書籍。

朱熹在十九歲時中了進士，二十四歲時，朱熹被派到福建泉州去當主簿，除了平時草擬文件、管理文書、印章等的工作，他還整頓了當地的學校、舉辦有關《論語》之類儒家經典的講座、修定考試制度等等，對於教育不遺餘力。公餘之暇，朱熹拜訪了像是李侗這樣著名的理學家，在和他們討論學問時，朱熹開始思考佛道與儒家思想的差異。

二十八歲時，朱熹的泉州主簿官職期滿，他成為了監潭州南嶽廟的「祠祿」，這個官是宋朝特有的，表面上是管理廟宇，但實質上不需要做事，只是住在家裡領國家的俸祿，可以說是最令人羨慕的工作。因為有錢沒事的祠祿工作，朱熹有許多時間做自己的事，他開始著述《孟子集解》，並且在朋友家中開課，當私立學校講師。期間朝廷好幾次要他去做官，朱熹都拒絕了，因為這時候他不想當官，不想當老師，只想當李侗的學生。

李侗是北宋理學家程頤的三傳弟子，朱熹在李侗的門下認真研讀，對於程顥、程頤所創的二程理學有更深的體悟，從此揚棄了道家、佛教的思想。

宋高宗退位，宋孝宗繼位後，要朱熹寫封祕密信給他，給點治國的意見，朱熹要孝宗好好的練兵，狠狠的去打壞鄰居金人，同時也提出了反對佛教，崇尚儒家的主張。孝宗也不想要一直被金人欺負，不過宋軍老是打輸金人，所以孝宗只好乖乖的認金國是叔叔國，不打了。孝宗不打，朱熹也就不想管事了。幾次孝宗找朱熹談國家大事，朱熹說的都一樣，找他做官，朱熹也不肯，只想當祠祿，一邊研究理學。

孝宗看朱熹這麼想要打金人，要他去當武學博士，武學博士就像是國防大學中，專門教軍人兵法、武術的教授。朱熹答應了，從福建武夷山地區來到京城臨安。朱熹一到臨安，又和當時主和派的幾個大臣吵了起來。吵完架後，朱熹又跟孝宗說，武學博士他不做了，他要回去當祠祿。或許孝宗不想要聽朝廷中的大臣整天吵吵鬧鬧，所以答應了朱熹的要求。

朱熹的武學教授生涯只當了大約一個月，又回去當南嶽廟祠祿，繼續書寫、編輯儒家經典《論語要義》、《孟子集解》、《大學集解》與北宋理學家作品《張載集》、《二程先生文集》等書。期間孝宗不管要他當什麼官，他都不停的推辭。朱熹不肯做官，卻在江蘇地方鬧饑荒時，跑去勸當地有錢人拿糧食出來分給窮人、寫信給當地政府，說服他們開糧倉賑災、跟著地方政府巡查水災的問題。朱熹母親過世時，他在墓園附近的寒泉塢蓋了三間簡陋的房子，一方面守喪，一方面寫《大學章句》、《中庸章句》、《四書章句》等書，並收學生傳道。

跟朱熹同一時期的另一個理學家陸九淵，從理學發展出一套後世稱為「心學」的哲學思想。陸九淵認為「真、善、美」存在人心之中，所以人要探究自己的本心，就可以得「道」。這跟朱熹的想法不同，朱熹認為世界上有一種至高無上的行為規則，這種規則就是「天理」，只有遵循這種道理，才能夠達到真、善、美的理想境界；而人心中有欲望，順從人心，會使人走向貪婪，所以朱熹主張「存天理，去人欲」。

這兩套學派各有人支持，於是在西元一一七五年，朱熹和陸九淵在江西鉛山縣鵝湖山，做了一場程朱理學與心學的學術辯論會，史稱「鵝湖之會」。這場辯論最後沒有輸贏，朱熹又回到家中繼續做自己的學術研究。

朱熹五十歲左右，孝宗想到朱熹想要打仗，就派他到江西南康做知軍，管南康的軍隊，順便管其他農事。朱熹辭了很多次，辭不掉，到了南康，他乾脆到軍隊去上課，還在廬山附近辦「白鹿洞書院」教書，連他在學術上不同派的陸九淵也被請來上課。

朱熹的知軍任期到了，他想回去祠祿，皇帝不准，給其他官，朱熹也不想做，直到西元一一八一年八月浙東饑荒，朱熹才接受由宰相王淮推薦，任提舉兩浙東路常平茶鹽公事的職務。宋朝的鹽只能由國家賣，而管理賣鹽的官就叫「常平茶鹽公事」，朱熹從江西到浙東，還沒開始賣鹽，就先跟朝廷告狀，說有很多貪官汙吏害老百姓生活困苦。

這些被告狀的人中，竟然包括推薦他的王淮。王淮很火大，跑去跟皇帝說，朱熹的學說是騙人的「偽學」，於是朱熹官又做不下去了，他回到武夷山，跟他的學生挑磚蓋了名為「武夷精舍」的學校，再次當祠祿、教書、寫文章批評跟他對於理學想法不同的陸九淵。

朱熹五十七歲時，終於將修訂的《四書集注》在四川成都印刻，朝廷派他去當江南西路提點刑獄公事，這是個掌握地方百姓生死的地方司法最高長官。朱熹當了一年左右的官，或許覺得已經對朝廷有交代了，所以又拍拍屁股走人。

朱熹六十歲時，宋孝宗退休，改由宋光宗管事，宋光宗要朱熹去漳州當知事，（等於現在的市長），依照朱熹的個性，依舊是兩個字「不要」，但是光宗也給朱熹兩個字「不准」，朱熹只好乖乖上任。到了漳州，朱熹還是老規矩，先辦學校，提升當地的教育文化。朱熹在漳州待了一年多，推動改革不順，加上長子過世，朱熹又辭官了。接下來兩、三年，他不停的退朝廷的「聘書」，退到光宗受不了，命令他去當潭州知事，朱熹就跑到潭州去修整嶽麓書院，並在那裡上課。

朱熹在潭州當了半年的官，光宗就因為精神不好而退休，繼位的寧宗聽了當時的宰相——朱熹的好朋友趙汝愚推薦，一定要朱熹到皇宮當「侍講」，替自己上課，順便當「朝請郎」，在寧宗跟大臣開會時出點主意。沒想到朱熹到了皇宮，一天到晚教訓寧宗，寧宗不想挨罵，要朱熹去做個管廟的閒差。朱熹立刻打包行李，回到福建，辦他的學校，上他的課。

朱熹雖然不在朝廷做官，但是他上了這麼多年的課，桃李滿天下，聲望很高，當韓侂胄成為宰相後，想起朱熹以前曾經在皇帝面前批評他，決定好好的整整朱熹，他用了之前王淮的老辦法，宣布朱熹這派學問為「偽學」，禁止閱讀、刊印朱熹著述的書；科舉考試時，只要認同朱熹的言論，一律不錄取；還把朱熹的學生列為「黑名單」，給他們貶官等處罰，這個就是史上牽連多人的「慶元黨禁」。

「慶元黨禁」讓朱熹的名譽掃地，但是朱熹仍不放棄著述，一直到死前都還在撰寫《大學章句》。朱熹死後，「慶元黨禁」解除，他的學生們開始幫朱熹平反，宋寧宗先是贈朱熹謚號「文」，稱朱文公，將朱熹所著的《論語集注》、《孟子集注》列入官學，作為法定教科書。接任的宋理宗更追封朱熹為「徽國公」，並將他入孔廟一起祭祀。

宋朝結束後，朱熹的榮耀並沒有因此結束。元朝時，元惠宗封朱熹為齊國公，追謚他的爸爸朱松為「獻靖公」；清朝康熙皇帝更把朱熹列為孔門十哲之列。

朱熹一生著作等身，據了解有關儒學、理學的著述就有三、四十多本書，元、明、清的科舉考試，也都以朱熹的《四書集注》為必考科目。

❖國學常識這樣考

(　)「立卦生爻事有因，兩儀四象已前陳。須知三絕韋編者，不是尋行數墨人。」上引朱熹七言絕句，如果是抒發他讀過儒家某部經典之後的感想，則這部經典應是：

Ⓐ《詩經》　Ⓑ《禮記》　Ⓒ《易經》　Ⓓ《論語》

答案：Ⓒ

86年學測

注：卦爻儀象是《易》的內容，韋編三絕是孔子讀《易》的經歷。

閱讀下列南宋朱熹《朱子語類》兩則短文，回答下列二題。

甲、近日學者病在好高，讀《論語》，未問「學而時習」，便說「一貫」；《孟子》，未言「梁王問利」，便說「盡心」。

乙、或問：「孟子說『仁』字，義甚分明，孔子都不曾分曉說，是如何？」曰：「孔子未嘗不說，只是公自不會看耳。譬如今沙糖，孟子但說糖味甜耳。孔子雖不如此說，卻只將那糖與人吃。人若肯吃，則其味之甜，自不待說而知也。」

(　)下列閱讀《論語》、《孟子》的方法，與上引朱熹言論最相符的選項是：

Ⓐ欲去好高之病，宜先求「一貫」，再求「盡心」
Ⓑ無論讀《論語》或《孟子》，皆應循序漸進，踏實研讀
Ⓒ《論語》說理平易，適合略讀；《孟子》說理詳盡，適合精讀
Ⓓ《孟子》較《論語》義理分明，宜先讀《孟子》，再讀《論語》

答案：Ⓑ

(　)上文朱熹以「吃糖」為喻，目的是希望讀書人明白：

Ⓐ在教學方法上，孔子的身教優於孟子的言教
Ⓑ孔子說理直截了當，語重心長；孟子辯才無礙，得理不饒人
Ⓒ孔子雖少講理論，實教人透過生活實踐以體悟道理
Ⓓ「仁」因孟子的解釋分曉，才得以確立為儒家學說的核心

答案：Ⓒ

94年學測

❖履歷表

姓	辛
名	棄疾
字	幼安
號	稼軒
性別	男
時代	南宋
生卒年	約西元1140～西元1207年（約宋高宗紹興10年～南宋寧宗開禧3年）
籍貫	曆城（今山東省濟南市）
個性	嫉惡如仇
志向	打敗金人，搶回北方失土
興趣	練武

工作經歷

約23歲～66歲各種地方小官到司法院長都做過。只是，依照南朝慣例，也都做不久。

相關著作

《稼軒長短句》

特殊事跡

① 南宋愛國詞人
② 南宋豪放派代表詞人
③ 與蘇軾齊名，號稱「蘇辛」

辛棄疾出生在被金人所佔領的宋朝土地上，換句話說，辛棄疾出生在南宋的「淪陷區」，他的爺爺辛贊還被金人所迫，在「淪陷區」當官。因此在南宋人眼中，辛棄疾的忠誠度應該值得懷疑。

不過，辛贊「身在曹營心在漢」，一天到晚叫辛棄疾要打倒金人，把宋朝的江山搶回來。所以等辛贊過世後，辛棄疾二十一歲時，自己找了兩千多個人，成立「抗金」義勇軍，準備一起打金人。

當時有個很厲害的農夫叫耿京，也號召了另一支義勇軍，他的義勇軍有上萬人。辛棄疾深知團結力量大，立刻帶著自己的軍隊投奔耿京，耿京看到辛棄疾是個讀書人，就讓他當「掌書記」，管理軍印、出意見。

辛棄疾被耿京看重，隨即給耿京出了個好意見，他要耿京派人到南方，找南宋皇帝建立關係。義勇軍和金人打仗時，南宋軍隊若是出點力氣，來個南北夾擊，義勇軍的勝算就大一點，若是義勇軍打輸了，也可以到南宋去。

耿京覺得辛棄疾這讀書人，果然腦筋好，想得深又遠，於是，他及另一個手下，去南宋與朝廷建立關係。沒料到辛棄疾一走，就有個愛錢勝於愛國的耿京手下——張安國，殺了耿京要去金國換賞金。

辛棄疾知道消息後，立刻帶著兵趕回去，抓了張安國去南宋審判。張安國這種叛國的行為，當然不可能活命。張安國死後，義勇軍散了，辛棄疾也就順勢留在南宋當官。

辛棄疾「回歸祖國」後，朝廷給了他官職，而且給很多，他當官數十年中，換了十五、六個官職，每個地方都只待了一、兩年就離開，而且還被彈劾、貶官了好幾次。雖是戰場上的戰鬥英雄，卻是官場上的失意文人。

辛棄疾被人檢舉不適任的原因是他很嚴格，即使是達官貴人犯了錯，誰求情也沒用，該殺的他絕對不會放過，所以被冠上了「濫殺」的罪名，還弄到自己被撤職。四十三歲以後的辛棄疾幾乎無事可做。

一直到了六十五歲，辛棄疾終於又被朝廷重用，雖然依舊滿腔熱血，但卻抵不上病魔與死神聯手，在六十八歲時，病死在陽原山。

辛棄疾是北宋豪放派的代表詞人，他有〈青玉案〉：「東風夜放花千樹，更吹落星如雨。寶馬雕車香滿路，鳳簫聲動，玉壺光轉，一夜魚龍舞。蛾兒雪柳黃金縷，笑語盈盈暗香去。眾裏尋他千百度，驀然回首，那人卻在，燈火闌珊處。」這樣婉約的情詞；也有貶官歸隱田園時的〈醜奴兒〉：「少年不識愁滋味，愛上層樓。愛上層樓，為賦新詞強說愁。而今識盡愁滋味，欲說還休。欲說還休，卻道天涼好個秋！」

但辛棄疾的詞，除了部分「為賦新詞強說愁」的風格，更多像是描寫英雄氣短悲涼的〈破陣子〉：「醉裏挑燈看劍，夢回吹角連營。八百里分麾下炙，五十弦翻塞外聲。沙場秋點兵。馬作的盧飛快，弓如霹靂弦驚。了卻君王天下事，贏得生前身後名。可憐白髮生！」；〈南鄉子・登京口北固亭有懷〉：「何處望神州？滿眼風光北固樓，千古興亡多少事？悠悠不盡長江滾滾流……」。

他的寫作手法不拘泥於音律，有時慷慨悲涼、有時沉鬱低語、有時清閒淡泊，完全符合豪放派詞家的寫作方式，因此與豪放派的開創者蘇東坡並稱「蘇辛」，他留下來的六百多闋詞，最後集成了《稼軒長短句》。

❖國學常識這樣考

(　) 辛棄疾清平樂：「茅簷低小，溪上青青草。醉裡吳音相媚好，白髮誰家翁媼？大兒鋤豆溪東，中兒正織雞籠，最喜小兒亡賴，溪頭臥剝蓮蓬。」有關這闋詞的內容安排，次序為何？

Ⓐ 先寫空間，再寫時間
Ⓑ 先寫景物，再寫人情
Ⓒ 先寫遠景，再寫近景
Ⓓ 先寫事理，再寫感想

答案：Ⓑ

90年第二次學測

注：頭兩句只用淡淡兩筆，就把茅屋、小溪、青草組成的清麗的環境勾畫出來。三四兩句寫一對老夫婦坐在一起邊喝酒聊天，最後四句用白描寫出三個兒子的不同形象，這首詞是先寫景物，再寫人情。

(　) 下列詞家，何人作品以豪放雄奇的風格最為世人推崇？

Ⓐ 周邦彥　Ⓑ 柳永　Ⓒ 辛棄疾　Ⓓ 李煜

答案：Ⓒ

92年預官

33 湯顯祖

❖履歷表

姓	湯
名	顯祖
字	義仍
號	海若、清遠道人
別號	玉茗堂主人
性別	男
時代	明
生卒年	約西元1550年～1616年（約明世宗嘉靖29年～神宗萬曆44年）
籍貫	江西臨川（今江西撫州）
個性	生性浪漫、愛好自由
志向	無拘無束過日子
興趣	看戲、演戲、編戲、導戲
偶像	李贄

工作經歷

① 約35歲～40歲：南京太常寺博士（負責國家祭祀禮儀）、南京詹事府主簿（協助太子的老師，不過，太子在北京，所以是個閑差）。
② 約40～42歲：南京禮部祠祭司主事（同樣負責國家祭祀禮儀）
③ 約42～44歲：廣東徐聞縣典史（廣東地方警政司法官）
④ 約44歲～49歲：浙江遂昌知縣（現在的縣長）
⑤ 其他時間兼差當詩人、劇作家

相關著作

① 詩集《紅泉逸草》、《雍藻》（失傳）、《問棘郵草》
② 詩文集《玉茗堂全集》

特殊事跡

① 中國最傑出的劇作家
② 被譽為「東方的莎士比亞」
③ 被稱為「臨川派」，影響清代劇作家李漁、洪升、蔣士銓等
④ 傳奇《牡丹亭》、《邯鄲記》、《南柯記》、《紫釵記》，合稱《玉茗堂四夢》

湯顯祖是明朝重要的劇作家，由於他跟西方的劇作家莎士比亞同一年上天堂，生前的戲劇作品也廣為流傳，所以被稱為「東方的莎士比亞」。

湯顯祖的祖父是個「詞人」，爸爸是補習班老闆，開辦「湯氏家塾」，在書本堆裡長大的湯顯祖，十二歲會寫詩、十四歲考上了公立學校當秀才、二十一歲中舉人，卻一直到三十五歲才當官，這是因為他惹火了當時權傾一時，有如秦王政時代呂不韋的張居正。

湯顯祖在二十二歲、二十五歲兩次科舉都沒考上，不過他才華洋溢，二十六歲時就出版了自己的詩集《紅泉逸草》，想必這本詩集在市場上評價應該不低，因為當他二十七歲打算三度考科舉時，張居正派人來找他了。

張居正是當時的宰相，神宗皇帝從登基以來，幾乎都是由張居正輔政。在治理國家上，張居正執行了許多新的法案，嚴格考核官吏，使明朝一時壯盛起來。不過張居正對別人嚴格，對自己倒是超級寬厚，不但過著驕奢的日子，還用手段幫兒子鋪未來的政治之路。

萬曆五年，張居正的二兒子要考科舉了，張居正想要讓自己的兒子中舉，又不想要讓別人覺得科舉不公，所以他打聽了幾個還沒考上進士，但是有些名望的舉人，想要他們跟自己的兒子弄成一個文學、政治集團，一方面可以提高自己兒子的聲望；一方面，替兒子找的一群「好朋友」，之後一起考試、一起當官，互相也有照應。

張居正幫兒子找的朋友，其中一個就是湯顯祖，但是湯顯祖拒絕當張居正兒子的朋友。張居正心想，既然你做不成我兒子的朋友，我也不會讓你壯大到有機會成為我的敵人。所以，在張居正活著的時候，兩次湯顯祖都沒考上進士。

幸好張居正跟湯顯祖年紀差很多，又沒有活得很久，等張居正死後，湯顯祖終於可以考上進士當官去了。

當時明朝的都城在北京，湯顯祖大部分的時間，卻都待在明朝南方的行政中心——南京政府中做小官。直到有一年，他批評了當時的大官申時行，讓神宗很不高興，把他貶官到更偏遠的廣東與浙江。遠離政治中心的湯顯祖，沒事就寫寫詩、創作一些劇本，到了五十九歲，乾脆辭官回家，在臨川蓋了一間房子，名叫「玉茗堂」，在那裡過退休生活，指導附近劇團演員排戲，儼然成為當地劇團的地下團長。

他留下最經典的作品就是合稱「玉茗堂四夢」的《牡丹亭》、《邯鄲記》、《南柯記》、《紫釵記》。

其中《邯鄲記》、《南柯記》是由唐傳奇中的《枕中記》、《南柯太守傳》演變而來，都是敘述主角經歷富貴潦倒大起大落，愛恨悲歡，最後卻發現只是一場夢境。《牡丹亭》與《紫釵記》則是敘述才子佳人的愛情故事，尤其是《牡丹亭》，敘述女主角杜麗娘在夢中與書生柳夢梅相愛，醒後因為相思而病死，後來柳夢梅當官後，意外來到杜麗娘埋葬的地方，挖開杜麗娘的墳墓，杜麗娘竟然復活了，兩人最後得以相聚，以大團圓的喜劇作收。整齣劇作的奇幻絕美，讓《牡丹亭》成為當時最受歡迎的劇作，也成為湯顯祖最重要的代表作。

❖國學常識這樣考

(　) 白先勇改編湯顯祖《牡丹亭》搬上舞台，是近期藝文界的盛事。《牡丹亭》向以辭藻優美、情致深婉著稱，下列《牡丹亭》的文句，運用景物對比手法，藉春色難留寓託青春易逝的選項是：

Ⓐ 閒凝眄，生生燕語明如翦，嚦嚦鶯歌溜的圓
Ⓑ 雨絲風片，煙波畫船，錦屏人忒看的這韶光賤
Ⓒ 遍青山啼紅了杜鵑，荼蘼外煙絲醉軟，春香呵，牡丹雖好，他春歸怎占的先
Ⓓ 原來姹紫嫣紅開遍，似這般都付與斷井頹垣。良辰美景奈何天，賞心樂事誰家院

答案：Ⓓ

93年指考

注：只有Ⓓ的「姹紫嫣紅」與「斷井頹垣」，是運用修辭學裡景物對比手法，藉春色難留寓託青春易逝

(　) 有關下列戲曲故事與主要人物的配對，哪些是正確的？

甲、《西廂記》：張生、崔鶯鶯
乙、《牡丹亭》：柳夢梅、杜麗娘
丙、《長生殿》：侯方域、李香君
丁、《桃花扇》：唐玄宗、楊貴妃

Ⓐ 甲乙　　Ⓑ 丙丁
Ⓒ 甲丙　　Ⓓ 甲丁

答案：Ⓐ

93年預官

注：丙、《桃花扇》的男女主角應是侯方域、李香君。
丁、《長生殿》的男女主角應是唐玄宗、楊貴妃。

第二單元

著作篇

34

詩經

❖履歷表

原名	《詩》
作者	朝廷樂官、民間創作
成書時間	西周初年～春秋中期（約五、六百年）
篇章	305首（其中六首只有題目沒有內容，所以被稱為「詩三百」）
字數	約三萬字
出版者	周朝政府

本書特色

① 中國第一本詩歌總集
② 與《尚書》、《禮記》、《周易》、《春秋》合稱為五經
③ 被稱做「詩歌之祖」

《詩經》是中國最早的詩歌總集。原本叫《詩》，共收錄詩歌三〇五首，雖然有六篇只剩下題目，沒有內容，但是接近三百篇，所以又稱為「詩三百」。

《詩經》所收錄的詩歌，包括周朝王室專屬樂官所做的樂歌、地方諸侯及貴族送來的好歌、王室的樂官到民間收集到的民謠。在孔子晚年，曾對《詩經》做過刪修。秦始皇焚書坑儒時，《詩經》卻被燒光光。

西漢初年，荀子的徒孫魯人申培、齊人轅固、燕人韓嬰幾個對《詩經》內容有印象的學者，重新把《詩經》寫成書，教導學生。但是《齊詩》亡於曹魏，《魯詩》亡於西晉，《韓詩內傳》亡於北宋。現在只剩下傳說中子夏的

學生毛亨與他的姪兒毛萇所留下來的《毛詩》。

《詩經》從內容上可以分成〈風〉、〈雅〉、〈頌〉三類，其中的〈雅〉又分成〈大雅〉〈小雅〉。他們的內容如下：

風：又稱〈國風〉，總共有一百六十首，分為十五個地區，而不是國家。這些詩歌，可說是當時的流行音樂，裡面有許多情詩，像是「關關雎鳩，在河之洲。窈窕淑女，君子好逑」、「桃之夭夭，灼灼其華」都是〈國風〉中的經典詩篇。〈國風〉的作者，除了少部分貴族，大部分都來自民間。

雅：分成〈大雅〉三十一首、〈小雅〉七十四首。〈大雅〉是國君接見大臣，演奏的音樂，〈小雅〉是宴請賓客時，歡樂的宮廷音樂。這些宮廷音樂大部分都是官員所作，內容不是歌功頌德，就是諷刺弊政，很少有表達個人情感的。

頌：是貴族在家廟中祭祀鬼神、讚美治者功德的樂曲，在演奏時要配以舞蹈。又分為〈周頌〉三十一首、〈魯頌〉四首和〈商頌〉五首。都是屬於祭祀的音樂。

《詩經》的表現手法分為：賦、比、興，簡單來說，「賦」就是描述鋪陳；「比」就是現在修辭常說的譬喻法；「興」則是聯想法。整體而言，《詩經》的內容多抒情，少有敘事，這也影響了我國詩風抒情多而敘事少的特點。

❖國學常識這樣考

(　)下列有關《詩經》之敘述，何者為非？

Ⓐ《詩經》總共三百零五篇，另外有六篇笙詩
Ⓑ《詩經》為五經之一，乃中國古代詩歌總集
Ⓒ《詩經》的六義為水、火、金、木、土、玄
Ⓓ《詩經》的文學特色，在於通過高度的藝術形式，反映了現實生活和人們的思想感情

答案：Ⓒ

97年預官

注：Ⓒ《詩經》的六義為風、雅、頌、賦、比、興。

(　)詩經七月「為此春酒，以介眉壽」，「介」意為：

Ⓐ達也　　Ⓑ祈也
Ⓒ升也　　Ⓓ亨也

答案：Ⓑ

91年預官

(　)下列關於經書的敘述，何者不正確？

Ⓐ《易經》是我國一部最早的經書。
Ⓑ六經中的《書經》，漢初又稱之為《尚書》。
Ⓒ《詩經》六義：風、雅、頌乃作法，賦、比、興為體裁。
Ⓓ《左傳》是一部經書，也是一部史書。

答案：Ⓒ

98年預官

注：Ⓒ風、雅、頌是體裁，賦、比、興才是作法。

34

孫子兵法

❖履歷表

又名	《孫子》、《孫武兵法》、《吳孫子兵法》
作者	孫臏？孫武？各有說法
成書時間	東周時期春秋末期（西元前500年左右）
篇章	分上、中、下，十三卷
字數	約六千字

本書特色
① 中國最古老的兵書 ② 被譽為世界三大兵書之一

《孫子兵法》這麼偉大的一部兵書，作者應該是一個了不起的軍事家。不過這個軍事家到底是誰，至今仍有許多看法。有人說這部書的作者，是春秋時期吳國的軍事家孫武；也有人說是戰國時代魏國的軍事家孫臏。

孫武是吳國將軍，傳說他幫吳王練兵，吳王找了一堆後宮的妃子、宮女來，要孫武訓練出一隊娘子軍。

這些宮女被找來後，嬉戲調笑不聽指揮，把孫武弄得心頭冒火，一氣之下，拉了兩個吳王的妃子，抓出去砍了，其他女眷一見孫武玩真的，立刻收起笑臉，乖乖練兵。

孫武與伍子胥幫助吳國稱霸，在伍子胥被

殺後，下落不明。大部分的人認為，他是了解戰爭結束後，君主不能見容功臣的道理，躲起來過退休生活。

而孫臏，據說是孫武後代，最令人印象深刻的故事，就是他與師弟龐涓的恩怨情仇。傳言孫臏與龐涓都在鬼谷子門下學習兵法，兩人學成後，龐涓跑去替魏國領兵打仗，因忌妒孫臏的才能，把他拐到魏國，弄斷了他的腿，弄花了他的臉。孫臏裝瘋賣傻逃過一劫，被救到齊國，幫齊國贏了幾次戰役。

後來魏國跟齊國打仗，孫臏在前，龐涓當追兵，孫臏每天把士兵煮飯的爐灶減少，製造齊兵逃跑、病死，軍隊渙散的假象，龐涓見獵心喜，帶著兵狂飆，一路追到馬陵。快天黑時，魏國前方的士兵回報，整條路都堆滿了砍落的大樹，只有一顆樹沒被砍倒，龐涓覺得奇怪，點了火把來到樹前，發現樹皮被沒公德心的人刮掉，寫上了「龐涓死於此樹下」。

龐涓心一驚，才發現四周忽然出現許多齊國的弓箭手，正把他當靶心，朝著他射箭。原來孫臏早就猜到龐涓會來到這棵樹下，並點火察看這棵唯一沒有被砍斷的樹，所以他下令齊兵們，看到火光就放箭。如孫臏所願，龐涓果然死在此樹下。

西元一九七二年，山東臨沂銀雀山的個漢代墓葬中出土了大量竹簡，其中有《孫子兵法》，也有《孫臏兵法》。有人說，既然孫臏本身有自己專屬的兵法書，那麼另一本《孫子兵法》應該就不是孫臏寫的。這樣一來《孫子兵法》應該就是孫武寫的了，但又有一些人認為，孫武是春秋時代的人，《孫子兵法》卻有許多屬於戰國時代的用語，所以應該不是在春秋時期完成的。到底是作者是不同於孫武、孫臏的第三人，或者是孫武寫的兵書被戰國時期的其他人加以修改成當時的語言?或是孫臏自己寫了兩本兵書，目前沒有其他的證據可以說明。

唯一能確定的是，這部數千年前的兵書，不但對中國影響很大，甚至被翻譯成多國語言，傳播到國外去，與德國的《戰爭論》、《五輪書》並列為世界三大兵書，更被軍校列為必讀教材之一。

《孫子兵法》提出：「善戰者，不戰而屈人之兵；或全國為上，破國次之」，表現出作者不願意輕易發動戰爭的想法；重視備戰，認為「用兵之法，勿恃敵之不來，恃吾有以待之；勿恃敵之不攻，恃吾有所不可攻也。」；另外像是間諜、偷襲、伏兵等等的技巧，都有著詳細的說明。

由於這本書裡有許多描寫與敵人對戰的心法，也有許多人拿來作為商戰或是棋戰時的參考書籍。

❖國學常識這樣考

(　) 《孫子·用間篇》談到領導者對間諜的態度，以下何者為非？

Ⓐ 要事先正確掌握情報，除了「取於人」，亦可「取於鬼神」
Ⓑ 「用間有五：有因間、有內間、有反間、有死間、有生間」，因此運用間諜宜同時任用五間
Ⓒ 以為「非聖智不能用間，非仁義不能使間」
Ⓓ 必須「以上智為間」，才能「成大功」

答案：Ⓐ

98年預官

注：Ⓐ《孫子用間篇》是說：「不可取於鬼神」。

35

左傳

❖履歷表

原名	《左氏春秋》	全名	《春秋左氏傳》
漢時稱	《春秋左氏》		
作者	左丘明（可能還有別人增補）		
成書時間	東周戰國（約西元前400年）		
篇章	三十章	字數	十八萬字
發行者	不詳		
本書特色			
① 編年體史書 ② 為《春秋》做註解的一部史書 ③ 與《公羊傳》、《穀梁傳》合稱「春秋三傳」			

《左傳》是註解《春秋》的一本史書，整本書依照魯國十二公的順序，從魯隱公元年到魯哀公二十七年，記錄了當時各諸侯國在二百五十四年間的歷史。內容包括了當時禮儀規範、典章制度、社會風俗、天文地理、神話傳說等等。

作者左丘明是魯國人，大約跟孔子同時。有人說左丘明複姓左丘，名明；有人說他姓左，名丘明；還有人認為他姓丘名明，因其世代為左史，所以人們尊其為左丘明。

左丘明的爸爸是魯國的史官，在周朝時史官是一種世襲的官位，所以左丘明也成為魯國的史官。

為什麼左丘明會寫《左傳》呢？唐朝經學

家孔穎達說，孔子曾經和左丘明一起去周朝的史料館，在裡面看到了許多歷史資料，回來後孔子寫《春秋》，左丘明替他作說明書，寫成《左傳》；而漢朝司馬遷則說，孔子以《春秋》做為講學的教材，雖然孔子講學時很詳細，不過《春秋》這本書卻太簡略，左丘明擔心孔子的學生，依據自己的意思來闡述當時的歷史，所以就把《春秋》所記載的事件，詳細的說明清楚，寫成《左傳》一書。

不管左丘明為什麼寫《左傳》，這本書的確讓我們更了解春秋時代發生的事。《左傳》記事清楚詳細、藉由人物對話展現了生動的人物形象、語言簡練，一鼓作氣、大義滅親、甘拜下風這類的成語，都是出自於《左傳》。因此，《左傳》除了在中國歷史中具有一定的地位，也是一部精采的文學作品。

❖國學常識這樣考

(　) 左傳秦晉殽之戰「三十二年冬，卜偃使大夫拜，曰：『君命大事，將有西師過東我，擊之，必捷焉。』」斷謂「西師」指：

Ⓐ 鄭國　Ⓑ 秦國
Ⓒ 齊國　Ⓓ 晉國

答案：Ⓑ

85年預官

注：Ⓑ卜偃是晉國的占卜官，晉國在今天的山西省，秦國則在今天的陝西省，西師是西邊來的軍隊，只有秦國在晉國的西邊，因此秦國是西師。至於齊國在山東省，在晉國的東邊；鄭國在河南省，在晉國的南邊。

36 論語

❖履歷表

原名	《論語》
作者	孔子口述（但他生前並不知道，在他死後多年，他的話會被人記錄成一本書）；孔子弟子及再傳弟子編纂
成書時間	東周時期（西元前402年左右）
篇章	二十篇，五百零八章
字數	一萬三千字左右（相當於一篇短篇小說）
出版者	儒家學派
本書特色	
① 語錄體　② 篇名沒有實質意義　③ 以「仁」為中心思想	

《論語》是一本記錄孔子名言的冊子，在過去從來沒有這種形式的書籍，因此《論語》又被稱為語錄體之祖。《論語》的內容有兩部分，一個部分記錄了孔子的學生或是其他人提問時，孔子回答的內容，一部分是孔子自己針對一些事情所發表的議論。

孔子生前忙著教學生，沒時間把自己一些具有哲理的言論記錄下來，所以，孔子死後，學生們在繼承孔子的教育事業時，一面傳承孔子有關教育、政治、為人處事的主張，同時也和他們的學生們，共同把之前所聽見、所看到的孔子言行整理了一番，集結成為《論語》一書。

據目前已經出土的文獻分析，《論語》並不是一個人寫的，它是眾人從西元前四三六年，到西元前四〇二年間，花了大約三十年編寫完成。《論語》共有二十篇，由於每一篇的篇名，都是當篇內容的前兩個字，例如：第一篇〈學而〉，就是來自於第一句話：「學而時習之，不亦悅乎。」的「學而」。由此可知，在當時應該沒有「題旨」，也就是「題目本身具有意義」的概念。

雖然我們無法確定，在孔子心中，「仁」是不是為人處事的最重要原則，但從《論語》一書有關「仁」的描述共有六十多條看來，「仁」肯定是《論語》的中心思想，以及當時編纂《論語》一書的孔子門生心中極為重要的信條。

❖國學常識這樣考

（　）國文老師要同學上臺介紹論語這本書，下列四位同學的說法何者正確？

Ⓐ 王小明：論語是道家重要的經典
Ⓑ 張一虎：論語的中心思想是「仁」
Ⓒ 丁中美：論語中詳載孔子一生的經歷
Ⓓ 吳之慧：論語的作者是孔子及其弟子和再傳弟子

答案：Ⓑ

93年第一次基測

注：Ⓐ《論語》是儒家重要的經典，不是道家。
Ⓑ《論語》是紀錄孔子的言行，不是經歷。
Ⓓ《論語》是孔子死後弟子與再傳弟子所編，孔子未參與編輯。

38

呂氏春秋

❖履歷表

簡稱	《呂覽》
作者	呂不韋主持，由其門客共同完成
成書時間	約秦始皇八年（西元前239年）
篇章	分十二紀、八覽、六論三大部分，共160篇
字數	20萬字
出版者	呂不韋
本書特色	
① 戰國末期百科全書 ② 收錄先秦諸子百家言論，而成雜家的代表作	

主導《呂氏春秋》成書的人，是戰國時代最會賣東西的商人呂不韋。呂不韋是衛國人，他懂得低價買進各國特產，再到其他國家，高價賣出。這項技能，讓他賺了不少錢，還讓他賺到了秦國的宰相之職。

當時呂不韋經過趙國，遇到了在趙國當人質的秦國王子——子楚，子楚看上了呂不韋已經懷有身孕的情人，呂不韋不但把情人送給子楚，還幫子楚回到秦國，當上秦王。

子楚當秦王後，讓呂不韋成了宰相。子楚當秦王當了三年就過世了，他的兒子嬴政繼承王位，成為秦王政，這個秦王政就是呂不韋的親生兒子。

秦王政還小的時候，秦國的政治幾乎都是

由呂不韋所主持，因此被稱為「仲父」，這時候的呂不韋，有錢有勢，但他還想要有名望，可以讓自己名留千古，所以他找了一堆讀書人，讓這群人把自己的所見所聞及想法都寫出來，接著開始編輯審查，最後完成了《呂氏春秋》。

呂不韋不愧是個大商人，為了讓所有人相信《呂氏春秋》是部了不起的書，他竟然把《呂氏春秋》放在秦國的王城——咸陽城外，發出懸賞，要求大家來找碴，如果有人可以更動一字，就給一千兩黃金。不過整個活動到結束，都沒人去挑戰。這個「一字千金」的活動，不但讓呂不韋省下了千金，也讓《呂氏春秋》的名聲遠揚。

《呂氏春秋》編成後沒多久，呂不韋就因為秦王政的猜忌而自殺身亡。遺留下這本《呂氏春秋》，內容包括如何養生、教學、音樂、軍事、人品、農業科技以及春秋戰國時期各大思想派別的理論。

由於《呂氏春秋》涵蓋各家思想，有關楊朱、惠施、公孫龍等春秋戰國思想家的遺文都因為《呂氏春秋》而得以保存，對於後世研究有很大的幫助。

❖國學常識這樣考

(　) 韓愈「原道」，淮南子「原道」，呂氏春秋「原亂」，黃宗羲「原君」，其中「原」字義與下列何者同？

Ⓐ 詔書特「原」不理罪　Ⓑ「原」泉混混，不舍晝夜
Ⓒ 我兒解「原」夢，為我轉雲團　Ⓓ 春秋之意，「原」心定罪

答案：Ⓓ

98年預官

注：題目中的「原」字是探究事物本源。

39 山海經

❖履歷表

原名	《山海圖經》（後來圖沒了，就變成《山海經》）
作者	由東周戰國到西漢時期，楚地的人共同合作（黃河以南地區）
成書時間	不晚於西漢武帝（約西元前一百年）
篇章	十八卷，分為山經五卷及海經十三卷
字數	三萬多字
出版者	西漢政府

本書特色

① 中國第一本地理書
② 敘述兩百多種奇怪動、植物的生物百科
③ 條列式的中國神話

《山海經》可說是中國的第一本寰宇搜奇，書中介紹了中國各地的奇珍異獸。像是有一個頭、十個身體，叫聲跟狗吠一樣的何羅魚；身體像蛇一般，有兩對翅膀、六個眼睛、三隻腳的酸與；九頭蛇等許多根本不是目前人類所知的生物。

另外在這本書還敘述了后羿射日、精衛填海、鯀禹治水、夸父追日、雷神、門神等等的神話人物與故事，所以表面上它是一本地理故事書，但更多人把他當成中國的第一本神話大全。

沒人知道《山海經》完成的確切時間，後代學者根據《山海經》中所記載的事件、用詞判斷，《山海經》應該是從東周戰國時期就開始撰寫，一直到西漢初年才成書，跨越這麼長的時代，當然不會是一個人所做的。經過進一步的考證，對照楚國人所做的楚辭，一般人都認為，《山海經》這本書，是由楚地、巴蜀地區，也就是現在的黃河以南及四川等地的人共同創作出來的。

《山海經》現在最早的版本是經西漢劉向、劉歆父子校刊而成，其中「山經」五卷，「海經」八卷，「大荒經」四卷，「海內經」一卷，記載了一百多個國家，二百七十七種動物、五百五十座山、三百水道以及鄰國的地理、風土物產等內容。

到底《山海經》所記載的事情是真是假？最早開始，因為它記載了山川鳥獸，人們把它當成一本地理書；後來又因為書的內容太神奇，讓人把它當成古人幻想的神話集。

近幾年來，有些科學家發現，在《山海經》的〈東山經〉裡描述的東海外山川，竟然類似北美洲中西部的地理；而〈大荒東經〉中的部分內容，更有如北美科羅拉多大峽谷的景象，使得部分人士相信，這本書是本古代重要的「地志」。然而不管是神話書，還是地理史書，它對後代的影響都很大，中國極著名的探險小說《鏡花緣》裡面，許多關於海外奇獸、奇國的敘述，都是出自於《山海經》。

❖國學常識這樣考

(　) 我國那本古籍中保有較多的神話故事：

Ⓐ《詩經》　Ⓑ《山海經》　Ⓒ《尚書》　Ⓓ《春秋》

答案：Ⓑ

99年預官

40

史記

❖履歷表

又名	《太史公書》、《太史公記》、《太史公傳》
作者	司馬遷
寫書時間	約西漢武帝太初元年（約西元前104年）
成書時間	約西漢武帝征和二年（約西元前91年）
篇章	十二本紀、三十世家、七十列傳、十表、八書，共一百三十篇
字數	約五十二萬六千五百餘字
出版者	西漢政府

本書特色

① 《漢書》、《後漢書》、《三國志》合稱「前四史」
② 中國第一部紀傳體通史
③ 中國二十四史（中國正史）之首
④ 近代文學家魯迅稱其為「史家之絕唱，無韻之離騷」
⑤ 由於特殊的寫作筆法，在文學、史學界，都具有重要的地位

《史記》是西漢史官——司馬遷所寫的史書，在過去，「史記」是所有古代史書的通稱，從三國時期開始，《史記》才成為司馬遷所寫史書的獨家稱號。

《史記》記載了從上古黃帝時代到漢武帝元狩元年，共三千多年的歷史。分為〈本紀〉、〈世家〉、〈列傳〉、〈表〉、〈書〉共一百三十篇，主要內容包括：

本紀：十二篇，記載自黃帝開始的各朝皇帝生平，其中項羽和漢高祖劉邦的皇后——呂后也列在其中，這兩人雖然不是真正的帝王，但是司馬遷覺得他們當時所擁有的權力與地位如同君王一樣，因此將這兩人列在「本紀」中。

世家：三十篇，記載自西周到西漢的貴族、諸侯國的興衰過程。其中孔子、陳涉等人，雖不是諸侯，但是他們對於當時、後世的影響很大，所以，司馬遷把他們列到世家這個類別。

列傳：七十篇，紀載這段時間內張儀、蘇秦等政治人物；白起、廉頗等武將；老子、莊子等哲學家；朝鮮、大苑等鄰近國家；酷吏、刺客、游俠等著名人物的行徑事蹟。

表：十篇，以年表紀錄了各朝各國的大事。

書：八篇，紀錄各種像是禮、樂、音律、曆法、天文等制度內容。

司馬遷一開始是個皇帝身邊的侍衛官，一直到三十八歲，才成為太史令，太史令是個年薪六百石的史官，相當於現在月薪三萬多塊的低階公務員，他為什麼會願意花約十三年的時間去完成這一本耗時費力的史書呢？

這跟他的爸爸有關，司馬遷的爸爸司馬談是個學者，在漢武帝時代擔任太史令，等於現在的國史館館長。

司馬談一直想要寫一本史書，可惜後來沒有完成。在他死前，拉著司馬遷的手，要司馬遷完成他的遺願。所以司馬遷在寫書期間，因為幫替漢武帝打敗仗而投降的李陵說話，即使獲罪下獄，受到很殘酷的刑罰，他也沒有放棄。

據說，司馬遷寫完書後，並沒有把書交給當時的當家——漢武帝，而是把書放在他的女兒家，一直到漢宣帝時，他的外孫楊惲當了平通侯，覺得把書拿出來，應該不會有什麼不好的結果，所以就把《史記》獻給了漢宣帝。

《史記》這本書在人物形象、戰爭描寫都非常生動，像是描寫項羽的最後一役「赤泉侯為騎將，追項王，項王瞋目而叱之，赤泉侯人馬俱驚」，幾句話就把項羽的霸王形象描寫得淋漓盡致。

另外，他在描寫長平之戰時，「將軍趙括出銳卒自搏戰，秦軍射殺趙括。括軍敗，卒四十萬人降武安君。」以平鋪直述的言語，就將這場秦軍殺四十萬趙人的殘酷戰爭，直接展現在讀者的眼前。

因此，《史記》不只是史學上的經典，也是文學的鉅作。

❖國學常識這樣考

秦之圍邯鄲，趙使平原君求救，合從於楚，約與食客門下有勇力文武備具者二十人偕……得十九人，餘無可取者，無以滿二十人。門下有毛遂者，前。自贊於平原君曰：「……今少一人，願君即以遂備員而行矣。」平原君曰：「先生處勝之門下，幾年於此矣？」毛遂曰：「三年於此矣。」平原君曰：「夫賢士之處世也，譬若錐之處囊中，其末立見……先生不能，先生留！」毛遂曰：「臣乃今日請處囊中耳！使遂蚤得處囊中，乃穎脫而出，非特其末見而已。」平原君竟與毛遂偕。

——西漢《司馬遷・史記・平原君列傳》

(　)從毛遂與平原君的對話，可以看出毛遂的個性如何？

Ⓐ韜光養晦　Ⓑ勇於表現
Ⓒ目中無人　Ⓓ自怨自艾

答案：Ⓑ

(　)平原君曰：「夫賢士之處世也，譬若錐之處囊中，其末立見」的意思為何？

Ⓐ有才華必立即展現　Ⓑ才情應該深藏不露
Ⓒ人才必等伯樂而顯　Ⓓ賢才可以改造時代

答案：Ⓐ

(　)毛遂曰：「臣乃今日請處囊中耳！使遂蚤得處囊中，乃穎脫而出，非特其末見而已。」這段話的意義為何？

Ⓐ承蒙厚愛，愧不敢當　Ⓑ才能平庸，猶待歷練
Ⓒ適才適所，必能有為　Ⓓ沉寂無聞，必然無才

答案：Ⓒ

90年第二次基測

注：使遂「蚤」得處囊中。「蚤」就是「早」的意思。

41 漢書

❖履歷表

又名	《前漢書》		
作者	班固主筆（班家人包括：爸爸班彪先寫、妹妹班昭、班昭學生馬續共同補述完成）		
寫書	約東漢武帝建武三十年（約西元54年）		
成書時間	約東漢和帝永元年間（約西元93年～104年間）		
篇章	紀十二篇，表八篇，志十篇，傳七十篇，共一百篇		
字數	約八十多萬字	出版者	東漢政府
本書特色			
①《史記》、《後漢書》、《三國志》合稱「前四史」 ② 中國第一部紀傳體斷代史（後來中國紀史都是「紀傳體斷代史」） ③ 中國二十四史之一 ④ 文字典雅，多用排偶，在文學、史學界都具有它的重要地位			

《漢書》是東漢史官——班固主寫的史書，記載的歷史從劉邦被封為漢王元年（西元前二零六年），到王莽地皇四年（西元二三年），共二百三十年的史事。

全書包括十二〈紀〉、八〈表〉、十〈志〉、七十〈列傳〉，共一百篇，八十餘萬言。內容包括：

紀：十二篇，類似《史記》的本紀，同樣敘述帝王的生平事蹟，但把項羽、王莽等人放到傳中。

傳：七十篇，其中有數十篇是

由他的爸爸班彪寫的，類似《史記》，記錄公卿將相事蹟。

表：八篇，主要是在班固死後，由馬續、班昭完成，延續《史記》舊表，新增到西元二十三年間，重要人物的年表。在〈百官公卿表〉中還介紹了秦漢的官制。

志：十篇，記載典章制度，是在《史記》八〈書〉的基礎上加以發展而成的，〈天文志〉由馬續完成。〈藝文志〉論述古代學術思想的源流派別及是非得失，是很重要的古代文化史。

班固寫書其中一個原因，跟司馬遷很像，都是為了完成爸爸死前的遺願。班固的爸爸班彪，也是東漢時期的史學家，曾經寫過《史記後傳》數十篇，主要是替漢武帝之後的重要人物寫傳記。

班固二十二歲時，班彪過世，班固決定幫班彪寫出一本史書。不過，寫沒多久，卻被人密告，說班固偷偷在寫書，而且還是寫史書。或許是古代君王怕史官寫史書罵他，給後代不好的印象，所以在那時候，「飯可以多吃，史書可不能偷寫」，於是班固所寫的書，不但被官府收走，人也被抓。

幸好他的兄弟班超是漢朝重要的武將，他替班固求情，說班固寫書是為了宣揚漢朝的國威。東漢明帝看了一些內容，覺得班固寫得不錯，決定放了班固，給他一筆錢，讓他當蘭臺令史這個等於國家圖書館館長的職位，順便寫史書。明帝死後，章帝繼位，這時候《漢書》已經大致完成。

漢章帝死後，漢和帝繼位沒多久，班固就因為捲入到朝廷內鬥，被關到洛陽監獄中，和他有仇的洛陽縣令，趁機狠狠地折磨班固，班固因此死在獄中，漢和帝知道了很生氣，不但責難了洛陽縣令，還把害死班固的獄卒處死。

班固死了，《漢書》卻沒寫完，漢和帝只好找來班固的妹妹班昭，和另一個史學家馬續繼續把書寫完，《漢書》才得以傳世。

由於班固是個很會寫駢體文的文學家，所以《漢書》的用辭典雅，像是：〈蘇武傳〉中「揚名於匈奴，功顯於漢室」、「竹帛所載，丹青所畫」等等，更運用排比修辭的寫作手法，這都是和《史記》的白描手法有很大的不同。

❖國學常識這樣考

(　　)「計程車司機小王，將客人不慎遺留在車上的現金一百萬元送至警察局，留待失主領回。」小王這種行為最符合下列哪一句話的精神？

Ⓐ 君子窮則獨善其身，達則兼善天下
Ⓑ 賢者多財則損其志，愚者多財則益其過
Ⓒ 富與貴，是人之所欲也，不以其道，得之不處也
Ⓓ 先義後利者榮，先利後義者辱；榮者常通，辱者常窮

答案：Ⓒ

97年第一次基測

42

說文解字

❖履歷表

簡稱	《說文》
作者	許慎
寫書	約東漢永元十二年（西元100年）
成書時間	東漢（有人說西元106年；有人說西元121年）
出版者	東漢政府
篇章	目錄一篇，正文十四篇

本書特色

① 中國最早的字典
② 在〈說文解字・序〉中，將中國文字分成六種造字法則，也就是現今所稱的「六書」
③ 收錄近一萬個中國字

《說文解字》是東漢的學者許慎所作，許慎，字叔重，出生在東漢河南。漢朝最推崇的學問為《詩》、《書》、《易》、《禮》、《春秋》這五經，能讀懂其中一本書，就可以稱做學者。而許慎卻把這五經都讀通了，所以當時的人都很佩服他，叫他「五經無雙許叔重」。

許慎二十多歲就擔任「汝南功曹」，處理汝南的行政事務，接下來他又被推舉為「孝廉」。「孝廉」是漢朝的一種推舉制度，凡是被推薦的人，都是地方上品性良好、有才能的人。這些被推舉成「孝廉」的人，必須進入中央學習，最後再由中央將他們分任不同的官職。

許慎經過「孝廉」後，被派任太尉府祭酒，也就是現在國防部長手下處理文書的官員，在這段時間內，他拜經學大師賈逵為師，更深入研究經文。

漢朝時經書雖然只有一個版本，但是各家學者對於經文精簡的文字，卻有不同的解釋，並且每個人都覺得自己是對的。許慎覺得把所有中國文字的意思、用法、讀音弄清楚，就可以解決「經書到底在說什麼？」的問題。所以在東漢永元十二年（西元一〇〇年），許慎四十多歲時，決定開始撰寫《說文解字》。

許慎把這本書寫完後，並沒有立刻把這本書公諸於世，一直到他七十多歲生病時，他的兒子才把這本書交給當時的皇帝。所以，至今學者對於許慎花了多久寫完這本書，還有著不同的討論。當然，這些討論都不影響《說文解字》是中國第一本字典的地位。

在《說文解字》的序文中，許慎認為中國文字，都是依據六種方法創造出來的，這六種方法分別是：象形、指事、會意、形聲、轉注、假借，也就是我們現在所說的「六書」。

在《說文解字》中，許慎將九千多個中國字分成六書、五百四十個部首。除了說明每個字的意思，讀音等，還附上漢隸（當時通行的中國字）以外的古文、籀文、俗字、奇字等古代通行，而與這個字同樣意思的異體字。

許慎活到九十多歲，《說文解字》的原書至今下落不明，現在我們所看到的《說文解字》是北宋徐鉉於雍熙三年（西元九八六年）校訂完成的版本。因為有《說文解字》，我們可以更容易理解古代經典。

❖國學常識這樣考

(　　)文字所屬的「部首」，往往與「字義」相關。下列與文字部首相關的敘述，錯誤的選項是：

Ⓐ「相」與「目視」有關，故屬於「目」部
Ⓑ「韌」與「皮革」有關，故屬於「韋」部
Ⓒ「魚」須「火烤」才能吃，故屬於「火」部
Ⓓ「席」是「織物」的一種，故屬於「巾」部

答案：Ⓒ

91年學測

注：「魚」為象形字，本身就是部首。

(　　)以下是巧韻整理的中國造字原則分析圖：

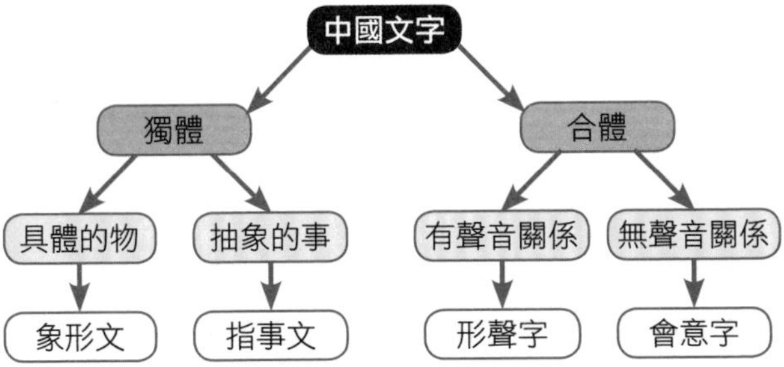

據此，「花好月圓」這四個字分別為六書中的哪一類？

Ⓐ會意、指事、會意、形聲　Ⓑ形聲、會意、指事、象形
Ⓒ形聲、會意、象形、形聲　Ⓓ會意、指事、象形、形聲

答案：Ⓒ

93年第二次基測

注：「花」下上形下化（ㄏㄨㄚˋ）聲，因此是形聲字。
「好」雖可拆成女與子兩字，但這兩字跟「好」在聲音上無關，因此是會意字。
「月」是象形字。
「圓」外形內員（ㄩㄢˊ）聲，因此是形聲字。
所以選Ⓒ，形聲、會意、象形、形聲。

43

古詩十九首

❖履歷表

作者	民間創作
創作時間	約東漢末年（約西元200年）
收錄	南朝梁《昭明文選》
篇章	十九首

本書特色

① 中國五言詩早期最成熟的作品
② 影響建安時期，後代詩歌的創作

「古詩十九首」是漢朝五言古詩的代表作，這十九首詩的作者都不知道是誰，一如歌謠、童話般，自漢末開始流傳在民間。《文心雕龍》、《詩品》都曾大力讚揚過「古詩十九首」，不過一直到南朝梁太子蕭統編《昭明文選》，才將這十九首古詩選入書中，這十九首五言詩，因此成了漢朝詩歌的代表作。

在「古詩十九首」之前，中國的詩歌多是一句四言的四言詩，「古詩十九首」可說是五言詩早期最成熟的作品。

這十九首古詩，並沒有名字，為了辨識，皆以第一句詩句作為詩名。「古詩十九首」的內容廣泛，包括描寫女子思君，哀婉情愁的

〈行行重行行〉：「行行重行行，與君生別離。相去萬餘里，各在天一涯……」；敘述遊子思親的〈涉江采芙蓉〉：「……還顧望舊鄉，長路漫浩浩。同心而離居，憂傷以終老。」；展現對生命及時行樂看法的〈生年不滿百〉：「生年不滿百，常懷千歲憂。晝短苦夜長，何不秉燭遊！……」等等不同的題材。

或許從今日的角度看來，這些詩不論文字或內容都沒什麼特別，但若從歷史的長河來看，在此之前，詩歌多是歌功頌德，為帝王服務；或是描寫貴族遊宴的歡樂場景。因此「古詩十九首」被視為好詩，選入詩冊中，代表了這時文人對於詩歌的定義，有了更開闊的想法。

由於「古詩十九首」的內容多樣，文字介於不經雕琢的民歌與御用文人使用的華麗文字之間，所以每當詩歌發展出現「形式主義」掛帥的時候，「古詩十九首」就好像皇帝賜與的尚方寶劍，被那些看不慣的文人拿出來「斬妖除魔」。

在文學批評上，古詩十九首不但被鐘嶸的《詩品》列為上品，稱「古詩十九首」：「天衣無縫，一字千金」、「千古五言之祖」；劉勰的《文心雕龍》也稱它為：「五言之冠冕」。

因此，這十九首漢末不知道誰寫的詩，在中國詩歌史上，一直被視為詩歌的典範；它的詩歌風格，也被後代詩人當作效法的對象。

❖國學常識這樣考

(　)有些文學作品，在上句句尾與下句句首的位置，安排重複的詞語，以顯現連綿不絕的情意，如〈飲馬長城窟行〉：「青青河畔草，綿綿思遠道。遠道不可思，夙昔夢見之。夢見在我旁，忽覺在他鄉」即是。下引現代詩的表現方式類似上述情況，呈現了連續不斷的欣喜之情。其文句排序，最適當的選項是：

這支歌聲最初曾在我的心中爆裂的闡發
甲、當黎明躍起
乙、玫瑰之綻開黎明
丙、亦如盈盈的露水之綻開玫瑰
丁、我就聽到溢滿林間的呼喚
戊、而這呼喚也像是跟隨著一種雷鳴而來

——彭邦楨〈聯想〉

Ⓐ甲丙乙丁戊　Ⓑ丙乙甲丁戊
Ⓒ丙乙丁戊甲　Ⓓ戊丁乙丙甲

答案：Ⓑ

95年指考

注：Ⓑ彭邦楨〈聯想〉的原詩是這樣寫的：
這支歌聲最初曾在我的心中爆裂的闡發
丙、亦如盈盈的露水之綻開「玫瑰」
乙、「玫瑰」之綻開「黎明」
甲、當「黎明」躍起
丁、我就聽到溢滿林間的「呼喚」
戊、而這「呼喚」也像是跟隨著一種雷鳴而來。

44 孔雀東南飛

❖履歷表

作者	民間創作
創作時間	約東漢末年獻帝建安年間（約西元200年）
收錄	南朝陳《玉臺新詠》
字數	一千七百餘字
本書特色	
① 中國第一首著名的「敘事詩」 ② 與另一首詩歌〈木蘭辭〉並稱「樂府雙璧」	

中國詩歌以寫景、抒懷為主，很少有長篇敘事詩。東漢建安年間出現的〈孔雀東南飛〉，是中國文學史上的第一首長篇敘事詩，沒人知道作者是誰，詩的內容是敘述一樁婆媳問題產生的愛情悲劇。

〈孔雀東南飛〉全詩三百四十多句，一千七百多字，是一首樂府詩，內容敘述小官焦仲卿回家時，聽見老婆劉蘭芝哭訴婆婆嫌她家事做不好，要跟焦仲卿離婚。

焦仲卿聽了，跑去怪媽媽對自己老婆不好。焦仲卿的媽媽一聽，火都來了，要焦仲卿直接休妻。焦仲卿沒辦法，只好休妻，要劉蘭芝先回娘家。

兩人分開時，依依不捨的約定，這只是短

暫分開，最後一定要跟對方在一起。

劉蘭芝這一回家，本來是小小的婆媳問題被鬧大，事情變得很難轉圜。十多天後，立刻有人上門做媒，劉蘭芝本來不想嫁，但她哥哥逼她嫁，劉蘭芝只有答應。焦仲卿聽到劉蘭芝要嫁人，趕緊跟公司請假去找劉蘭芝，雖然心裡難過，卻在口頭上酸了劉蘭芝，心不甘情不願的恭喜她嫁了一個比自己官階還高的新丈夫。劉蘭芝聽了很難過，為了表明心志，在婚前跳水自殺。焦仲卿聽到消息，想到跟劉蘭芝復合無望，悲傷的拜別母親，在樹上上吊。

兩人一死，雙方家人竟願意讓他們兩人合葬，並在墓前種樹，後來他們的墓園裡出現了一對名為鴛鴦的鳥，每晚都在叫，提醒著世人他們的悲劇。

〈孔雀東南飛〉這首詩最早出現在南朝陳徐陵所編著的《玉臺新詠》，詩前還有一段序，說明這個故事是真的。

詩中的對話非常生動，從對話中透露出人物的性格；敘事詩的體例下仍能夠運用排比、層遞等修辭方法，加上剪裁得宜，難怪能與南北朝的〈木蘭辭〉，並稱「樂府雙璧」或「敘事詩雙璧」。

❖國學常識這樣考

（　）下列選項中的敘事詩，何者篇幅最長：

Ⓐ〈孔雀東南飛〉　Ⓑ〈上山採蘼蕪〉

Ⓒ〈木蘭詩〉　Ⓓ〈悲憤詩〉

答案：Ⓐ

99年預官

注：〈孔雀東南飛〉全詩340多句，1700多字，是漢樂府民歌中最長的敘事詩。

45 三國志

❖履歷表

作者	陳壽
寫書	約晉武帝太康元年（約西元280年）
成書時間	約晉武帝元康十年（約西元289年）
篇章	六十五卷，〈魏書〉三十卷，〈蜀書〉十五卷，〈吳書〉二十卷
字數	約三十多萬字
出版者	西晉政府
本書特色	
① 記載魏、蜀、吳三國鼎立時期的紀傳體國別史 ② 與《史記》、《漢書》、《後漢書》並稱前四史	

《三國志》是記載東漢末年，魏、蜀、吳三國割據時代的歷史，或許是由於後來《三國演義》小說的風行，《三國志》涵蓋的歷史時間雖只有六十年，但受後人重視的程度，卻超越二十四史中的許多史書。

《三國志》的作者陳壽是西晉的歷史學家，他原本是蜀漢人，爸爸曾經是蜀漢馬謖軍中的一員，在諸葛亮揮淚斬馬謖時，陳壽的爸爸也跟著受罰，被剃了頭髮逐出軍營，回家鄉娶妻生子。

陳壽十八歲時進入了蜀漢的太學，那時候他就對於歷史很有興趣，後來蜀漢降魏，陳壽留在家鄉，開始計畫寫出屬於他這個混亂時代的歷史。

當晉篡了魏國、滅了吳國，陳壽在晉朝的國史館編書，他一面編書，一面自己開始寫《三國志》。其實陳壽完成的是〈魏書〉、〈蜀書〉、〈吳書〉，一直到北宋時期，這三本書才被合成《三國志》。《三國志》涵蓋了魏文帝黃初元年（西元二二〇）到晉武帝太康元年（西元二八〇）六十年的歷史。

當初《三國志》寫成時，陳壽交給了娶了醜皇后賈南風，引起「八王之亂」的笨皇帝晉惠帝，晉惠帝很喜歡，下令全國百姓要把《三國志》抄一遍。這個抄書行動讓《三國志》很出名。

後人更是將《三國志》與《史記》、《漢書》、《後漢書》並稱前四史。雖然陳壽在寫《三國志》時，對於有些史實記載不夠詳實，甚至有些偏頗；對於不確定的事情寧可不寫，造成了史料不足的情形。但是《三國志》的文字風格簡潔，人物的描寫生動，加上陳壽對於歷史人物的品評，都使得這部史書，不只是一部歷史作品，同樣也是一部文學作品。

許多人都認為，有陳壽的《三國志》作依據，明朝的羅貫中才能寫出膾炙人口的《三國演義》。

❖國學常識這樣考

（　）「瑜少精意於音樂，雖三爵之後，其有闕誤，瑜必知之，知之必顧。故時人謠曰：『曲有誤，周郎顧。』」這段文字旨在說明周瑜具備什麼？

Ⓐ 專精的音樂素養　　Ⓑ 嶔崎磊落的品格

Ⓒ 犯顏直諫的勇氣　　Ⓓ 千杯不醉的海量

答案：Ⓐ

90年第二次基測

46 木蘭辭

❖履歷表

又名	〈木蘭詩〉、〈木蘭歌〉
作者	民間創作
創作時間	北魏期間（約西元400年～500年）
收錄	南朝陳《古今樂錄》
字數	三百餘字

本書特色
① 中國少有的「敘事詩」 ② 與另一首詩歌〈孔雀東南飛〉並稱「樂府雙璧」 ③ 具有北方質樸的寫作風格

〈木蘭辭〉是一首敘事詩，訴說木蘭女扮男裝代父從軍的故事。因為〈木蘭辭〉是一首民間流傳的樂府民歌，在不知道作者是誰的情形下，誰都可以對這首詩歌加以修改、增補，到最後被記載下來，流傳最廣，「定型」成最終版本的，可能跟最初版本有所出入，但這卻不影響〈木蘭辭〉的文學價值。

〈木蘭辭〉產生的時代是北魏，北魏由鮮卑族成立於西元三八六年，國土包括山東、江蘇、甘肅、陝西、河南、山西北部、內蒙古等秦嶺、淮河以北，中國著名的古城，長安、洛陽都歸北魏所管。在北魏存在的同時，它的南邊則是由漢族所建立的南朝宋、以及滅了南朝宋的南朝齊。

在這個時代，不論是南方或北方，都沒有一個特別強盛的族群或是組織團體，能夠掌握整個中國。在北魏之前，南方是三國與晉朝，整個北方是中國歷史上號稱的「五胡十六國」時期，光聽名字就知道，那個時候有多亂。

北魏在各族互相兼併之後，取得了最後的勝利，這表示，北魏常打仗，而且常打勝仗。打仗要錢、要人、要糧，〈木蘭辭〉就是敘述國家徵兵打仗，木蘭擔心家中父老、弟幼會死在戰場，女扮男裝當兵十二年，戰勝回家的故事。

〈木蘭辭〉以不加修飾的文字、利用像是「東市買駿馬，西市買鞍韉，南市買轡頭，北市買長鞭。」「朝辭爺娘去，暮宿黃河邊。不聞爺娘喚女聲，但聞黃河流水鳴濺濺。旦辭黃河去，暮至黑山頭。不聞爺娘喚女聲，但聞燕山胡騎聲啾啾。」這類複疊排比的技巧與狀聲詞的使用，將木蘭從軍的原因、初赴戰場的感受、軍中的生活、返鄉的喜悅，完整的描寫出來。與當時南方主要以溫柔婉約的文字，敘述男女情感的悲喜有很大的差異。

〈木蘭辭〉是中國少有的敘事詩，加上質樸而富音韻的北方寫作風格，使得〈木蘭辭〉可以在中國文學史上佔有一席之地。

47 世說新語

❖履歷表

原名	《世説》
作者	總編輯劉義慶，召集臨川王府的文人們共同創作
寫書	約南朝宋文帝元嘉十八年（約西元441年）
成書時間	約南朝宋文帝元嘉二十一年（約西元443年）
篇章	三卷，三十六類，一千多則
字數	八萬字
出版者	劉義慶
本書特色	
① 中國筆記小説代表作　② 中國志人小説代表作	

《世說新語》是南朝宋時，臨川王劉義慶當主編，請門下的文人記錄當時名人軼事的一本筆記小說。由於全篇皆在記錄人的行為，所以又稱為「志人小說」。

劉義慶是東晉末年南朝宋人，可說是含著金湯匙出生的皇室成員，他出生時，大伯劉裕就已經是東晉最會打仗的將軍之一；十三歲時，劉義慶被封為南郡公；十七歲時，劉裕篡了東晉皇帝的位，成立南朝宋，自己當皇帝，劉義慶也因此得到一個相當於顧問的侍中官位。同時因他過繼給叔父臨川王劉道規當兒子，所以襲封臨川王。只是劉義慶在十多年當了不同的官，皇帝也換了三個。

劉裕病死後，劉義慶的大堂哥繼位，當了

兩年皇帝，被鬥成一個小親王，然後被暗殺。其他堂弟也互相殺來殺去，劉義慶擔心自己有一天也被搞到沒命，就算是當到了相當於副宰相的尚書左僕射，他還是懇求離開京城。但是他的皇帝堂弟不肯，只願意讓他辭掉尚書左僕射的官位。

劉義慶撐了三年，終於離開王城當荊州刺史，在荊州刺史的八年任內，他努力管好荊州，卻還是無法完全避禍，在其中一次皇室鬥爭中，劉義慶被牽連，貶官到江州刺史與南兗州刺史。這回他更小心翼翼，除了結交一些佛教僧侶，自幼就喜歡文學的他，也開始聚集一些他之前就認識的文士，共同編寫書籍，除了最有名的志人筆記小說——《世說新語》，還有原書已經散佚的志怪筆記小說《幽冥錄》。

《世說新語》雖然是筆記體，但使用了許多文學技巧，像是《世說新語．言語七十二》提到謝道韞和堂兄一起觀雪時，「兄子胡兒曰：『撒鹽空中差可擬』。兄女曰：『未若柳絮因風起』。」用對照的方法，描述了謝道韞的文采。

另外在《世說新語．任誕第二十三》提到劉伶酒後裸身在家被人看見，劉伶說：「我以天地為棟宇，屋室為褌衣，諸君何為入我褌中！」以對話的方式，把劉伶自稱天地是他的房屋、房屋是他的褲子，反譏笑進他屋裡的人，是自己跑進了他的褲子。這種瘋狂誇張的言形，表現得淋漓盡致。

《世說新語》雖不是成熟的小說，但它記錄了魏晉南北朝時期，貴族名人的言行舉止，不但有助於後人了解當時的社會，它的文學寫作技巧，對後代小說也有很大的影響。

❖國學常識這樣考

(　　)「王朗每以識度推華歆。歆蜡日，嘗集子姪燕飲，王亦學之。有人向張華說此事，張曰：『王之學華，皆是形骸之外，去之所以更遠。』」故事裡張華話語的涵義，與下列何者最接近？

> 識度：見識與度量
> 蜡：ㄓㄚˋ，年終祭禮
> 燕：通「宴」

Ⓐ 徒然模仿外在行止而不事內在修為，難得神髓
Ⓑ 具備良好的外在行為，是涵養心性的基礎工夫
Ⓒ 適度的效法賢者，可以修正自我行為的缺失
Ⓓ 虛心的學習態度，可以超越預先期待的成效

答案：Ⓐ

98年第二次基測

庾公乘馬有的盧，或語令賣去。庾云：「賣之必有買者，即當害其主。寧有不安己而移於他人哉？昔孫叔敖殺兩頭蛇以為後人，古之美談。效之，不亦達乎？」

——世說新語·德行

> 的盧：凶馬

(　　)本文的主旨在說明庾公為人如何？

Ⓐ 不迷信、不貪財利
Ⓑ 安分守己，逆來順受
Ⓒ 欲效法孫叔敖，追求美名
Ⓓ 有「己所不欲，勿施於人」的精神。

答案：Ⓓ

(　　)本文的寫作手法著重在描寫什麼？

Ⓐ 人物的神采風度　　Ⓑ 歷史的真實事蹟
Ⓒ 理想的幻滅　　Ⓓ 風土與人情。

答案：Ⓐ

91年第一次基測

48 後漢書

❖履歷表

作者	南朝劉宋范曄（南朝梁劉昭補編）		
寫書	約南朝宋文帝元嘉十一年（約西元433年）		
成書時間	南朝梁（范曄死時為完，完整內容約西元五百年左右完成）		
篇章	十紀、八十列傳和八志（八志為南朝梁劉昭自另一本由司馬彪所寫的《續漢書》中整理補編寫完成）		
字數	二十萬字左右	出版者	劉昭
本書特色			
① 紀傳體史書 ②《史記》、《漢書》、《三國志》合稱「四史」			

《後漢書》是一部私人編纂的史書，記載了東漢的歷史，涵蓋年代從王莽篡漢後至漢獻帝之間共一九五年。主要的作者是南朝劉宋時期的范曄。

范曄是彭城王劉義康的臣子，長得矮、胖、黑，很有才華，個性卻不太好。據說他的琵琶彈得極好，當時的皇帝宋文帝很想聽，不論怎麼暗示，范曄都是裝傻不肯彈，逼得宋文帝只好直接在宴會上說，他想唱歌，要范曄伴奏。范曄替宋文帝伴奏完，宋文帝沒唱，他也連一個音都不彈。

像范曄這麼不識時務的個性，替他惹了不少禍事，有一次在他的老闆媽媽，也就是劉義康的媽媽過世期間，劉義康的手下，不管是真傷心還是假難過，都至少神形肅穆，范曄卻在某天夜裡跑去跟他弟弟喝酒聊天，還打開窗戶忘形的唱歌。

這件事惹火了劉義康，把他貶官去宣城當太守，范曄因為喝酒誤事，心裡很悶，在西元四三三年，開始編寫《後漢書》。

在范曄寫《後漢書》的時候，坊間已經有許多記錄後漢的史書，范曄參考了七、八種當時比較流行的版本，打算編寫十紀、八十列傳和十志。

范曄宣城太守的任期結束，回歸平順的官宦生涯，七、八年後，他之前的長官劉義康想要造反，竟然來找范曄幫忙。

劉義康千求萬求，范曄居然答應了這個殺頭的差事。范曄答應了這殺頭的差事，果然讓他的腦袋搬家，謀反的事跡敗露後，范曄被當成主謀處死，《後漢書》也只完成十〈紀〉、八十〈列傳〉。

沒寫完的《後漢書》傳到了後代，南朝梁的劉昭覺得很可惜，又把坊間其他版本的東漢史書拿來翻翻找找，找到更早之前東晉時代司馬彪寫的《續漢書》。司馬彪是西晉王爺司馬睦的長子，雖然聰明好學，但是好色且品性不佳，氣得司馬睦把爵位傳給別人。司馬彪得不到爵位及爵位所附加的財富地位，只好自立自強，閉門讀書，靠自己能力掙錢找工作過日子。

當司馬彪讀書時，發現東漢有很多忠臣名將，卻沒有人把他們的事跡記錄下來，決定自已來寫一本書。

司馬彪寫的《續漢書》並不差，只是范曄的《後漢書》一出，立刻就被比了下去，但由於他的寫作時間比較早，內容比較詳實，所以南朝梁的劉昭就把《續漢書》的志拿來補《後漢書》缺漏的部分。

目前我們看到的《後漢書》，就是由范曄的《後漢書》加上部分司馬彪的《續漢書》組合而成。

❖國學常識這樣考

閱讀下列文字後作答：

邊韶字孝先，陳留浚儀人也。以文章知名，教授數百人。韶口辯，曾晝日假臥，弟子私嘲之曰：「邊孝先，腹便便。懶讀書，但欲眠。」韶潛聞之，應時對曰：「邊為姓，孝為字。腹便便，五經笥。但欲眠，思經事。寐與周公通夢，靜與孔子同意。師而可嘲，出何典記？」嘲者大慚。 ——《後漢書・邊韶傳》

(　) 依據上文，下列敘述不當的選項是：

Ⓐ 邊韶不僅飽讀詩書，擅長文章，且口才流利，富機智反應

Ⓑ 文中「寐與周公通夢，靜與孔子同意」，暗用《論語》孔子曰「久矣，吾不復夢見周公」的典故

Ⓒ「腹便便」讀為「腹ㄆㄧㄢˊ ㄆㄧㄢˊ」，學生本用以嘲笑邊韶身材肥胖，邊韶則用以自喻博學多聞

Ⓓ 文中邊韶說「師而可嘲，出何典記」，目的在考核學生熟讀經典的能力，而學生無法回答，故「嘲者大慚」

答案：Ⓓ

95年指考

注：Ⓓ「師而可嘲，出何典記」是指老師如果可被嘲笑，孔子夢周公的典故，就不值得流傳歌頌。

49 文心雕龍

❖履歷表

作者	劉勰
寫書	約齊明帝建武元年（約西元495年）
成書時間	約和帝中興元年（約西元502年）
篇章	十卷五十篇
字數	約五萬字
出版者	劉勰
本書特色	
中國第一本文學評論（批評）專著	

《文心雕龍》是我國第一本文學評論專書，作者是魏晉南北朝時期，南朝齊的文人劉勰。

劉勰是南朝齊的一個小文人，家境清寒加上愛好佛法，所以終身未娶，寫《文心雕龍》時，他住在名為「定林寺」的寺廟裡，投靠當時有名的僧侶僧佑。

相傳當他完成《文心雕龍》時，並沒有什麼人在乎，於是劉勰帶著書，跑去找當時最有名的文壇領袖沈約。

以當時沈約的身分地位，怎麼會是劉勰這個無名小子想見就見的？劉勰為了讓沈約見到他的心血，便假裝成小販，徘徊在沈約車子的附近。

等到沈約出門，劉勰立刻衝上前，拿著《文心雕龍》給沈約，沈約讀了《文心雕龍》很喜歡，推薦給身邊的人，《文心雕龍》因而被人所知。

《文心雕龍》是中國第一本文學評論（批評）專著，裡面包含了五十篇評論文章。在〈時序〉篇中，劉勰說明時代發展與文學流變的關係；〈宗經〉、〈原道〉、〈徵聖〉要求文章要能承載天地人倫之道；〈神思〉、〈物色〉〈通變〉中提出想像、創造與觀察力的重要；〈情采〉中主張「為情而造文」，強調個人情感的重要；〈聲律〉、〈章句〉、〈煉字〉、〈誇飾〉中分析音韻、修辭、用字遣詞、篇章剪裁的功效；〈知音〉甚至談到文學批評的標準與方法。

劉勰在《文心雕龍》中討論文章本身的形式、內容、風格；作家與作品、文學史的演進、文學批評家的方法與態度，可說是一本全面性的文學批評專著。

劉勰靠著《文心雕龍》成名，離開定林寺在梁朝做官，還曾在昭明太子蕭統手下做事，有人認為，蕭統編《昭明文選》，劉勰可能也有幫上忙。

(　) 《文心雕龍・物色》：「情以物遷，辭以情發，一葉且或迎意，蟲聲有足引心。」這段話指出了人們內心的感受，往往受到風物景色的牽引。下列文句，可印證此一現象的選項是：

Ⓐ 落絮飛花滿帝城，看看春盡又傷情，歲華頻度想堪驚
Ⓑ 閨中少婦不知愁，春日凝妝上翠樓，忽見陌頭楊柳色，悔教夫婿覓封侯
Ⓒ 巍峨的山岳或深谷幽壑，常會使人生出一種雄偉的情緒，但總也常隱約顯出威嚇的意思
Ⓓ 浮光躍金，靜影沉璧，漁歌互答，此樂何極！登斯樓也，則有心曠神怡，寵辱偕忘，把酒臨風，其喜洋洋者矣
Ⓔ 湖光染翠之工，山嵐設色之妙，皆在朝日始出，夕舂未下，始極其濃媚。月景尤不可言，花態柳情，山容水意，別是一種趣味

答案：ⒶⒷⒸⒹ

88年學測

注：Ⓔ的內容只是描寫景色，卻沒提到景色如何牽引人的心情。

(　) 《文心雕龍》「情采」一文中「故立文之道，其理有三：一曰形文，五色是對；二曰聲文，五音是也；三曰情文，五性是也。」所謂「形文」指：

Ⓐ 音樂　Ⓑ 繪畫　Ⓒ 辭章　Ⓓ 雕刻

答案：Ⓑ

87年預官

50 詩品

❖履歷表

原名	《詩評》
作者	鍾嶸
成書時間	約梁武帝天監十二年（約西元513年）
篇章	三卷，品評一百二十二人
字數	七千字左右
出版者	鍾嶸
本書特色	
中國第一本對於「詩」的文學評論專書	

《詩品》是中國第一本品評詩的文學專書，作者鍾嶸是南朝梁時代的人，當時文人做詩，不論內容，多以文字華美為高。鍾嶸對於這種風氣不以為然，因此他針對了漢朝以來一百多個寫作五言詩的詩人、作品加以品評，將詩人分成上、中、下三品，上品除了古詩十九首，還有十一個詩人，中品有三十九個詩人，下品七十二個詩人。

鍾嶸品評詩人的標準，以詩的內容是否剛健為主，文采為次，反對當時重視音韻、堆砌典故做為評斷詩的標準。只是鍾嶸在這個品評標準之下，還是有些缺漏之處，像是把陶淵明視為「古今隱逸詩人之宗」，卻列為謝靈運之下，置於中品；而對於曹操，雖然讚賞他「古直，甚有悲涼之句」，卻把曹操置於下品。

一般認為，這是因為鍾嶸生在一個重視文采的時代，即使意識到內容應重於型式，但在品評詩作時，仍不免受到當時風氣的影響。

雖然鍾嶸《詩品》有些瑕疵，但不論是觀點或方法，都影響到了唐宋甚至明清論詩的的標準，是中國第一部，也是極重要的詩歌評論集。

❖國學常識這樣考

（　）下列是一段古文，請依文意選出排列順序最恰當的選項。

「士有解佩出朝，女有揚蛾入寵（甲），一去忘返（乙），凡斯種種（丙），再盼傾國（丁），感蕩心靈（戊），非陳詩何以展其義，非長歌何以釋其情？」

——鍾嶸《詩品·序》

Ⓐ 甲丙乙丁戊　Ⓑ 甲丁乙戊丙
Ⓒ 乙甲丁丙戊　Ⓓ 乙丁甲丙戊

答案：Ⓒ

87年學測

注：士有解佩出朝，（乙）一去忘返；甲、女有揚蛾入寵，（丁）再盼傾國。（丙）凡斯種種，（戊）感蕩心靈，非陳詩何以展其義，非長歌何以騁其情？

51 水經注

❖履歷表

作者	酈道元
成書時間	約北魏孝明帝（西元520年左右）
篇章	四十卷
字數	三十多萬字
出版者	隋朝政府
本書特色	
中國第一本水文地理文學專書	

《水經注》是北魏酈道元所寫的一本有關於中國河流的書籍，既然叫做《水經注》，就表示原本還有一本《水經》，只是這本《水經》不詳盡，酈道元看得不滿意，只好自己拿筆來寫注。

酈道元出生在官宦人家，學識淵博，一直在當官，但他這個官很嚴厲，有一次，有個王爺的男朋友，仗著跟王爺要好，到處惹事，被酈道元給他抓了，王爺聽到消息，弄了個聖旨要酈道元放人，酈道元竟然趁聖旨還沒到時，先把這男生給殺了，還跟皇帝告狀，數落王爺的不是。酈道元跟王爺結下了樑子，當然不會有什麼好結果。後來這王爺聽說某地有個武將可能會反叛，立刻推薦酈道元去那當官。酈道元一去，武將果然叛變，將酈道元困在城中。酈道元一群人在城中沒水喝，只好「臨渴掘井」，一群人挖了好久，還沒挖到水，力氣就用盡了。就在這時候，叛軍趁機翻牆圍殺。城破後，酈道元的弟弟、兒子被殺，酈道元大罵叛軍，活活被氣死。

酈道元所寫的《水經注》，記錄了大大小小一千多條的河流，不但把中國的河流都寫到了，連印度恆河、印度河和孟加拉灣這些地方都有描述。

除此之外，《水經注》還描寫了河流經過地區的地形、礦物產地、動物化石分布、植物種類、地震風災水患及蟲害情形、古代陵墓及碑文、各地風土民情、神話故事、民謠、大小戰役，只要是地理上發生的自然、人文事件，酈道元統統都寫進去了，可說是一本中國的地理大百科。

《水經注》不僅描寫的幅度廣泛，不論是河流的寬、深，因為季節所產生不同的水位變化，結冰期狀況等等都描寫很詳細。

為了完成《水經注》，酈道元引用了四百多種書籍資料，還收錄了三百多種碑文，後代文人，如李白、杜甫的詩中都曾引用《水經注》的資料，蘇東坡更是這本書的書迷，還說過：「嗟我樂何深，《水經》也屢讀。」

《水經注》一書，一開始是隋朝統一整個中國後，整理國家藏書時，被收錄在《隋書・經籍志》中的一本。由於酈道元的用字精準，語彙翔實，使得《水經注》除了是很好的中國人文、地理百科全書，也是很優秀的文學作品。

52 文選

❖履歷表

又稱	《昭明文選》
編者	蕭統主編
寫書	約梁武帝普通七年（約西元526年）
成書時間	約梁五帝中大通七年（約西元531年）
篇章	三十卷（後被分為六十卷），分賦、詩、雜文三大類，七百多篇文章
出版者	南朝梁政府
本書特色	
中國現存編選最早的詩文總集	

《文選》是魏晉南北朝時期，南朝梁太子蕭統所編的文集，由於蕭統死後謚號昭明，所以這本書又稱為《昭明文選》。

蕭統是南朝梁開國君主梁武帝蕭衍的兒子，據說蕭統三歲就讀《孝經》、《論語》，五歲會背五經；個性溫和孝順，十二歲去觀看審理犯人時，因為同情犯人，看完犯人的犯罪資料後，請求法官讓他來判決，法官答應了，蕭統便輕判犯人。

蕭統的母親丁貴嬪生病時，蕭統親自在病榻前照顧；丁貴嬪死時，他哀傷得不得了，每天哭泣，什麼都不吃，梁武帝知道了，擔心他的身體，命令他吃東西，蕭統卻只吃一點麥片粥，梁武帝只好派人每天注意他的飲食，即使如此，蕭統還是瘦了一大圈，每個看到他的人，都跟著難過落淚。

蕭統不僅孝順，還很仁慈，身為太子的他，對自己節儉，對百姓卻很好，與梁武帝一樣，蕭統衣著樸素、飲食簡單；遇到災荒，蕭統一定請求梁武帝開糧倉救濟。所以當蕭統三十歲左右病死時，許多受過他幫助的百姓都非常傷心。

梁武帝蕭衍，本身就是個厲害的皇帝，會下棋、會卜卦、會武術、會詩文，對於佛法與歷史也多有研究，蕭統是他的兒子，也遺傳了他的文學基因。

蕭統的五言詩寫得極好，他的〈飲馬長城窟行〉：「亭亭山上柏，悠悠遠行客。行客行路遙，故鄉日迢迢。……」就很有〈古詩十九首〉的風韻。

除了自己創作，蕭統還召集了當時優秀的文學人才，把自先秦以來優秀的詩歌、散文選編成冊。

《文選》選文最特別的地方是，他不以「文以載道」為優先考慮，有關宣揚倫理道德、為人處世的政治哲學詩文都不選，史書的部分，也只選文學性較強的內容。

從文學的藝術美學角度出發來看，《文選》可以說是一本真正的文學選集。

不過受限於當時時文學風氣，蕭統在編選《文選》時，仍然有太過偏重文采之缺點。他所選的詩文大多是以辭藻見長的辭賦、駢文，詩歌也多選那些對偶嚴謹、辭藻華麗的作品，當時以摹寫見長的詩人謝靈運，就有很多的詩被選進去，而陶淵明那種質樸自然之作，被選進去的卻很少。

事實上，蕭統本人很欣賞陶淵明的詩，他還替陶淵明寫了〈陶淵明傳〉，編著了《陶淵明集》，在《文選》的〈序〉中還稱讚陶淵明「文章不群，辭采精拔」。可惜被選入《文選》中的作者，來自民間的很少，只有〈飲馬長城窟行〉等。

據說，在南北朝時代，像《文選》這種文學選集就有兩百五十多本，至今流傳下來最早的選集，就是《文選》。後來科舉以詩、賦取士，《文選》成為最好的課本，可說是每個追求功名文人必讀之書。

❖國學常識這樣考

（　）下列是一段古文，請依文意選出排列順序最恰當的選項。

「式觀元始，眇覿玄風

世質民淳，斯文未作（甲）

由是文籍生焉（乙）

冬穴夏巢之時，茹毛飲血之世（丙）

逮乎伏羲氏之王天下也，始畫八卦，造書契，以代結繩之政」（丁）

——蕭統〈文選序〉

Ⓐ甲乙丙丁　Ⓑ甲丙乙丁　Ⓒ丙甲丁乙　Ⓓ丙丁甲乙

答案：Ⓒ

85年學測

注：式觀元始，眇覿玄風，（丙）冬穴夏巢之時，茹毛飲血之世，（甲）世質民淳，斯文未作。（丁）逮乎伏羲氏之王天下也，始畫八卦，造書契，以代結繩之政，（乙）由是文籍生焉。

53

花間集

❖履歷表

編者	趙崇祚
成書時間	約後蜀廣政三年（約西元940年）
篇章	五百首，分十卷
出版者	後蜀政府

本書特色
① 盡收描寫男女之情、奢華宴樂之詞 ② 中國第一部詞集

《花間集》是我國文學史上的第一部詞集，裡面收錄了十八個詞人所寫的詞，這些人大多數是五代十國的作家。由於詞集中收錄的作品，都在描寫上流社會奢華生活、貴婦美態、男女情愛。而古代常以「花」喻「女子」，所以這本由許多美女做主角的詞集，就被定名為《花間集》。

《花間集》的編者是後蜀的趙崇祚。有關趙崇祚的生平，沒什麼人知道，不過在趙崇祚編書的那一段時間，蜀地的君主很愛在宮廷宴樂歌舞，這部詞集，很像是現在的歌本，可以作為樂師、舞者取材的工具書。

《花間集》收錄的十八個詞人，有晚唐詞人溫庭筠與皇甫嵩、被稱為「曲子相公」的和凝、還有韋莊及歐陽炯等五代十國期間蜀國的詞人。

《花間集》收錄最多作品的詞人為詞風華麗的溫庭筠，與詞風秀麗的韋莊，兩人分別有五十闋、四十八闋詞被收錄，這兩人的詞風，恰好是《花間集》主要的選詞標準。

既然《花間集》的作者多以宮廷、男女歡愛為描寫的主題，他們的身分必然不是一般市井小民，像是牛嶠，他是唐朝宰相牛僧孺的孫子；皇甫嵩是唐朝工部侍郎皇甫湜的兒子，宰相牛僧孺的外甥；和凝擔任過北漢的宰相；身為唐朝詩人韋應物後代的韋莊，也曾做過前蜀開國皇帝王建的宰相。這些王公貴族，平時處理國家大事，私底下就寫這些風花雪月的詞，在宴會上歌舞娛樂。

《花間集》所選錄的詞，雖然也有像是詠史、旅遊、邊塞等等的內容，但主要仍是像和凝的〈柳枝〉：「瑟瑟羅裙金縷腰，黛眉偎破未重描。醉來咬損新花子，拽住仙郎儘放嬌。」描寫女子綺麗嬌媚的閨中姿態；韋莊多首著名的〈菩薩蠻〉之一：「人人盡說江南好，遊人只合江南老。春水碧於天，畫船聽雨眠。鑪邊人似月，皓腕凝霜雪。未老莫還鄉，還鄉須斷腸。」敘述江南繁華生活樣貌的內容。這些詞文，作為娛樂，確實無傷大雅，但多數文人卻嫌他沒有什麼積極進取的勵志精神，也欠缺了對國家百姓的諷喻哀憫。

《花間集》的內容雖然狹隘，但所選的詞，音律結構漸趨成熟。由於他是中國第一部詞集。後來人們便稱善於寫作這種內容的詞人，像是南唐後主李璟、李煜為「花間派」詞人。

54

太平廣記

❖履歷表

編者	宋太宗下令，由李昉等十二人共同編輯
寫書	宋太宗太平興國二年（西元977年）
成書時間	宋太宗太平興國三年（西元978年）
篇章	全書五百卷，目錄十卷
字數	約三百萬字
出版者	北宋政府
本書特色	
中國重要的小說類百科全書	

《太平廣記》是宋朝初年，由宋太宗趙匡義下令當時學者李昉當總編輯，找來一群學者，從四百多種書籍中，選出了七千則故事，編成的短篇神話故事集。

《太平廣記》總共有三百萬字，不過團結力量大，人多好辦事，加上宋太宗在歷史上絕對不是什麼宅心仁厚的皇帝，手腳太慢可能沒有好下場，所以這群認真的國家圖書館成員，迅速的在一年內完成這本書。

雖然《太平廣記》的成書時間短暫，不過，編輯卻很細緻，每一篇的篇末都註明了故事的來源。整本書總共分成九十二大類，下面還有一百五十多小類。

《太平廣記》裡收錄的故事，大部分都

跟神仙鬼怪有關，幾乎收集了北宋初期之前所有的文言小說，許多現在已經失傳的唐傳奇故事，都可以在這本書中找到，像是〈鶯鶯傳〉、〈古鏡記〉、〈南柯太守傳〉等等故事，目前可見的最早的版本，就是收錄於《太平廣記》之中。

有《太平廣記》這麼好的古典小說百科，後代的話本、戲劇、短篇小說都從這裡取材，像是〈杜子春〉，不但被後人多次改編為戲曲、短篇小說，連日本著名作家芥川龍之介都曾經改編過這個故事。

由於這本書的內容豐富，也成了後人研究中國文言小說的重要依據，像是魯迅所編的《古小說鉤沉》和《唐宋傳奇集》，都是從《太平廣記》中擷取材料的。他曾說過：「我以為《太平廣記》的好處有二，一是從六朝到宋初的小說幾乎全收在內，倘若大略的研究，即可以不必別買許多書。二是精怪、鬼神、和尚、道士，一類一類的分得很清楚，聚得很多。」

《太平廣記》不僅是本工具書，便於檢索；更重要的是保存了很多從漢朝到宋朝的小說，讓現代人可以去認識當時的文化、政治、宗教、民俗等。在文學與歷史上，都有重大的貢獻。

55

資治通鑑

❖履歷表

簡稱	《通鑑》		
作者	司馬光主編，劉攽、劉恕、范祖禹等著名史學家共同完成		
寫書	宋英宗治平二年（西元1065年）		
成書時間	宋神宗元豐七年（西元1084年）		
篇章	294卷	字數	三百萬字
出版者	北宋政府		
本書特色			
①《春秋》之後最重要的編年體史書 ②與司馬遷的《史記》並列為中國史學的不朽巨著，而兩人也被後世並稱為「史學兩司馬」			

自從司馬遷寫了《史記》之後，紀傳體就成了寫史書的主流方式，直到北宋，才由傳說小時候曾經打破水缸，救朋友的天才兒童司馬光編寫了一本繼《春秋》後長篇的編年體史書《資治通鑑》。

司馬光出生時，他爸爸在光州當縣令，就以「光」字為他取名。司馬光小時候很喜歡看歷史書，沒事就看《左傳》，等到他當官之後，他決定寫一本通史，藉著過去歷史的種種事件，作為當時皇帝治國的借鏡。

一開始時，司馬光寫出了東周戰國時期到秦朝的八卷歷史，交給當時的皇帝宋英宗，宋英宗看了很喜歡，出錢找人幫他一起修書，還把國家圖書館打開，讓他可以從中找資料。

就這樣花了十九年，《資治通鑑》終於完成了，這時的皇帝已經從英宗換為神宗了，神宗拿到這本書，親自把書名定為《資治通鑑》，還幫這本書寫了篇序。後來那個只會畫畫玩樂的不肖皇帝宋徽宗，因為討厭司馬光而打算毀了《資治通鑑》，幸好有宋神宗替《資治通鑑》寫的序當成防護罩，《資治通鑑》才沒被毀掉。

《資治通鑑》上起戰國，下終五代，橫跨十六個朝代，共寫了一千三百六十二年間的歷史，雖然是一本編年體的史書，但在很多篇史實記載後面，也都加註了自己或是其他史家的評論。

《資治通鑑》文字簡明，記事翔實，雖不免有些闕漏或錯誤，但是他開創了中國史上第一本編年體的通史。當初這本書是為了寫給帝王做參考的，結果也如同宋神宗所說，這本書「有鑑於往事，以資於治道」，讀來可以讓人從歷史中得到借鏡，進而幫助治理國家。

❖國學常識這樣考

（唐）太宗令封德彝舉賢，久無所舉。上詰之，對曰：「非不盡心，但於今未有奇才耳。」上曰：「君子用人如器，各取所長。古之致治者，豈借才於異代乎？正患己不能知，安可誣一世之人？」

（　）依據內容研判，這段文字最可能出現在：

Ⓐ《昭明文選》　Ⓑ《世說新語》
Ⓒ《資治通鑑》　Ⓓ《人間詞話》

答案：Ⓒ

92年指考

注：Ⓐ《昭明文選》與Ⓑ《世說新語》是南北朝時的作品，不會有唐太宗。Ⓓ《人間詞話》只談文學；只有Ⓒ《資治通鑑》是史書。

56 水滸傳

❖履歷表

簡稱	《水滸》
又名	《忠義水滸傳》
作者	施耐庵（羅貫中修整）
成書時間	元末明初？（約西元1400年？）
篇章	最初一百二十回，後被金聖嘆改為七十回

本書特色

① 中國第一本以白話文創作的章回小說
② 與《三國演義》、《金瓶梅》、《西遊記》合稱「四大奇書」

《水滸傳》描寫了宋朝末年，皇帝不顧民間疾苦，貪官污吏蠻橫霸道、欺壓百姓，造成一堆人跑去混幫派、當山賊，對抗朝廷的故事。

《水滸傳》中的梁山泊，總共有一百零八個人物，號稱一百零八條好漢，有老婆被強佔了，掌管八十萬禁軍教頭的林沖；有路見不平，失手打死欺負民女的惡霸，躲在廟裡避難，與林沖結為好友的魯智深；還有在《金瓶梅》的小配角，殺了嫂嫂潘金蓮，為哥哥報仇，醉打老虎的武松等等。

這些富有正義感的人，因為不甘心受到了不公平的對待，憤而殺人；或是被人陷害，為求生存，一個個來到了梁山泊。因為梁山泊聚集了太多朝廷要犯，加上為了救朋友，梁山泊的眾人還曾經劫法場、攻朝廷，惹得朝廷派兵攻打。

在《水滸傳》一書中，梁山泊人才濟濟，有智有勇。老是打輸仗的宋朝朝廷，最後只能用招安的方式，跟梁山泊的人談和，給梁山泊的人官階，要他們歸順朝廷。當時梁山泊的大當家——宋江答應了，還幫朝廷去攻打另一批對抗朝廷的方臘軍隊。

但這一去，一百多條好漢的命去了八十條，剩下了二十八人。整個故事就在這二十八人在宋江遭朝廷奸臣毒死，其他人自殺的自殺，退隱的退隱，梁山泊瓦解後結束。

《水滸傳》描述了一百多個好漢，最令人稱道的是，每個角色都獨一無二，並且形象鮮明。當宋江想要接受招安時，同樣是個性剛烈的花和尚魯智深和黑旋風李逵，兩人都反對，卻有不同的反應。

李逵反應激烈，不但扯了皇帝的詔書，還要殺送詔書來的欽差大臣，被宋江勸說後，一直跟在宋江身邊；而魯智深雖不贊成宋江的決定，但也沒立即離開，直到他替宋江抓住方臘，才真正的脫離梁山泊。

《水滸傳》取材於宋代的筆記小說《大宋宣和遺事》中的第四部分，並非是文人的原創小說。作者施耐庵是元朝末年人，是當時起兵推翻元朝，其中一組兵馬——張士誠的軍師，據說當時還沒當皇帝，算是張士誠對手的朱元璋，也曾找施耐庵幫忙，但施耐庵沒答應。

那時《水滸傳》已經寫成，由於書中「反朝廷」的意味很濃，所以朱元璋當皇帝後，施耐安就被抓去關，後來雖然被放出來，但是身體已經很差，即使他的弟子，也就是寫《三國演義》的羅貫中盡心照顧，施耐庵幾年後還是過世了。因此有人懷疑，《水滸傳》有部分內容來自於羅貫中之手。

❖國學常識這樣考

(　　) 閱讀下文，選出敘述正確的選項：

《宣和遺事》一書把許多零散的水滸故事編綴起來，成為《水滸傳》的雛形。所謂水滸故事，大致有兩個主要的內容，一是行俠仗義，濟困扶危的故事；二是上山落草，反抗政府的故事。這些故事並非產生於同一時間，而是宋代、元代、明代都有。說書人把這些故事都編織到北宋（徽宗）宣和年間去，所以北宋的史書上就查不到有關史料。（改寫自史式《我是宋朝人》）

Ⓐ 水滸故事可彌補北宋史書中缺少的史料
Ⓑ《宣和遺事》是以《水滸傳》為底本綴輯成書
Ⓒ《水滸傳》的素材是由不同時代的說書人匯集而成
Ⓓ《宣和遺事》記錄北宋至明代，許多俠義人物反抗政府的史事

答案：Ⓒ

99年學測

注：Ⓐ「說書人」的故事多有想像與誇大，不宜置入史料中。
Ⓑ先有《宣和遺事》為底本，後來才衍生出《水滸傳》。
Ⓓ故事不等於史事，「編綴」零散的故事離史事更遠。

57 本草綱目

❖履歷表

作者	李時珍
寫書	約明世宗嘉靖三十年（約西元1551年）
成書	約明神宗萬歷六年（約西元1578年）
出版	約明神宗萬歷十八年（西元1590年）
篇章	五十二卷，十六部，六十類
字數	一百九十萬字
出版者	金陵出版書商胡承龍
本書特色	
中國極為重要的一本醫藥百科	

《本草綱目》是中國很重要的一本醫藥書籍，作者是當時的醫生李時珍。雖然李時珍的外公、爸爸都是醫生，不過當時的醫生不但收入不高，地位更是跟算命的一樣。李時珍的爸爸幫人醫病，卻常被人看輕，於是他要李時珍好好讀書去考科舉，轉行當公務人員。

李時珍十四歲那年考上秀才，接著連續落榜三年，還沒去考第四次，自己就得了肺結核，靠他爸爸用一帖中藥把他治好。李時珍病好後，把他爸爸當偶像，立志要當個醫生，他爸爸沒辦法，只好答應他。

李時珍白天跟著他爸爸實習，晚上自己讀，成為醫術高明的醫生，不但治好個王爺妃子的胃痛，也治好另一個王爺和他小孫子的慢性病。

治好這些王公貴族，讓李時珍聲名大噪，他成了王爺府裡的家庭醫生，這時他開始著手整理古代的醫書，想要重整一本完美的中醫事典。過了幾年，李時珍被推薦到皇宮去當御醫。李時珍進到皇宮中，瀏覽了歷代的醫學資料，開始著手編撰這本，被李時珍命名為《本草綱目》的醫藥專書。為了驗證藥材的功能與藥方，李時珍辭職離開皇宮，開始他的醫學驗證之旅。

李時珍走遍大江南北，翻閱了八百多本書籍，經過三次修改，歷時二十七多年，結合他兒子、孫子、學生幫助的《本草綱目》，終於在他六十一歲時完成了。

為了出版《本草綱目》這本書，李時珍大老遠從家鄉跑去南京想要找人出版，請了當時文壇重要領袖，曾任刑部尚書的王世貞作序。

這本書後來交給金陵出版書商胡承龍刻印。一百九十萬字的《本草綱目》，讓胡承龍的公司刻印了四年，書還沒出版，李時珍就生病過世了。

《本草綱目》幾乎是一發行就大為流行，還被傳到日本、波蘭、法國、德國、俄國等地，裡面包含了一千種藥材的說明，一萬個醫療處方。

這本書中記錄了各種藥材的屬性與用法，雖然裡面還是有些錯誤，但卻是中醫史上極為重要的一本醫藥事典。

58 三國演義

❖履歷表

又名	《三國志通俗演義》		
作者	羅貫中（目前公認的作者）		
成書時間	不詳（從元朝末年到明朝中葉都有可能）		
出版	目前流傳最早的，為西元1922年明朝嘉靖版本		
篇章	一百二十回	字數	約三十萬字
本書特色			
① 中國第一部長篇小說 ② 中國最有名的歷史小說 ③ 與《西遊記》、《水滸傳》、《紅樓夢》並列中國古代四大名著			

由於戰爭內容的精采刺激，人物之間的鬥智鬥力，使得漢末到晉初這段混亂的三國故事，在宋朝就已經被說書人來當作講故事的題材，而真正將這段歷史寫成小說的，就是《三國演義》。

但是古代沒有什麼智慧財產權，寫小說的賺不到什麼版稅，又沒有社會地位，所以這本影響後世甚鉅，男孩們最愛的中國古典小說，到底是被誰寫成？何時寫成？都沒有留下明確的記載。

目前遺留下來最早的《三國演義》版本是明朝嘉靖年間版本，上面寫著「晉平陽侯陳壽史傳，後學羅本貫中編次」，所以許多人都認為《三國演義》的主筆者是羅貫中。

《三國演義》並不是一本歷史書，其中有許多虛構的部分，像是赤壁之戰前，周瑜為了刁難孔明，要他在短時間內弄出十萬枝箭，使得孔明不得不使出「草船借箭」的計謀。「草船借箭」奠定了赤壁之戰的勝基。但在真實的歷史中，真正借到箭的並不是孔明，而是赤壁戰後，孫權在濡江口與曹操對戰時借到的。

孔明另一次令大家佩服的「空城計」也是早在周朝的春秋時期，鄭國退楚軍時，被鄭國大臣叔詹用過了。

另外關羽受傷被華陀「刮骨療毒」的故事，也不是真的，因為關羽中毒時，華陀早就不在人世。

雖然《三國演義》有這麼多虛構的部分，但是他最精采的也是這些人物的描寫，作者「借」了許多歷史故事，把孔明變成了智者、賢相；把關羽變成了忠義代表；曹操的奸、貂蟬的美、張飛的勇，都在一場場爭權奪利的戰爭中表露無疑。

在桃園三結義中，我們見到了劉備、關羽、張飛異姓兄弟的情誼；為了早一點回到義兄劉備的身邊，過五關斬六將的關羽，在揮動青龍偃月刀之時，揮斬的他的義；在長坂坡，單騎從百萬曹軍中，救出劉備妻子甘夫人以及劉備獨子的趙雲，展現是他的忠。

除了蜀國的文武大將，吳國的周瑜、黃蓋、甘寧；魏國的曹操、夏侯淵；三國未定之時的呂布、貂蟬、董卓，都在三國演義中擁有了自己的一段故事，這或許是《三國演義》能在《隋唐演義》、《東周列國志》等其他同類歷史戰爭小說中獨佔鰲頭的原因。

❖國學常識這樣考

( ) 今日常用的語詞，有些是出自古典小說或戲曲故事，如「空城計」即來自《三國演義》。下列文句「」中語詞，與其後出處搭配正確的選項為：

Ⓐ 我最喜歡當「紅娘」了，我來介紹你們認識吧／《西廂記》

Ⓑ 他「過五關斬六將」，終於在全國比賽中獲得冠軍／《三國演義》

Ⓒ 歷史告訴我們，吏治不清之時，人民會「揭竿起義」／《水滸傳》

Ⓓ 放心，任憑他怎麼油滑，也「翻不出如來佛手掌心」／《西遊記》

Ⓔ 這次到了巴黎，真可說是「劉姥姥進大觀園」，大開眼界／《紅樓夢》

答案：ⒶⒷⒹⒺ

93年學測

注：Ⓒ「揭竿而起」秦末陳涉起義抗秦的典故，出自《史記》不是《水滸傳》。

( ) 阿明某日誤闖時光隧道回到元朝，下列哪一本書是他最不可能看到的？

Ⓐ 司馬遷的史記　Ⓑ 周邦彥的片玉詞

Ⓒ 杜甫的杜工部集　Ⓓ 羅貫中的三國演義

答案：Ⓓ

92年第二次基測

注：Ⓓ羅貫中的《三國演義》是明朝時的作品，回到元朝時，不可能看到。

59

西遊記

❖履歷表

作者	據説是吳承恩
成書時間	約明朝中葉（目前現存最早版本為西元1592年）
篇章	一百回
字數	八十多萬字
本書特色	
① 與《三國演義》、《水滸傳》及《紅樓夢》並稱中國四大名著之一 ② 中國最具代表的神魔小説	

所有讀過《西遊記》的人，都會對那個從石頭蹦出來的孫悟空印象深刻，他的觔斗雲，一翻十萬八千里；他從龍宮拔來的定海神針，被他當成金箍棒，可以縮小到如同鉛筆，放在耳朵後面，也可以拿來當武器；因為被唐僧騙而帶在頭上的金箍圈，每逢唐僧一唸咒，金箍圈就縮緊，讓他痛得滿地打滾……

至目前為止，孫悟空應該是中國最有名的猴子，他頑皮、聰明、衝動卻重感情，當他和豬八戒、沙悟淨加入了由唐三藏為領隊的取經冒險隊後，一路上解決了不少妖魔鬼怪，最後終於拿到了經書。

其實有關於「唐三藏取經冒險旅遊團」的故事，早在南宋的《大唐三藏取經詩話》中就出現過了。在元末明初的《西遊記平話》，又將這個故事說得更精采。不過直到我們現在看到，可能是由吳承恩寫成的《西遊記》，整個故事才最完整。

為什麼歷代學者都不太肯定《西遊記》的作者是誰呢？最主要是因為當明朝中葉，《西遊記》風行的時候，所有的版本都沒有留下作者的署名，直到胡適與魯迅先生發現，在明朝天啟年間成書的一本《淮安府志》，提及了吳承恩曾經著作過《西遊記》，因此他們猜測，《西遊記》是由吳承恩所創作。

雖然到現在，不知有幾百萬人讀過《西遊記》，不過在當時，吳承恩並沒有因為《西遊記》而名利雙收，他在寫《西遊記》時，只是一個老是考不上科舉考試，在家鄉私塾教書、賣字畫為生，最後貧困終老的書生。

所以也有人認為，《西遊記》其實有部分作者對自己實際不平遭遇的影射。表面上是個以取經為主軸的小說，中間穿插孫悟空與豬八戒間的逗趣幽默的對話，實質上卻是對當時明朝的政治環境的感嘆與批判。

當時明世宗迷信方士，尊崇道教，奸臣嚴嵩等人因為善寫「青詞」（道教舉行醮典時，獻給天帝的奏章祝文）而備受寵信，朝政昏亂。西遊記裡面主要是道教的思想，卻又反對道士，支持佛教僧人，可能這就是對當時政局的反抗。

另外在書裡，孫悟空雖多次被唐僧誤會、責備而氣憤，最後還是會在危難時回來解救。以及書中常在收服地方妖精後，天仙就會出來求情挽救。象徵明朝各地方多有欺壓百姓的小官，一旦將定罪問斬前，就會有皇親或朝廷高官來求情。

《西遊記》不只是描寫妖魔鬼怪亂打架的神魔小說，更多的是充滿幻想的冒險故事，在每一段冒險的過程中，所有的妖魔鬼怪都有自己的特色、自己的個性、自己的法寶與不同的故事。

因此即使是一段段與妖怪對戰，對讀者而言卻一點都不重複，這應該就是《西遊記》可以讓這麼多人喜愛的原因。

❖國學常識這樣考

（　）《西遊記》假借玄奘取經的史實，改寫成長篇小說，流傳中外。下列有關《西遊記》的敘述，正確的選項是：

Ⓐ《西遊記》敘述唐僧取經的歷程，是一部歷史小說
Ⓑ歷史上的唐僧取經，只有孫悟空為伴；豬八戒、沙和尚和龍馬是《西遊記》添加的虛構人物
Ⓒ齊天大聖大鬧天宮，要玉皇大帝搬出天宮，讓他來住，並且說：「常言道：『皇帝輪流做，明年到我家。』……」這表現了民主精神
Ⓓ美猴王離開花果山水簾洞，參訪仙道，遇到一個樵夫，樵夫指點神仙住處說：「不遠、不遠。此山叫做靈臺方寸山。山中有座斜月三星洞。……」其中「靈臺方寸」、「斜月三星」指的都是「心」，意指學仙不必在遠，只在此心

答案：Ⓓ

96年指考

注：Ⓐ《西遊記》不是歷史小說，是神怪小說。
Ⓑ孫悟空也是虛構，只有唐僧是真的。
Ⓒ質疑君權的絕對性，不見得是民主精神。

60

三言二拍

❖履歷表

作者	三言：馮夢龍　　二拍：凌濛初
成書時間	《喻世明言》：明熹宗天啟元年（西元1621年） 《警世通言》：明熹宗天啟4年（西元1624年） 《醒世恒言》：明熹宗天啟7年（西元1627年） 《初刻拍案驚奇》：明崇禎元年（西元1628年） 《二刻拍案驚奇》：明崇禎5年（西元1632年）
出版者	三言：天許齋 二拍：尚友堂

本書特色
① 中國著名的白話擬話本短篇小說 ② 筆名為抱甕老人的作家，從三言二拍中，挑出四十個故事，編成《古今奇觀》

三言二拍是《喻世明言》、《警世通言》、《醒世恒言》、《初刻拍案驚奇》、《二刻拍案驚奇》五本明朝擬話本小說集合稱，前三本簡稱「三言」，作者是馮夢龍、後兩本簡稱「二拍」，作者是凌濛初。

「三言」每本有四十個故事，分別在明熹宗天啟元年（西元一六二一年）、天啟四年（西元一六二四年）、天啟七年（西元一六二七年）出刊。

「三言」的內容有點像是成人版的格林童話，內容主要都是來自於過去的傳說、民間故事、歷史及舊有筆記傳奇小說。馮夢龍收集了這些故事，加以改編、整理，以自己的方式說故事。

馮夢龍的第一本《喻世明言》想必在當時是很賣座的，不然他不會每隔三年就出個「續集」，更影響到凌濛初的《初刻拍案驚奇》與《二刻拍案驚奇》。《初刻拍案驚奇》在明崇禎元年（西元一六二八年）、《二刻拍案驚奇》在崇禎五年（西元一六三二年）出版，兩部書同樣都分別有四十個故事。

「二拍」與「三言」最大的不同在於，「三言」的故事多是舊有故事的改寫，像是出自《晏子春秋・內篇諫下・第二十四》，晏子用計逼死三勇士的事件，被馮夢龍寫成「晏平仲二桃殺三士」；民間故事「白蛇傳」則出現在《警世通言》中的二十八回「白娘子永鎮雷峰塔」等。

「二拍」有許多故事是凌濛初以當時社會事件加以發展延伸、創作的新故事，可說是一本文人獨立創作的短篇通俗小說集。

總體而言，「三言」是對於舊故事的加工與包裝，強在作者的描述能力；「二拍」則以作者說故事的創造想像力取勝。

雖然三言二拍成書於明朝的最後兩個皇帝，但那個時代，也可說是明朝最奢靡的時代，各種娛樂事業發展興盛，而三言二拍正是這個時期短篇通俗小說的代表作。

61

天工開物

❖履歷表

作者	宋應星
寫書	約明思宗崇禎7年（約西元1634年）
成書	約明思宗崇禎10年（約西元1637年）
篇章	三卷十八篇，一百三十項生產技術
出版者	朋友塗伯聚
本書特色	
17世紀的工藝百科全書	

《天工開物》是明朝宋應星所寫的一本介紹農業科技的書籍。宋應星是明末人，他的先祖曾經是明神宗時期的高官要員，不過到了宋應星的時候，已經家道中落。

宋應星考了六次科舉都沒考上，幸好當時公立學校老師不需要有執照，宋應星就跑去縣學當老師。空閒時，他開始寫《天工開物》。

宋應星是個窮教員，寫書時，不但沒錢去考察研究，也找不到人可以討論，只能自己在房間埋頭苦寫。

當他把書寫完時，因為太窮，還要靠他的朋友塗伯聚，出錢幫忙出版。

《天工開物》總共十八篇，有一百三十多幅圖片，介紹了包括農業的栽培、穀物的加工、鹽與糖的製造、養蜂的技術、提煉植物染料的方法、車子的結構、陶瓷鐵器等各種材質產品的製作、造紙的過程、油品顏料的煉製、武器的製造、酒類的釀造、玉石的產地等等，把中國農業與工業介紹非常詳細。

由於宋應星是明朝遺民，他的哥哥宋應升在明亡時服毒自殺，宋應星雖然沒有殉國，卻要求他的子孫不要當官。

到了清朝，乾隆皇帝藉著編《四庫全書》之名，收集天下所有的書，然後把有反清思想的書列為禁書，或者直接毀掉，《天工開物》和宋應升的作品當時也被收到宮中，在乾隆的「文化警察」查驗書時，發現宋應升文章中透露對於滿清的不滿，宋應星是宋應升的弟弟，連帶的他所寫的《天工開物》，也沒被選入《四庫全書》。

《天工開物》清朝時沒有在中國流傳，卻在十七世紀末傳到日本，十八世紀傳到韓國，十九世紀傳到法國、英國、義大利與德國。英國著名的生物學家達爾文還把《天工開物》稱為「權威著作」。

❖國學常識這樣考

凡舟古名百千，今名亦百千。或以形名，或以量名，或以質名，不可殫述。遊海濱者得見洋船，居江湄者得見漕舫。若僻促山國之中，老死平原之地，所見者一葉扁舟、截流亂筏而已。

——宋應星天工開物．舟

殫：ㄉㄢ，盡
漕舫：運載米糧的船隻

(　) 依據本文，下列何者無法確知與船隻的命名方法有關？

Ⓐ 船隻形狀　　Ⓑ 承載重量
Ⓒ 造船材料　　Ⓓ 年代先後

答案：Ⓓ

注：Ⓐ船隻形狀就是「或以形名」
Ⓑ承載重量就是「或以量名」
Ⓒ造船材料就是「或以質名」

(　) 根據本文的敘述，人所看到的船隻類型不同，主要是因為下列哪一個因素？

Ⓐ 興趣嗜好各異　　Ⓑ 識見程度高低
Ⓒ 所處區域有別　　Ⓓ 財富權勢多寡

答案：Ⓒ

96年第一次基測

Ⓒ從「遊海濱者得見洋船，居江湄者得見漕舫。」可見是所處區域有別。

62 聊齋誌異

❖履歷表

簡稱	《聊齋》	俗名	《鬼狐傳》
作者	蒲松齡		
成書時間	約清盛組康熙18年（約西元1679年）		
初版	約清高宗乾隆31年（西元1766年）		
出版者	浙江嚴州知府趙起杲（之前都是手抄本）		
篇章	二十四卷，四百九十一個故事		
字數	五十五萬字左右		

本書特色
① 文言短篇小說 ② 中國最經典的「怪力亂神」小說

世界各國都有很多神鬼傳說故事，而中國最有名的鬼故事集，就非蒲松齡的《聊齋誌異》莫屬了。

《聊齋誌異》的作者蒲松齡是山東人，出生在明朝末年，雖然他寫了這麼多妖狐神怪的故事，但他可不是個道士。

蒲松齡的爸爸是個商人，總共娶了三個太太，蒲松齡是第二個太太的孩子。蒲松齡出生後五年，明朝的最後一任皇帝——崇禎皇帝就在景山（煤山）上吊自殺。從此中國從明朝變成清朝。在這樣兵荒馬亂的時代，為了好好活著，蒲松齡認真讀書，想考上國家考試，成為公務人員。他在十九歲參加科舉考試，連得縣、府、道三階段考試（當時清朝地方分為省、道、府、縣）第一名，成為秀才。

但是，蒲松齡接下來每次考試都沒考中，只好到寶應縣知縣那裡，幫忙處理一些婚喪喜慶應酬的簡帖，做了一年，蒲松齡覺得無趣，辭職回家鄉。

回家鄉後，他一面在私塾當老師，一面準備考試，只是蒲松齡一直到七十六歲去世之前，都考不取下一階段的鄉試，當不了有牌的公務員。

《聊齋》是蒲松齡四十歲完成的作品，據說蒲松齡二十歲就開始蒐集資料，動筆書寫，但是一直到他死之前，都還在對這本書作增補。

《聊齋》中所有的妖魔鬼怪都有不同的個性，像是〈阿繡〉故事裡幫著自己前世妹妹嫁好丈夫的狐狸精；〈宦娘〉裡因為死了百年，不能跟心愛人——溫如春結婚，而替他找一個好姻緣的鬼；這些妖魔鬼怪，有的聰明、有的善良、有的重感情、有的講義氣，有的甚至比人類更讓人想親近。

由於《聊齋》這本書太好看，曾經有人出五百兩黃金，要買下這本書的手稿，但是，不知道為什麼，蒲松齡竟然不願意賣，還警告他兒子不准把這本書給別人看。

從過去到現在，將《聊齋》故事拍成電視、電影的，至少有數十部，歷經三百多年，歷久不衰。由此可見，雖然蒲松齡想當官大於當小說家，但是他所寫的《聊齋誌異》，神鬼小說中的經典文學名著，還是讓他成為中國偉大的小說家之一。

❖國學常識這樣考

閱讀下列文字後，回答下列二題。

順治間，滕、嶧之區，十人而七盜，官不敢捕。後受撫，邑宰別之為「盜戶」。凡值與良民爭，則曲意左袒之，蓋恐其復叛也。後訟者輒冒稱盜戶，而怨家則力攻其偽，每兩造具陳，曲直且置不辨，而先以盜之真偽，反復相訐，煩有司稽籍焉。適官署多狐，宰有女為所惑，聘術士來，符捉入瓶，將熾以火。狐在瓶內大呼曰：「我盜戶也！」聞者無不匿笑。　　——《聊齋志異·盜戶》

（　）下列敘述，符合文中內涵與旨意的選項是：

Ⓐ 對盜戶的招安優撫，實即反映出官府的腐敗昏聵
Ⓑ 官府對爭訟的雙方，一定問明是非曲直，以示公正無私
Ⓒ 文中以盜戶形容狐為虎作倀，脅迫官府，魅惑良民的景況
Ⓓ 盜戶因為想取得訴訟勝算，因此在訴訟時，多先陳上戶籍證明

答案：Ⓐ

注：Ⓑ從原文「曲直且置不辨」，可見是不問明是非曲直。
Ⓒ狐只是邯鄲學步，模仿人類冒稱盜戶，冀求免禍。
Ⓓ從原文「煩有司稽籍焉」得知，訟者並未事先陳上戶籍證明。

（　）狐被捉後大呼「我盜戶也！」聞者無不匿笑，原因是：

Ⓐ 懼損官府威嚴，不敢公然恥笑
Ⓑ 狐鋌而走險，淪為盜戶，令人竊笑
Ⓒ 狐想冒用盜戶之名，取得寬恕，令人啼笑皆非
Ⓓ 官府聘術士捉狐燒狐，流於怪力亂神，聞者哭笑不得

答案：Ⓒ

94年指考

63

古文觀止

❖履歷表

編者	清朝吳乘權（楚材）、吳調侯
編書	清聖祖康熙32年（西元1693年）
成書時間	清聖祖康熙34年（西元1695年）
篇章	全書十二卷，二百二十二篇
出版者	吳興祚
本書特色	
清代以後兒童或古文學習者的入門書	

《古文觀止》是清朝康熙時期由浙江吳乘權（字楚材）、吳調侯所編，雖然距現在有三百多年，但至今依然是很實用的古文入門學習書。

吳乘權是清朝時後的讀書人，他喜歡讀書，卻老是考不上科舉，只好到家族裡當官的叔父家，當小公子的家教老師。當著當著，附近的人給孩子找家教，都找上了吳乘權，吳乘權就成了職業家教老師。

吳乘權有個姪子吳調侯，跟他一樣，有學問卻考不上科舉，沒有工作。吳乘權也把他找來，一起當家教老師。

這兩人經過多年的講學，經驗越來越豐富，對於古文的看法也越來越獨到，有人就建議他們把這些古文講義編成一本書。

康熙三十三年，他們兩人決定把他們上課時所用到的古文，從周朝到明朝時期，一些名篇佳作編成一本古文選集，作為古文初學者的入門教材。他們花了一年時間，在康熙三十四年完成這部書。

書成之後，吳乘權把書寄給了族裡的伯父——吳興祚。吳興祚在當時可是響噹噹的人物，他因為打敗海盜而當上兩廣總督，這個職位是廣西、廣東地區最高的行政首長。

吳興祚看了這本書，讀了幾遍，也覺得他們編得很好，所以就在康熙三十五年的端午節，替這本書寫序，把書拿去印刷出版。

雙吳雖然一輩子沒有考上科舉，但是多年的任教經驗，讓他們編出一本對於兒童不會太難，對於成人初學者不會太淺薄的古文讀本。《古文觀止》從出版之後，至今就一直成為我們修習古文的最佳選擇。

❖國學常識這樣考

(　　)「終日而思，不如須臾之所學。」這句話的涵義，與下列何者最相近？

Ⓐ思而後學　　Ⓑ學而後思
Ⓒ思重於學　　Ⓓ學重於思。

答案：Ⓓ

95年第一次基測

注：題目說「不如」須臾知所學，就是在說「須臾之所學」，勝過「終日而思」，所以要選Ⓓ「學重於思」。

64 唐詩三百首

❖履歷表

作者	蘅塘退士（本名：孫洙）
寫書	約清高宗乾隆28年（約西元1764年）
成書時間	約清高宗乾隆29年（約西元1765年）
篇章	共八卷，三百一十一首詩
字數	約三萬字
本書特色	
清朝中期後重要的兒童啟蒙唐詩選集	

《唐詩三百首》的編者是孫洙，他是清朝乾隆時期的讀書人，他曾經當過景山官學，也就是清朝設立給滿族小孩讀的國立小學老師；也曾當過縣的教諭，也就是地方學校的校長。

當時老師都選用《千家詩》作為學生的唐詩課本，不過，孫洙卻不滿意，他認為《千家詩》選詩太雜，難度深淺不一，不適合給小孩子讀。

所以，他和他的夫人徐蘭英，拿出了好幾本唐詩選集，模仿《詩經》三百篇（共三百一十一篇）的形式，花了十二年的時間，選出了三百一十一首唐詩，包括了邊塞詩、山水田園詩、閨怨詩、詠史詩等。

孫洙在挑選這三百多首唐詩時，選的大多是描寫人們普遍的情感體驗，包括友情、愛情、親情、鄉情等等，因此能感人肺腑，流傳至今。

在對友情的描寫上，無論是迎客時的歡欣隆重，相處時的暢快淋漓，送別時的依依不捨，到離別後的無限思念，都能淋漓盡致，引人遐思。

例如詩仙李白就有〈贈孟浩然〉、〈宣州謝朓樓餞別校書叔雲〉、〈聽蜀僧濬彈琴〉及；詩聖杜甫也有〈贈衛八處士〉、〈江南逢李龜年〉等，另外他與李白友誼的描寫如〈夢李白〉、〈天末懷李白〉等也都感人肺腑。雖然古代通信科技落後，但詩人們反而能藉詩傳情，更珍惜知交好友。

至於對愛情的描寫，詩人們通過形象生動的畫面，表達了相愛的溫馨和相思的哀怨。如白居易的〈長恨歌〉、李白〈長干行〉、元稹的〈遣悲懷〉，都是場景清晰如在眼前。

對親情的描寫，詩人們通過樸素平實的語言，表達了對父母妻子的深切懷念，感人至深，如孟郊的〈遊子吟〉、杜甫的〈月夜憶舍弟〉、韋應物的〈送楊氏女〉。

對鄉情的描寫，有些詩篇通過頗能渲染氣氛的景物描寫，表達自己對羈旅生活的厭倦對故鄉的思念，如李白的〈靜夜思〉、杜甫的〈春望〉、張九齡的〈望月懷遠〉等。

《唐詩三百首》中，選了杜甫三十八首、王維二十九首、李白二十七首、李商隱二十二首，這四人的作品就佔了整本書的三分之一。

這本書包含了五言與七言古詩、樂府詩、五言與七言絕句、五言與七言律詩。孫洙並不是把詩放在一起，弄成一本書而已，他還發揮了老師傳道、受業、解惑的功能，詩後附上了注解與評論。

雖然《唐詩三百首》所選的詩，也有遺珠之憾，不過它的分類清楚，內容也不會太多，所以成了兒童讀詩最重要的啟蒙教材。

❖國學常識這樣考

（　）唐玄宗與楊貴妃的愛情故事歷來傳誦不絕，下列哪一部著作中，最可能找到與這段愛情故事相關的記載？

Ⓐ 西遊記
Ⓑ 三國演義
Ⓒ 世說新語
Ⓓ 唐詩三百首

答案：Ⓓ

96年第二次基測

注：Ⓓ唐玄宗與楊貴妃的愛情故事發生在唐朝，《唐詩三百首》裡白居易的〈長恨歌〉就是在說這段愛情故事。

65

四庫全書

❖履歷表

編者	清聖祖乾隆下令，紀曉嵐等人快快編
編書	約清乾隆44年（約西元1779年）
成書時間	約清乾隆47年（約西元1782年）
篇章	分經、史、子、集四部
字數	裝訂成三萬六千餘冊
出版者	乾隆皇帝
本書特色	
① 中國古代最大的一部叢書 ② 竄改文字最多的偽古書	

《四庫全書》是清朝當最久皇帝的乾隆，下令編纂的一部國家叢書。這套國家大書，重點不在於修，而在於「集」。主要的目的是把全中國的書籍收集來，編成一大套書。

乾隆三十七年（西元一七七二年）十一月，為了編《四庫全書》，乾隆下詔收集全國各地民間藏書，這個動作足足做了七年。接下來就是進行整理、抄寫、修訂的工作。

表面上這是一個非常偉大的文化工程，但是這個偉大的計畫，卻附帶一個邪惡的陰謀。這個陰謀就是對於古書的竄改、禁毀與進行「文字獄」的「蒐證」工作。

清朝時代大興文字獄，乾隆時代就進行

了一百多起，被整、被鬥、被殺、被虐的文人、雅士、書籍收藏家和他們倒楣的家人不計其數。乾隆編輯《四庫全書》時，要跟民間百姓借書來刻，可就遇上了麻煩。

由於古代書是用印刻的方式，數量不多，珍貴得很，加上之前文字獄的教訓，大家都不肯借。乾隆只有軟硬兼施，一方面給借書人獎勵，保證刻完一定歸還；一方面威脅大家，如果有書不拿出來，日後被發現有偷藏書，一定遭受嚴厲懲罰。

在大家把書拿出來後，身為皇帝的乾隆又說話不算話，把他看不順眼的書禁的禁、毀的毀、改的改，原本收書人關的關、罰的罰，多弄了好幾回文字獄。反正他是皇帝，誰也拿他沒辦法。

舉例來說，岳飛詞〈滿江紅〉裡的名句：「壯志饑餐胡虜肉，笑談渴飲匈奴血。」其中的「胡虜」和「匈奴」，都是指漢族以外少數民族，清朝是滿人所建立的朝代，這樣的詞乾隆當然看了很刺眼。

於是，修《四庫全書》的人，就把「壯志饑餐胡虜肉，笑談渴飲匈奴血。」改為「壯志饑餐飛食肉，笑談欲灑盈腔血。」

另外張孝祥的詞〈六州歌頭•長淮望斷〉，裡面描寫孔子家鄉被金人佔領的「洙泗上，弦歌地，亦羶腥」，也被改成改為「洙泗上，弦歌地，亦凋零」。

乾隆收完書，西元一七七三年二月，《四庫全書》正式開始編修，紀曉嵐等人奉乾隆之命，找了四百多人把書篩選、分類、刻印、校對，還找了四千多個抄寫人員，在一七八二年完成初步編纂；又經過十年的校對，一七九三年，《四庫全書》才正式全部完成。

《四庫全書》分為經、史、子、集四部，經部收錄儒家經典，史部收錄史書，子部收錄其他各類書籍，集部收錄韻文類與圖畫等。

《四庫全書》完成後抄寫成七部，分別放在七個地方，但是文源閣本在咸豐十年，在英法聯軍攻佔時被毀；文宗、文匯閣本在太平天國運動期間被毀；目前留下來的抄本，只剩下文淵閣本在臺北故宮，文津閣本在北京圖書館，文溯閣本在甘肅省圖書館。文瀾閣本在戰亂中毀了將近一半，後來經過抄寫，補足一套後，放在浙江圖書館。

❖國學常識這樣考

(　) 清代《四庫全書》分古書為經史子集四部，下列敘述，正確的選項是：

Ⓐ 屈原作品收錄於《楚辭》，故〈漁父〉須查集部
Ⓑ《左傳》以魯史為中心，編年記事，故列於史部
Ⓒ《道德經》為道家最重要的經典，可在經部查閱
Ⓓ 孟子為先秦諸子之一，故《孟子》一書列於子部

答案：Ⓐ

100年指考

注：Ⓑ《左傳》收錄在經部。
Ⓒ《道德經》收錄在子部。
Ⓓ《孟子》收錄在經部。

66 紅樓夢

❖履歷表

原名	《石頭記》		
又名	《情僧錄》、《風月寶鑑》、《金陵十二釵》		
作者	曹雪芹（前八十回，之後由高鶚、程偉元補述）		
寫書	曹雪芹約清乾隆9年（約西元1744年）花費10年寫出前八十回		
成書時間	約清乾隆49年（約西元1784年）		
篇章	一百二十回	字數	九十二萬字左右
出版者	程偉元		

本書特色

① 長篇章回小說
② 中國章回小說的巔峰之作，研究此書的學問被稱為「紅學」
③ 被翻譯成23國語言
④ 與三國演義、西遊記、水滸傳並列中國四大名著

從古到今，總有許多膾炙人口的愛情故事，曹雪芹的《紅樓夢》，可說是中國古典小說中，最經典的愛情文學作品。

然而，這個愛情故事與其他作品不一樣的，在於作者曹雪芹除了描寫超級富家公子男主角賈寶玉以及林黛玉、薛寶釵之間的戀情，還描寫了在超級富豪賈家的人物情感與糾葛。

作者替賈寶玉創造了一個特別的身世，在書中，這個出生就含著玉珮的孩子，其實是女媧補天時留下的一顆五色石；而女主角之一的

林黛玉則是天上的绛珠仙草，兩人相愛卻被長輩拆散，當賈寶玉和薛寶釵成親之日，黛玉也病死在屋內。最後整本書在賈府敗亡，寶玉出家後結束。

作者曹雪芹的曾祖母，是當時康熙皇帝的保姆，所以，他們家族曾經非常有權勢，也擔任了國家的高官，不過他們做官做得不好，被人指控貪汙，到了雍正皇帝時，被沒收家產。自從曹雪芹他們家沒錢後，曹雪芹就賣畫為生，但是曹雪芹賣畫賺不到什麼錢，生活過得非常貧困，常靠朋友接濟，生病也沒錢看醫生，有時候連粥都沒得喝。

曹雪芹活了大約五十歲左右，《紅樓夢》一書在他死後近二十年才真正印刷出版，那這一本書又是被誰流傳出去的呢？據說曹雪芹寫完《紅樓夢》後，這本文學巨作只是在曹雪芹的朋友間流傳，有的朋友讀後，很喜歡，在把原稿還給曹雪芹之前，就會自己抄寫一本留著。朋友的朋友來到朋友家，如果借了《紅樓夢》，回去讀了喜歡，還書時自己又抄一本。就這樣「一抄十，十抄百」，《紅樓夢》的故事因此廣為流傳。

可惜當時沒有著作權，也沒有版權，曹雪芹完全沒有從《紅樓夢》這本書撈到半點好處。倒是後來的文人程偉元，找了他的朋友高鶚一起來把《紅樓夢》後四十回補述完，交付印刷販售，《紅樓夢》才正式發行。以當時《紅樓夢》風行的情形看來，出版商應該賺了不少錢。

《紅樓夢》吸引人的原因，最主要在於人物形象刻畫細膩、描寫生動，因此，讀者很容易跟著曹雪芹的文字，進入到柔弱又倔強的林黛玉內心，跟著她一起開心、一起落淚；也很容易從王熙鳳犀利的言行舉止，感受到「鳳辣子」的稱號是如此貼切。當曹雪芹在《紅樓夢》中嘆到：「滿紙荒唐言，一把辛酸淚；都言作者癡，誰解其中味？」之時，他應該沒有想到，世人對於《紅樓夢》的喜愛，在兩、三百年之後都不曾消退。

《紅樓夢》在藝術上最大的成就，是突破了傳統小說自宋元以來的話本模式，不僅注重故事情節，也把詩歌完美地融入，使小說富於詩情畫意。另外《紅樓夢》在思想上，不但突破了傳統文化中重男輕女的價值取向，也突破了重視社會秩序，卻輕視個體生命的價值局限，充分表達了對個體生命價值的關懷，只要透過男女主角賈寶玉和林黛玉的愛情感就能證明，因此《紅樓夢》可說是中國文學史上的小說代表作。

❖國學常識這樣考

(　) 《紅樓夢》中，寶釵以〈臨江仙〉賦詠柳絮，其詞曰：「白玉堂前春解舞，東風捲得均勻。蜂團蝶陣亂紛紛，幾曾隨逝水，豈必委芳塵。萬縷千絲終不改，任他隨聚隨分。韶華休笑本無根，好風頻借力，送我上青雲。」下列選項，何者含有反詰語氣？

Ⓐ 白玉堂前春解舞，東風捲得均勻
Ⓑ 蜂團蝶陣亂紛紛，幾曾隨逝水，豈必委芳塵
Ⓒ 萬縷千絲終不改，任他隨聚隨分
Ⓓ 韶華休笑本無根，好風頻借力，送我上青雲

答案：Ⓑ

97年第二次基測

注：Ⓑ「豈必」是疑問句口吻，有反詰口吻。

67 鏡花緣

❖履歷表

作者	李汝珍
寫書	約清仁宗嘉慶元年（約西元1795年）
成書時間	約清仁宗嘉慶20年（約西元1815年）
出版時間	清仁宗嘉慶23年（西元1818年）
篇章	一百回
字數	四十多萬字
本書特色	
① 長篇白話小說 ② 中國著名的神怪（神魔）冒險小說	

你聽過「黑齒國」嗎？聽說，這個國家的人，全身跟墨汁一樣黑，連牙齒都是黑的，但是他們的眉毛卻是紅的。雖然黑齒國的人長得特別，但是全都飽讀詩書。

還有一個國家叫作「大人國」，裡面的人長得不大，腳下卻都有一片雲，每朵雲的顏色都不同，品德高尚的好人，腳下的雲就是七彩的，接下來是黃色或是其他顏色都有，而最壞的人，腳下的雲就會變成黑色；其他還有眼睛長在手上而不是臉上的「一目國」；會因為東西賣太便宜而不肯買的「君子國」……。這些奇奇怪怪的國家，據說就在中國的之外的地方，被清代的小說家——李汝珍一一紀錄在他的《鏡花緣》中。

李汝珍是清朝人，生於乾隆二十八年（西元一七六三年）大興（今天的北京市）。十九歲時，大哥李汝璜被朝廷派到板浦（今天的江蘇省境內）當官，他也跟著搬到板浦，在板浦娶妻生子，度過了將近三十年的時光。

李汝珍很愛讀書，也很愛下圍棋，他曾經辦過圍棋比賽，也花了許久的功夫，把他跟別人下棋的棋譜寫成《受子譜》；他的書法字畫都很高明。不過，李汝珍最令人津津樂道的，卻是他花費二十年左右，寫成的奇幻冒險小說——《鏡花緣》。

李汝珍五十五歲那年完成《鏡花緣》，書一寫成，就成了暢銷書，受到民間人士的喜愛，但李汝珍雖然成為暢銷書作家，卻沒有因為這本書而成為有錢人，加上他常常寫文章來諷刺、批評他認為不對的事，因而引起別人的不滿，例如：當時的乾隆皇帝很喜歡吃燕窩，他卻在《鏡花緣》書中認為燕窩「惡其形似粉條，厭其味同嚼蠟，這等浪費，未免令人不解。」其它像是他反對纏足、反對算命，也讓當時的一些人不喜歡他，找機會說他壞話。所以李汝珍晚年窮困潦倒，並沒有很好的名聲。在他六十七歲過世後，有關他的字畫、手稿，什麼都沒有留下來。

第三單元

名詞篇

68 三皇五帝

三皇五帝是傳說中，古代中國的君王，這些人的組合，各家有不同的說法。就儒家而言，三皇組包括了：燧人氏、伏羲氏、神農氏；五帝組則是：黃帝、顓頊、帝嚳、堯、舜。

許多學者研究，所謂的三皇五帝，其實是夏朝以前，中原地區部落的首領。

相傳燧人氏發明火；伏羲氏創造了文字、八卦、占卜與古琴，教導百姓漁獵、畜牧；神農氏又被稱為炎帝，是農業、醫藥學的始祖。

五帝中的黃帝、堯、舜比較有名。據說黃帝和炎帝本是不同部落的首領，黃帝的妻子嫘祖發明養蠶吐絲做衣服，黃帝則發明羅盤和車，打敗炎帝，成為中原的共主。

之後，炎帝和黃帝的兩個部落融合在一起，共同生活，成為漢族的先祖，因此漢人又自稱炎黃子孫。

一些古書記載，顓頊是黃帝的孫子，舜的曾祖父，他繼承了黃帝的王位。帝嚳的祖父是顓頊的弟弟，所以顓頊是帝嚳的伯公。帝嚳跟在顓頊身邊學著如何治理國家，後來，顓頊又把王位傳給他。帝嚳有四個妻子。大太太姜嫄生下的孩子棄是周朝的始祖。二太太簡狄生下的兒子契是商朝的始祖。三太太生下的兒子堯繼承了他的王位。

簡單來說，五帝其實都是黃帝與黃帝大兒子的直系子孫，這五帝的後四個人，顓頊和舜同一組，嚳和堯同一組，顓頊把王位傳給弟弟的兒子嚳；嚳傳給自己的兒子堯；堯又把王位還給顓頊的曾孫，在家族中跟自己同輩的舜。

所謂的「禪讓」其實也是家族中的人輪來輪去。

雖然「禪讓」是在自家讓，但比起周朝之後，官爵的繼承，不但外人搶，自己家人也關起門來爭得血流成河，簡直是好太多。所以三皇五帝時代，被儒家視為美好的時代，三皇五帝也被視為賢君的代表。

❖國學常識這樣考

(　) 我們常借歷史人物讚美他人，下列含有歷史人物的成語，何者用法正確？

Ⓐ 以「貌如西施」比喻男子英俊
Ⓑ 以「堯舜理政」比喻英勇過人
Ⓒ 以「智賽諸葛」比喻技藝超群
Ⓓ 以「扁鵲重生」比喻醫術高明

答案：Ⓓ

93年第二次基測

注：Ⓐ貌如西施：是比喻女子美麗。　Ⓑ堯舜理政：是比喻政績卓越。
Ⓒ智賽諸葛：比喻才智過人。

69 楚辭

楚辭是戰國時期，南方楚國文人創作時所使用的一種文體，作家以屈原、宋玉、景差為代表。

很多人把楚辭與漢賦當成同一類的文體，雖然漢賦的確是受到楚辭的影響而發展起來的，但賦是韻文，辭是散文；兩者在文體的分類上，其實仍有顯著的不同。

「楚辭」一辭的出現，始於班固《漢書》中提到：漢朝有個朱買臣，善於說「楚辭」。這裡的楚辭，指的是南方楚國這的地方的詩歌。為何楚地的詩歌，會從當時其他地方的詩歌中分別出來呢？這是因為楚辭有著許多南方詩歌特有的寫作方式。

楚辭最著名的特徵是：用了「兮」、「而」、「也」等語助詞，這些語助詞在《詩經》所采的詩中也有出現，有人認為這是楚辭受到《詩經》影響的緣故。

楚辭或許有受到《詩經》的影響，不過這個從楚國歌謠中發展起來的南方韻文，卻跟以《詩經》為代表的北方詩歌，在內容風格上有顯著不同。

像是屈原的絕命作〈離騷〉、宋玉的〈九辯〉，都是抒發個人心情的作品，而屈原描寫大量古代神話的〈天問〉，更是充滿了浪漫與想像的文辭。

簡單來說，相對於《詩經》素樸的描寫日常生活，楚辭以華麗、鋪張的文字傳遞了個人的幻想與情感，是中國浪漫文學的始祖，雖然目前流傳下來的楚辭作家與作品並不多，但卻影響了漢代散文賦的開創與發展，並成為中國浪漫文學之祖。

❖國學常識這樣考

（　）有關〈哀郢〉的敘述，下列何者為非？

Ⓐ 哀郢是離騷九章裡的一篇
Ⓑ 其寫作時間，蓋在楚頃襄王時，秦楚復交，屈原再放江南時
Ⓒ 在本篇中，屈原追敘初放時的情景與當時的經歷
Ⓓ 悲小人日進，賢士益疏，全篇充滿對故國眷戀之情

答案：Ⓐ

94年預官

注：Ⓐ<哀郢>是楚辭的九章之一，<離騷>則是楚辭之一。

70 編年體與紀傳體

編年體是史書編寫方式的一種，像是日記一樣，以時間的順序來紀錄國家重要大事。孔子做的《春秋》、宋朝大文豪司馬光所做的《資治通鑑》，都是編年體史書。

另一種史書編寫的方式為紀傳體，是西漢史學家司馬遷所創造的，這種編寫史書的方法，是以人物分篇記載的。其中的〈紀〉是記載帝王的事蹟；〈傳〉則是記錄當時重要人物的故事。

後來，中國各朝所撰寫的，被視為正統，稱為「正史」的史書，像是《漢書》、《新、舊唐書》、《三國志》等二十五史，都是以「紀傳體」的方式編寫。

編年體偏重史料的彙集，在編年體的史書中，你可以看到比紀傳體詳細的歷史事件；紀傳體則是在史家對史料分析、剪裁與重整過後，偏重對於人物事件來龍去脈，因果關係的描寫，雖然有比較重的個人主觀的因素，但也因此，很多紀傳體史書，同時也是精采的文學作品。

❖國學常識這樣考

( ) 下列有關經典或文學常識的敘述，正確的選項是：

Ⓐ《詩經》從性質上分，有風、雅、頌三類；從作法上分，有賦、比、興三種；合稱「六義」

Ⓑ漢代的詩有樂府和古詩，二者原本都配樂可歌，後來與音樂的關係疏離，變成單純創作、閱讀的作品

Ⓒ《春秋》編年紀事，《左傳》亦編年紀事，《史記》為紀傳體，《漢書》亦紀傳體，後代正史都用紀傳體

Ⓓ「志怪」為魏晉六朝小說的重要特徵，至後代猶有繼承者，如《聊齋誌異》即其中非常著名的代表作

Ⓔ《論語》是記錄孔子言談舉止的重要著作，展現孔子的思想、情懷、人生態度及其與學生的互動情形。漢代獨尊儒術，《論語》被尊為經典，與《孟子》、《大學》、《中庸》合稱為「四書」

答案：ⒶⒸⒹ

98年指考

注：Ⓑ樂府配樂可歌，古詩則沒有樂可配。

Ⓔ四書是南宋理學家朱熹取《禮記》中的中庸、大學兩篇文章單獨成書，與紀錄孔子言行的《論語》及紀錄孟軻言行的《孟子》合為「四書」。

( ) 下列對《史記》的敘述，何者為非：

Ⓐ《史記》是我國第一部通史紀傳體的史書

Ⓑ《史記》一書，上起黃帝，下迄漢光武帝

Ⓒ《史記》一書包括十二本紀、十表、八書、三十世家、七十列傳，凡百三十篇

Ⓓ司馬遷寫作的目的在「究天人之際，通古今之變，成一家之言」

答案：Ⓑ

100年預官

注：Ⓑ下迄漢武帝，而不是漢光武帝。

71 小學

自西漢開始，小學指的就是有關於古文字形、音、義的學問。這類的學問，後來又演變成文字、聲韻、訓詁學。

文字學是研究文字的起源、演變及造字的規則，許慎的《說文解字》就是研究文字學的重要書籍。

聲韻學則是研究古代文字語言，聲、韻、調的發展歷史，古代研究聲韻的學者，都是用其他常見的字當作標音符號，標註字的音韻，雖然很奇怪，不過古代沒有像是注音符號這類標示聲音的符號，所以也只能用這種方法勉強標音。

訓詁的研究自春秋時代就開始了，這個學問主要是解釋古代文字的字義。簡單來說，訓詁就是用今人的話語，解釋古代經典的書籍內容。

古代貴族兒童從八歲左右開始受教育，「小學」是必備的學科之一，而研究小學的工作，在清朝時期最盛，這是因為清朝時期，有很多恐怖的文字獄，像是雍正時代，有個考官查嗣庭從《詩經》中找了一句「維民所止」，當成考試的作文題目。雍正一看，「維」和

「止」正好是他的「雍」和「正」去掉頭。

雍正心想，這查嗣庭居然要考生，寫一篇如何弄掉我腦袋的作文？這還得了？就這樣為了一個作文題目，雍正竟然就這樣把查嗣庭一家抓起來，處死一堆相關人士。

整個清朝，皇帝以他自己的解釋，虐殺文人的案子就有近兩百起，把讀書人嚇得不敢說話。讀書人不敢說話，只好拿古文來研究，所以整個清朝，是中國研究「小學」最盛的時代。

❖國學常識這樣考

(　　) 曾國藩〈聖哲畫像記〉「集小學訓詁之大成，敻乎不可幾已，故以殿焉。」句中「敻乎不可幾已」意指：

Ⓐ 迫不及待　　Ⓑ 一蹴可及

Ⓒ 超越前人功業　　Ⓓ 遙不可及

答案：Ⓓ

89年預官

注：Ⓓ「敻乎不可幾已」，（敻ㄒㄩㄥˋ）是廣闊遙遠的意思，所以是遙不可及。

72 漢賦

賦自西漢開始發展，主要是在散文中加入了戰國以來楚辭的特色，使用了大量押韻的文句，而成為押韻的散文。

辭跟賦在寫作風格上有很類似之處，兩者最大的差別在，楚辭是可歌的韻文，而賦是有韻的散文。

賦的另一個特色是使用大量的華麗的辭藻，鋪陳描寫的主題，以戰國後期的辭、賦高手宋玉為例，他所寫的〈神女賦〉中，描寫天上仙女衣著「披華藻之可好兮，若翡翠之奮翼」、容貌上「眸子炯其精郎兮，多美而可視。眉聯娟以蛾揚兮，朱唇的其若丹」、氣質表現上「動霧以徐步兮，拂聲之珊珊。望餘帷而延視兮，若流波之將瀾。奮長袖以正衽兮，立躑而不安。澹清靜其兮，性沉詳而不煩」。

這種運用大量的譬喻、白描、誇飾等等的修辭技巧，鋪張描寫人物的方式，受到漢朝文人的喜愛，不論是讚頌帝國與君主、借物起興抒發情感，都以賦的方式表現。因此賦成為漢朝最具代表的文體。

漢賦的知名作家包括了漢朝的政治家賈誼、枚乘、有口吃的哲學家揚雄、彈琴而追到妻子的司馬相如，及編寫《漢書》的史學家班固。

其中成就最高的當屬寫出《子虛》、《上林》兩賦的司馬相如。司馬相如原名司馬長卿，蜀地人，因為崇拜戰國時代趙國賢臣藺相如，自己改名為相如。

司馬相如的賦寫得好，因為這些賦，讓他從一個小小的文人，變成了朝廷的官員；司馬相如的琴彈得好，因為一曲「鳳求凰」，讓當時年紀輕輕就守寡的千金大小姐卓文君，竟然跟著他私奔，氣得卓文君的爸爸要跟他斷絕父女關係。

卓文君跟司馬相如私奔時，司馬相如還沒當官，兩個人窮得快要沒飯吃，卓文君只好把身上值錢的珠寶首飾賣掉，拿錢開酒館。他們把酒館開在自己娘家附近，卓文君還親自執壺賣酒。這件事傳到卓文君爸爸的耳中，卓文君的爸爸覺得很丟臉，只有拿錢給卓文君，要她把酒館給收了。

後來，漢武帝無意間看到司馬相如的《子虛》賦，覺得很喜歡，把司馬相如找來，司馬相如又仿照了《子虛》賦，寫了一篇漢武帝專屬的《上林》賦，描寫漢武帝的別墅，上林苑多麼的壯闊、雄偉，漢武帝在上林苑遊獵時，聲勢多麼的浩大，同時歌頌了在漢武帝治理之下的偉大漢朝。

漢武帝看了龍心大悅，立刻賞給司馬相如一個類似皇家護衛隊的官職。

司馬相如華美的大賦令人推崇，文人多仿效，但是都無法超越司馬相如，大量模仿的結果，反而使得賦成為華而不實的文字堆砌，引起後世文人的批評。

相對於稱為「古賦」的漢賦，賦發展到了六朝，文章的內容變短，開始注意句子的字數、平仄、押韻，體例卻更接近駢體文，所以稱為「駢賦」。

唐宋之後，賦分為兩派，一派繼承駢賦，追求對偶、音韻、平仄，稱為「律賦」；一派則是對於賦「韻文化」的反動，刻意將句式錯落，降低工整的詩韻模式，被稱為是「文賦」。

❖國學常識這樣考

（　）下列關於文學常識的敘述，正確的選項是：

Ⓐ「傳奇」本指情節曲折離奇的唐代文言短篇小說，〈髯客傳〉即其代表作

Ⓑ「行」、「歌行」均為樂府詩體式，佚名〈飲馬長城窟行〉、白居易〈琵琶行〉皆屬之

Ⓒ「書」可用於下對上，如李斯〈諫逐客書〉；亦可用於平輩之間，如白居易〈與元微之書〉

Ⓓ「賦」盛行於兩漢，歷魏晉、隋唐，至宋而不衰；其中宋賦受古文影響，傾向散文化，蘇軾〈赤壁賦〉即其代表作

Ⓔ唐宋以來，「記」體文學迭有名篇，或抒寫山水名勝，或描寫特定名物，不一而足。范仲淹〈岳陽樓記〉、歐陽脩〈醉翁亭記〉即屬前者；柳宗元〈始得西山宴遊記〉、袁宏道〈晚遊六橋待月記〉則屬後者

答案：ⒶⒷⒸⒹ

94年指考

注：Ⓔ范仲淹〈岳陽樓記〉、歐陽脩〈醉翁亭記〉、柳宗元〈始得西山宴遊記〉、袁宏道〈晚遊六橋待月記〉四篇皆屬前列「抒寫山水名勝」之作。

73 世襲制與察舉

漢朝以前，中國中央與地方的官制主要是採世襲制，直到漢武帝開始，才加入了察舉制。

所謂世襲制，就是以血緣關係做基礎的做官方式。以周朝為例，「嫡長子」是王位的繼承人，這個嫡長子不一定要是國王的第一個兒子，但必須要是王后的第一個兒子。這個嫡長子接續王位的方式就叫做世襲。

除了「嫡長子」之外，國王會把王宮外的土地分給其他的兒子，讓他們變成諸侯，或者是在王宮中擔任卿士等官職；這些擔任等於現在縣市長官位的諸侯，一樣也以世襲的方式，將地方領導的地位傳給自己的「嫡長子」，而其他的兒子則擔任卿大夫、士等官職。即使是中央的卿士，地方的卿大夫、士這類官職，也都是世襲的。

這種世襲官位照理說是能一代傳一代，由固定家族的人擔任。但是，當擁有這個爵位的家族因為獲罪、征戰中死亡、被人竄位，或者是沒有爵位的人因為功勞，被諸侯或是天子重新賜封地、爵位，世襲官位的家族就會有所改變。

春秋、戰國時代，周天子管不住諸侯，諸侯互相競爭想當老大，世襲制的任官方式開始不符合諸侯的需求，諸侯們不計較身分血統，尋求人才為官，漸漸打破世襲任官的制度。例如後來的秦始皇，在統一六國前，還只是秦王時，就曾經任用爸爸是守門人，自己當過小偷的姚賈為官，只因姚賈以「金錢外交」的方式，幫助秦國解除了一次四國攻秦的戰爭。所以這時候的世襲制雖然存在，但已不是做官的主要方法。

漢朝初年，漢高祖和漢文帝決定用新方法找人當官，他們不定期的要求各個官員推薦優秀人才，參加考試，最後根據考試成績給予官職，這就是「察舉制度」的前身。

到了漢武帝時，明白規定「察舉」人才的資格、人數、考試的方式，「察舉制度」才趨於完善。漢朝的許多人才，像是漢武帝時期的東方朔、「罷黜百家，獨尊儒術」的儒學大師董仲舒、通西域的張遷，都是因為「察舉制度」而做官的。

察舉制度表面上是可以讓有賢有才的平民百姓，可以為國家貢獻心力，只是推薦優秀人才的負責人，都是王公貴族與高官，這些人根本很少認識平民百姓，因此他們只推薦自己認識的人，惡劣一點的推薦者，更是接受賄絡，推薦「假人才」。

所以到了三國時期，陳群創立了九品官人法，取代了察舉制度。而那個看起來變成不是主流的「世襲制」，依然在君主制度的中國，流傳到清朝結束。

74 六書

我們現在常聽見的「六書」，指的是東漢學者許慎在《說文解字・序》中提到的六種漢字結構分類。

在許慎把漢字根據字的結構分成六類以前，中國就有文字了；可想而知，漢字並非是依照這六書創造出來的。但是後代學習漢字的我們，卻可以利用六書的規則，更容易的理解、記憶漢字。

六書分為：象形、指事、會意、形聲、轉注、假借。六書主要的分別為：

一、象形：根據物體的形狀，用線條描摹出來。屬於「獨體字」。例如：日、月之類的字。

二、指事：指示字通常是用來說明抽象的概念。屬於「獨體字」。例如：上、下兩字。拿「下」這個字來說明，在「一橫」下方的「點」，清楚的表達了「下」的意思。

三、會意：會意字是把兩個以上的「獨體字」合在一起，把兩個獨體字本身的意思相加，產生新的意思。屬於「合體字」。例如：三個「木」合成「森」，所以「森」就是林木眾多的地方。

四、形聲：形聲字是「合體字」。若將一個形聲字分開，必然會發現其中一邊是「形符」，形符表現了這個形聲字的某些特徵；而另一邊的「聲符」則代表了這個形聲字的讀音。例如：從「黑猩猩」的「猩」字可以知道，這個「字」代表的是一種動物，他的漢語名稱讀做「ㄒㄧㄥ」。有百分之八十的漢字，都屬於形聲字。

五、轉注：根據許慎的說法，轉注字是同一個部首，意思一樣，字形不一樣的字。所以轉注字通常是一組，而不是一個。例如：「父親」的「父」與「爸爸」的「爸」。這兩字的部首都是「父」，意思也相同，只有字形不同，就是一組轉注字。

六、假借：有些新事物產生時，人們替他定下了一個名字，但並沒有替他創造出新字，這時候過去存在的字，就可能會被人們拿來使用。例如「集合」的「集」，本來的意思是「一群鳥在樹上」，後來被人假借為「聚合」的意思，例如：「市集」、「文集」

總括來說：利用象形、指事、會意、形聲的規則，可以創造出新的文字，所以是「造字法則」。轉注、假借，是舊字互用，所以只能稱為「用字法則」。

75

建安文學

建安文學在中國文學史上一直是被後世視為典範的，而這個文學時代的帶領者，就是在歷史上被人罵得臭頭的曹操、曹丕父子。

建安是漢獻帝的年號，他當皇帝時才只有八歲，眼看皇帝這麼小，每個有點兵力的人都想當皇帝的代理人，大家打鬧了好幾年，最後被從如同皇家侍衛隊隊長——典軍校尉出身的曹操給搶到的代理權，曹操搶到代理權後，把漢獻帝帶到鄴城（今河北省臨漳縣），並把鄴城定為首都。

在曹操管理的範圍內，沒人敢來亂。沒有戰亂的影響，大家勉強可以喘一口氣，加上曹操與他的兒子曹丕、曹植都愛好文學，在他們推廣之下，許多文人聚集在此，成為「鄴下集團」。這些文人把自己在兵荒馬亂時代所見、所聞、所感寫下來，他們的作品，不管是文、賦或是詩歌，都有著不同於之前宮廷文學的樸實與清新。

在內容上，建安文學描寫了當時戰亂百姓之苦、對於太平盛世的渴望、個人懷抱的抒發、情愛困境的愁苦，體裁廣泛；在文字上，遣詞造句不論慷慨悲涼或是細緻溫婉，都不盲目追求華麗的辭藻，而以直筆抒發胸臆間情感。

在這一時期的作家，以曹操、曹丕、曹植父子三人的「三曹」及出自曹丕的〈典論論文〉的「建安七子」為代表。

建安七子除了從小就懂得把大梨子讓給哥哥，孔子的後代——孔融，因為跟曹操不是好朋友，全家被曹操殺光光，其他都在曹氏家族底下做事。不過，剩下六人中，阮瑀早死，陳琳、王粲、徐幹、應瑒、劉楨五人都死在同一年的瘟疫之下，讓本想常和他們開讀書會的文壇領袖曹丕，只好忙著替他們出紀念文集。

建安七子的風格與擅長各有不同，排名第一的孔融，留下的的作品不多，但風格各異，駢文華麗而詩歌質樸；陳琳的〈飲馬長城窟行〉：「……君獨不見長城下，死人骸骨相撐拄……」描寫戰爭景況；孫子是竹林七賢阮籍的阮瑀寫〈駕出北郭門行〉：「……親母舍我歿。後母憎孤兒。饑寒無衣食……」敘述了孤兒的悲苦；七子中才氣最高的王粲，十七歲時寫下〈七哀詩〉：「……出門無所見，白骨蔽平原，路有飢婦人，抱子棄草間……」描寫漢末顛沛流離的生活，他的〈登樓賦〉更被視為魏晉最好的賦。

建安時代的文人，在各種文體的寫作上，不論是內容的開闊或是文字的使用，全都令人讚佩，因此「建安風骨」也成了後人寫詩、寫文的極高標準。

❖國學常識這樣考

（　）王粲〈登樓賦〉的敘述，下列那一項不正確？

Ⓐ本篇乃魏晉之抒情小賦，講究聲律和諧，用典對仗，使用俳句，故稱律賦

Ⓑ「雖信美而非吾土兮，曾何足以少留」意謂登樓覽景，本欲銷憂，反增離愁

Ⓒ「懼匏瓜之徒懸兮，畏井渫之莫食」意謂雖已修正其身，仍不受重用，深恐永無出仕機會

Ⓓ建安七子中，唯一被選入《昭明文選》之賦作

答案：Ⓐ

100年預官

注：Ⓐ這段敘述有兩個錯誤，一是時間錯誤。王粲（177年－217年）是東漢獻帝建安年間。他雖然是曹操的屬下，但曹操當時只是東漢丞相。魏晉的「魏」是三國時代的魏，必須等到曹丕在221年篡漢後才出現，但這時王粲已過世四年了。二是文體錯誤，〈登樓賦〉屬漢代的駢賦（又稱俳賦、排賦），而非律賦。

（　）建安詩歌代表人物是：

Ⓐ三祖陳王　　Ⓑ竹林七賢

Ⓒ左思，潘岳　　Ⓓ陸機，陸雲

答案：Ⓐ

86年預官

注：Ⓐ建安詩歌是指東漢建安（196—220年）年間至曹魏黃初、太和年間（220～233年）產生的詩歌。代表人物除三王的曹氏父子（曹操、曹丕、曹植）以外，還有建安七子陳琳、王萊、孔融、徐幹、阮瑀、應瑒、劉幀。

76 竹林七賢

竹林七賢指的是三國曹魏正始年間，由嵇康帶頭的七個玄學家，因為這群人常常在嵇康家附近的竹林喝酒聊天，所以被稱為「竹林七賢」。

竹林七賢並不是我們平常定義的賢者，這個「賢」字是說好聽的，這一群人就只是有名望、有地位、有閒有錢的讀書人。

竹林七賢之首為嵇康，嵇康長得又高又帥，會彈琴、會寫詩，雖然有個性，但卻不會發火。他娶了曹操的曾孫女，表面上，嵇康是皇親國戚，但是那時曹魏已經被司馬氏所把持，嵇康反而成為司馬氏的眼中釘。尤其是嵇康在當時很有名望，卻又不跟司馬氏集團當好朋友，司馬集團的人想盡辦法要弄死他，嵇康躲到家裡打鐵，不問政治，但還是被司馬集團找到小辮子，把他抓了起來。

嵇康被抓時並沒想到自己會被殺，但是嵇康一被抓，就有大約三千個國立大學的太學生跑去找皇帝陳情。司馬氏集團看到這麼多人支持不是他朋友的嵇康，不但不願意放人，還要把他處死，嵇康在死之前拿了他的琴，彈了一首只有他會彈的古曲〈廣陵散〉，在眾人的哀嘆下被殺，死時只有四十歲。

竹林七賢的第二個重要人物是阮籍，阮籍比嵇康要大上十多歲，在東漢末年出生，他的詩、文寫得極好，他的八十二首「詠懷詩」，用各種比興技巧，把內心悲愁哀怨都發揮得淋漓盡致，是當時「正始之音」的代表。他的散文、辭賦也很厲害，是竹林七賢文人中排名第一的。

阮籍雖然也跟曹氏集團比較好，但畢竟年紀比較長，懂得怎樣在亂世生存，所以每次司馬集團找他時，他總是喝酒裝醉，最高紀錄是，司馬昭想要把女兒嫁給阮籍的兒子，阮籍醉了六十天，司馬昭只有放棄聯姻的事。

但阮籍也不只是喝酒逃避，他接受司馬集團給他的小官，幫司馬昭寫過支持司馬昭當「晉王」的勸進文，他因為對司馬集團若即若離，雖然司馬集團知道他並不是真的「自己人」，但也由他去，最後，阮籍在嵇康死後一年，也跟著病死了。

除了嵇康跟阮籍，劉伶也不屬於司馬氏集團，劉伶長得又矮又醜，比嵇康小兩歲。個性豁達，平時很少講話，但卻跟嵇康、阮籍很要好。

劉伶超級愛喝酒，有一次，他太太要他戒酒，他跟太太說，戒酒是一件很難的事，得靠神明幫忙，要他太太去準備酒肉祭神。劉伶的太太信以為真，準備了酒肉，劉伶卻在神明面前說，女人的話不能聽。然後拿起酒肉吃起來。由於劉伶之前就不是什麼文壇政治上的領袖人物，司馬氏集團沒把他放在眼裡，劉伶因此可以活到七十多歲。

阮咸是阮籍的姪子，是個玩音樂的高手，很會作曲，據說，中國的琵琶就是由他所改良的。由於他愛喝酒玩樂，司馬集團並不想重用他。

竹林七賢的向秀跟嵇康最要好，是著名的玄學家，他著解《莊子》，很受到其他人的肯定。當嵇康被殺後，他跑去司馬集團當官，司馬集團的人懷疑他的忠誠度，但他巧妙的辯解，化解了司馬集團的疑慮。向秀當官卻不做事，小心翼翼的在司馬氏集團下生存下來。

在司馬氏集團下過得最好的是山濤與王戎，這兩個竹林七賢中年紀最大跟最小的人。

山濤的個性謹慎，他的表親就是司馬懿的大老婆，他的背景比較親近司馬氏集團。山濤四十歲出來作官時，也找了嵇康，沒想到嵇康不想當官就算了，竟然寫了一封〈與山巨源絕交書〉，把山濤給罵了一頓，要他自己想當官就去當，不要把別人拖下水。這個文章間接的引起司馬氏集團的不滿，造成嵇康後來悲慘的命運。

不過，當嵇康被殺時，卻把兒女託付給山濤，山濤也一如嵇康所想，好好的對待嵇康的小孩。雖然很多人批評山濤的氣節，不過山濤為官時，公正、廉潔卻又溫和，懂得拔擢人才，其實是很好的政治人物。

年紀最小的王戎跟山濤剛好相反，從小時候就非常聰明，長大後的行為卻讓人覺得很糟。王戎小時候，爸爸跟阮籍當過同事，阮籍每次去王戎家，都不找王戎的爸爸，只跟王戎聊天，因為阮籍覺得王戎說話很有意思。可惜王戎長大後很愛錢，曾經派官兵私自修築豪宅而被處罰，據說他最大的嗜好就是晚上在家，和他的太太一起數錢。

有人說，這是王戎身在亂世，為求自保，自毀名節的聰明表現；也有人說，從他賣李子，怕好的李種被人拿去，在李子上挖洞的情形可以看出，他根本就是小氣的人。

竹林七賢相交的時間其實只有短短幾年，這幾個人物的個性、行為、才學、能力也多有不同，但他們展現了當時世族文人的生命樣貌，可說是魏晉時期文人的代表。

❖國學常識這樣考

山公（山濤）與嵇（康）、阮（籍）一面，契若金蘭。山妻韓氏，覺公與二人異於常交，問公，公曰：「我當年可以為友者，唯此二生耳。」妻曰：「負羈之妻亦親觀狐、趙，意欲窺之，可乎？」他日，二人來，妻勸公止之宿，具酒肉。夜穿墉以視之，達旦忘反。公入曰：「二人何如？」妻曰：「君才致殊不如，正當以識度相友耳。」公曰：「伊輩亦常以我度為勝。」——《世說新語》

註：負羈之妻亦親觀狐、趙：春秋時，晉公子重耳流亡曹國，曹國大夫僖負羈之妻觀重耳身邊的狐偃、趙衰。

（　）下列關於山濤及其妻的敘述，正確的選項是：

Ⓐ 山濤之妻有識人之明　Ⓑ 山濤之妻善妒而好猜忌
Ⓒ 山濤自認才能不輸嵇、阮　Ⓓ 山濤之才極受嵇、阮肯定

答案：Ⓐ

96年學測

注：Ⓑ山濤之妻由「穿墉而視」就知自己夫婿只有氣度能與二人相比，可知她有識人之明，但沒提到嫉妒。
Ⓒ山濤以「伊輩亦常以我度為勝」，表示山濤也有自知之明。
Ⓓ同樣的「伊輩亦常以我度為勝」，表示嵇、阮肯定的是山濤的度量，不是才能。

77 玄學

玄學應是魏晉時期發展出來，影響當時世族最重要的文化，這套思想體系主要是研究《老子》、《莊子》和《周易》這三本被稱為「三玄」的書籍而來。

玄學主要是研究科學無法解釋的人生問題，天地萬物的根本與存在問題，如何養生以至於長生、永生的問題。整個魏晉時期，中國文人就浸潤在這一股玄學風氣中。

魏晉時期的玄學發展到了東晉，佛教漸興，加上佛教有部分的思想和玄學有相通之處，因此玄學也開始融入了佛學思想。

玄學的興起，讓名士們的聊天內容從漢朝時，討論當時朝政、批評當時人物的「清議」，轉為以辯論玄學真意的「清談」。

當時著名的玄學家包括何晏、王弼、「竹林七賢」等人。他們避談政治，免得弄到跟漢末一些名儒被宦官、昏君殺害的下場；他們以道家思想註釋《論語》，把儒家經典「道家化」；他們拋棄禮教的型式，追求自然，重視個人的感受；他們在亂世之中，既想要有所作為，又無法義無反顧、捨棄生命。玄學家與漢末建安時期的文人形象，無疑的是大相逕庭，雖然他們也在乎國家的強弱，卻更加關注自身存在的問題。

魏晉的玄學家喜歡穿著寬鬆、白色之類素雅顏色的服飾，有人說這是與玄學家們喜食寒食散，有著一定的關聯。

寒食散其實是用五種礦石磨成的粉，吃這種寒食散必須配溫熱的酒，等到全身發熱後，服食者必須緩步而行、吃冷的食物、冷的飲料、躺在冷的地方，因而稱為寒食散。吃寒食散還有一種副作用，就是皮膚很敏感，所以身上的衣服必須寬大，腳上則不穿鞋襪改穿木屐。

寒食散吃多了據說會「砷」中毒，而且吃寒食散後，不能夠餓肚子，不然會痛苦到讓人想發狂。既然寒食散有這麼多缺點，玄學家沒事做什麼吃這東西呢？據說寒食散本來是在東漢時用來治療傷風感冒的，玄學家何晏，也是當時文壇上的重要人物，卻吃這個來提神醒腦。何晏是曹操的養子，娶了曹操的女兒，人長得帥，會說話，是許多人的偶像。何晏愛吃，其他人也就跟著把寒食散拿來當維他命。

一群生活無慮、精神苦悶的世族，整日喝酒、煉丹、談死生，創造出了一種不同於之前儒家禮教思想的玄學。玄學不但影響當時文人生活的態度、文學的內容、也影響到了後來的理學，是中國哲學發展史上重要的一個章節。

78

清談

「清談」是魏晉時，世家大族最流行的「知性」休閒活動。類似現在的辯論。辯論的主題，包括：「聲無哀樂」、「養生」、「無為」等等從《老子》、《莊子》、《周易》這三本書內容所引申出來的問題。

清談並不是幾個人坐下來，沒事喝咖啡聊是非，而是有一定的型式。清談進行時，通常是由一個人對於某個主題提出自己的觀點，稱為「主」；其他人提出質疑，批判對方的觀點，建立自己的理論稱為「客」。接著主客兩方互相辯論，最後看誰可以說服誰，贏得辯論勝利的人稱為「勝論」；失敗的稱為「敗論」。如果雙方都沒辦法說服對方，就會暫時「休戰」，下次有時間，再開始辯論。

「清談」的人數不限，當然，最少要兩人以上，有「一主一客」、「一主多客」、「多主一客」，甚至在別人對這個問題都沒有特殊的見解時，一人分飾兩角的「自為主客」。要「自為主客」，可是需要很厲害的邏輯思考能力，魏晉時代的玄學家王弼就是一個這樣的高手。據說王弼去何晏家，當時何晏家中正在舉行清談，何晏一聽到王弼要來，立刻把剛才大家的言論中最精彩，最沒有漏洞的玄理拿出來，還要在座的人一起當「主」，與王弼新開一場「清談」，沒想到，大家的集思廣義的論點，卻被王弼一下子反駁回去，說得大家啞口無言。眼看大家都接不下話，王弼只好一下當「主」、一下當「客」，在他當「主」的時候，甚至提出了剛才大家都沒想到的論點，贏得滿座的掌聲。

擅長清談的人，都是當時的高官貴族，這些人沒事就開辯論會，又不討論國家大事、人民生計，因此，引起後世對於「清談誤國」的批評。不過也因為清談的「辯論」方式，使得中國的哲學、邏輯思想就此得以開展；而「清談」不問世事的內容，也讓過去漢朝之前，以群體、家國為重的思想模式被打破，個人與自由主義因此抬頭。

❖國學常識這樣考

（　）以下《世說新語》相關的敘述何者為非？

Ⓐ 編撰者為劉宋時代之劉義慶
Ⓑ 主要記載唐宋名士的逸聞軼事和玄虛清談
Ⓒ 梁朝劉孝標之作注
Ⓓ 《世說新語》一書共分為三十六門

答案：Ⓑ

96年預官

注：Ⓑ主要記載魏晉名士的逸聞軼事和玄虛清談。

79 九品官人制

「九品官人制」是三國魏朝到隋朝三百六十多年之間，由陳群所創的選才方式。在魏晉南北朝之前，漢朝的官員主要是以「察舉」制度選官，這種由推薦而當官的方式，施行久後，出現了「賄賂」的弊端，就算是沒有賄賂，推薦者往往也會推薦自己的親朋好友，以漸立或是鞏固自己的政治版圖。

建安二十五年，曹操過世後，曹丕接掌了他爸爸的政治資源，看到滿朝都是漢獻帝的官員，雖然這些官員有很大一部分都是他們曹氏集團的；但對曹丕而言，他還是要有「忠於自己」的臣子。所以，他找來了吏部尚書陳群，要他定出一套新的選才方式。

陳群定出了「九品官人」法，這個方法就是在地方郡縣中，選出負責評定人才的官員，這種官員叫做「中正」，這些「中正」官分別到地方去查訪人才，將人才分為上上、上中、上下、中上、中中、中下、下上、下中、下下九等，再把這些人的資料存放到中央資料庫中，如果中央需要官員時，就從這些名單中找人。

別以為被評為上品，就可以當大官，九品官人制中，人的「品等」與「官等」並非畫上等號，就有很多人是被評為上品，而當下品官的。

九品官人制，表面上比察舉有選才的標準，不過「以人推薦人」的方式，就難免有「自家人挺自家人」的情形。所以，在九品官人法的推行之下，最後出現了「上品無寒門，下品無世族」的問題，這些「世族」集團勢力越來越大，造成統治者新的威脅。

到了隋唐時期，當政者乾脆把這個制度給廢了，改用「科舉」的考試方式選才，從此又名「九品中正制」的九品官人制，正式退出政壇，走入歷史。

雖然很多人會認為九品官人制度，造成「上品無寒門，下品無士族」，是中國社會裡階級意識的來源，也阻塞平民擔任官員的機會。但也有人持不同的看法，像是明朝的大學者顧炎武就認為，這個制度透過鄉里選舉出來的官員，都要詳查平日是否在家鄉有品德上的爭議，比起科舉考試只看筆試（智育）成績，完全不管其他（例如品德或人際關係），還是有它值得保存的精神。

80 駢體文

駢體文是一種夾雜在散文與韻文間的文體。這種文體起源於秦漢時期，一開始是文人在作品中使用對偶與排比的句子。因為排比與對偶句會使文章變得工整，讀來具有韻律、節奏感。慢慢的，文人視這樣的文章為美文，大家開始在文章中加入越來越多的對偶與排比句，到了魏晉南北朝後期，許多文人居然然寫出整篇都是對偶排比句的文章。

整個六朝三百多年，文人們在散文中玩排比與對偶玩出了興趣，最後他們創造了所謂的「四六文」。全文對句的「四六文」，每句只能用四個字或六個字來寫，文字的音律需要依據固定的平仄要求，還要運用典故、華麗的詞藻。

例如南北朝吳均寫的《與宋元思書》：「……泉水激石，泠泠作響；好鳥相鳴，嚶嚶成韻。蟬則千轉不窮，猿則百叫無絕。……」，以「泉水激石，泠泠作響」，對「好鳥相鳴，嚶嚶成韻。」，描寫山水美景，就是典型的「四六文」。許多魏晉南北朝重要的文學家，像是謝靈運、鮑照、顏延之、沈約、江淹、徐陵、庾信、王褒等都是「四六文」高手。

雖然南北朝時代，「四六文」已經有了完整的規範，但還沒有確切的名稱，一直到晚唐的李商隱，他把自己的這類作品合成一本叫做《樊南四六甲乙集》，這類文章才被定名為「四六文」。

這樣的文章一直到了唐朝，文人雖然還沒玩膩，但一窩蜂的專注於文字與型式的美感，忽略文章內容的重要，讓有些人覺得不應該，所以，有一些文學家，不想跟著大家一起玩「四六文」了。

中唐時候，韓愈、柳宗元發起「古文運動」，就是衝著四六文來的。由於韓愈他們猛烈抨擊，這類文章曾經短暫的衰退，但到了晚唐，因為李商隱這類寫「四六文」高手出現，又有復甦的情形。到了宋朝，歐陽修等人再度的展開「古文運動」，用更強的力量把「四六文」打趴了好幾百年，一直到清朝，「四六文」才又再次以「駢體文」的名稱出現。為何清朝要把四六文叫做為駢體文呢？這是因為「駢」的意思是「兩匹馬並走」，所以清代文人以「駢」這個字代表「四六文」中雙雙對對的規則。

清代有很多寫古文的高手，但駢體文也受到部份文人的青睞，在清朝中期，還曾經出現過「駢文八大家」，像是袁枚、紀筠、汪中、張之洞等人，也都是很傑出的駢體文作家。

❖國學常識這樣考

(　) 有關駢文之特色，下列何者為非：

Ⓐ韻律和諧　Ⓑ對偶工整　Ⓒ詞藻平淺自然　Ⓓ典故繁多

答案：Ⓒ

89年預官

注：Ⓒ駢文詞藻剛好相反，強調華麗雕琢。

81 樂府詩、古體詩、近體詩

樂府詩、古體詩、近體詩，可說是中國詩的三大類別，這三者的區分如下：

樂府詩

在古代，樂官主要的工作是負責祭祀或是國家重大典禮時的音樂，稱之為「太樂」。到了秦朝，設立了「樂府」這個機構，不同於「太樂」，主要是管理民間的流行音樂，並兼具樂器製造、發放等的工作。

到了西漢，漢武帝把樂府擴大成一個政府機關，稱為「樂府署」，主要的工作仍是收集各地的歌謠。到了魏晉之後，人們就將這些由樂府所收集來，可以演唱的詩歌稱為樂府詩。

後來有一些文人，照著樂府的曲譜上新詞，或是只用樂府的題目，重新創作新的詩，這一類也都稱為樂府詩。

相對於古體詩和近體詩，樂府詩多是民間人士所創作，用字遣詞比較質樸。由於樂府詩本來只是一般人抒發情感、記敘當時事件的文字表現，因此並沒有關於句數、字數、平仄、對仗等等的限制，對於韻律的規定也比較寬。

樂府詩與「詞」、「曲」的性質很接近，「詞」與「曲」有個別名就叫做「樂府」，在大家開始創作「詞」或「曲」時，樂府就漸漸被取代了。

古體詩

古體詩又名「古風」，這種詩體的限制不多，沒有字數、句數的限制；也沒有平仄、對仗、韻腳等規定。古體詩雖然沒有近體詩的許多限制，但不代表這些詩不用押韻，只是押韻、平仄、對仗、字數等等，都是憑著文人自身的美感為標準。

古體詩的種類有很多，包括：四言、五言、七言、五七雜言、三七雜言、三五七雜言、錯綜雜言。本來古體詩跟樂府詩最大的差別是在樂府詩可以唱，而古詩不能唱，不過後來文人寫樂府詩，也沒在管可不可以入樂，所以後來也有人把「樂府」歸類為古體詩的一種。

近體詩

近體詩的產生，可說是中國文人對於語文美學追求的結果。近體詩的發展，一開始是在魏晉南北朝的南朝宋，一些世族文人在寫詩時，嘗試利用語言音韻，顯現出一種別有趣味的美感。之後，經過不斷的嘗試與演化，到了唐朝，近體詩的型式才正是確立。

近體詩的類別很簡單，分為四句與八句，四句的稱為絕句，八句的稱為律詩，分別有五言跟七言。

詩分平起或仄起，平起和仄起由第一句的第二個字來判定。每句的押韻，單數句押不押運沒關係，但是雙數句一定要押韻。絕句的三、四句要對仗，律詩的三、四，五、六句要對仗。對仗句不論是詞性、押韻都有規定。

在這麼嚴格的規定之下，要寫出優美而有內容的詩作，就要考驗詩人的本事了。開始時，在這個型式下，詩人們大量的創作出各種題材的近體詩，不過久了之後，能寫的內容被寫完了，能用的字也都用過了，再怎麼厲害的詩人也變不出什麼新把戲，連要求言之有物，素樸寫作風格「古文運動」的領導者韓愈，都用奇字、創新詞，加入「奇險」派行列。當韓愈這樣的文人，也都這樣做，近體詩的風潮當然走到盡頭。

❖國學常識這樣考

(　) 以下是一首送別的五言律詩，大意是說：「在建業的長江渡口，此刻微雨飄灑江面，附近寺廟傳來淒涼的晚鐘聲，目送你的船隻伴著天空的飛鳥，緩緩前行。遙望長江入海處，一片煙雨迷濛，遠山近樹都浸潤在無邊的雨霧中，滿懷深情送別的我，淚水如無盡的雨絲，沾濕了衣襟。」根據詩意，下列畫線處依序應填入何者？

楚江微雨裡，＿＿＿＿＿。漠漠帆來重，冥冥鳥去遲。
＿＿＿＿＿，＿＿＿＿＿。＿＿＿＿＿，沾襟比散絲。

甲、浦樹遠含滋
乙、建業暮鐘時
丙、相送情無限
丁、海門深不見

Ⓐ 甲、丙、丁、乙　　Ⓑ 甲、乙、丙、丁
Ⓒ 乙、丁、甲、丙　　Ⓓ 乙、甲、丁、丙

答案：Ⓒ

97年第一次基測

注：Ⓒ詩偶句尾要押韻，所以第一個畫線處末字要押韻，根據詩意及詩格判斷，可判斷為「乙」。第二、三個畫線處要對偶，所以是「甲」或「丁」；但第三個畫線處末字要押韻，所以順序是「丁」「甲」。第四個畫線處據詩意可判斷為 「丙」，所以畫線處依序應填入「乙、丁、甲、丙」。

韋應物＜賦得暮雨送李曹＞

楚江微雨裡，（乙）建業暮鐘時。漠漠帆來重，冥冥鳥去遲。
（丁）海門深不見，（甲）浦樹遠含滋。（丙）相送情無限，沾襟比散絲。

82 唐詩四期——初、盛、中、晚

唐朝詩歌發展分為初唐、盛唐、中唐、晚唐。這個說法，起源於元朝文學家楊士弘所寫的《唐音》。《唐音》是一本唐詩的選集，收錄了唐朝詩人一千三百四十一首詩，並將唐詩分為初唐、盛唐、中唐、晚唐四個分期。這四個時間分別為：

初唐

唐高祖武德元年至睿宗太極元年（西元六一八～七一二年）。始自唐朝開國，終於玄宗即位。在這段期間，唐朝的國家經歷了李淵立國、唐太宗李世民掃除其他爭雄勢力、武則天自立「大周」國，成為中國史上第一個，也是唯一一個女皇帝、武則天死後王室彼此奪權，最後由肅宗跟玄宗父子贏得政權。

在這近百年間，雖然唐朝王室有過不少的死傷，但都限於王室之中的爭權，就連武則天皇后推翻唐朝建立「大周」國，也是在皇宮中搞定一切，在這種情形下，初唐的百姓生活，得以獲得些許安穩，所以在文學的表現上，文人一開始承襲了前朝的文字華麗、描寫貴族生活、男女情感的詩風。

但是這種風格從六朝寫到唐初，讀者膩了，創作者應該也煩了，所以並稱「初唐四傑」的王勃、楊炯、盧照鄰、駱賓王開始把寫作的題材，加入了戰爭與生活感觸，並開始大量創作過去已經出現，但不普遍的「近體詩」——五言律詩。

「初唐四傑」之後，歷史上並稱「沈宋」的沈佺期、宋之問，在武則天當權時期，完成了近體詩的寫作規則，這並非代表唐朝只有近體詩，只是增加了不同形式的創作。近體詩格式的完成，似乎也預告了盛唐詩歌百花齊放的景致。

初唐時期的最後的代表詩人——陳子昂，在前人將唐詩的型式與題材開闊後，他正式提出詩歌改革，認為詩文最重要的創作精神在於具備剛健有力、對人生積極進取的漢魏風骨；能夠寄託心中的志向與情懷的「興寄」。陳子昂的詩歌改革，在當時獲得很大的迴響。

由於初唐時期對於詩歌型式、題材、精神的奠基，造成了盛唐時期唐詩的成熟。

盛唐

玄宗開元元年至代宗永泰元年（西元七一三～七三五年）。主要幾乎是唐玄宗主政，唐朝由盛世到安史之亂之後。我們所熟知的許多詩人都活躍於這個時期，包括了「邊塞詩派」的高適、岑參；詩仙李白，「田園詩派」的詩佛王維、孟浩然；以及詩聖杜甫。這些詩人在盛唐前期社會安定繁榮之下，大量的創作出各種風格的詩歌；然而在安史之亂的巨變後，改變了他們的生活，也使他們的創作，更多元、更深刻。

中唐

代宗大曆元年至文宗太和九年（西元七六六～八三五年）。唐詩經歷盛唐五十年的大鳴大放，中唐似乎很難有太多創新的改變，除了繼續王維、孟浩然「山水田園詩派」的韋應物、劉長卿、劉禹錫、柳宗元；接續杜甫，以關懷社會為主題的白居易、元稹；剩下的詩人努力想開創出新的唐詩風格，卻發現能用、好用、用了讓大家喜歡的方式，都已經被用得差不多了，所以韓愈、孟郊、賈島、李賀只好拿一些少見的字眼、冷僻的韻腳，開創了「奇詭派」詩風。

晚唐

文宗開成元年至昭宣帝天祐三年（西元八三六～九〇六年）。這時，唐朝的國勢越來越弱，幾次的天災造成饑荒，人民生活越來越苦，西元八七八年，「黃巢之亂」造成了八百三十萬人死亡，在這樣天災人禍頻傳的時代，詩人們生存的條件越來越差，寫好詩的時間也越來越少，加上過去百年來，詩人前輩們已經把所有可用的材料都用得差不多了，詩人無心也無力創新，詩作多半以模仿過去詩人為主，而描述男女情感、貴族生活的華艷「宮體」詩風也再度回來。以杜牧、李商隱、溫庭筠為代表的作家，都是這一類詩風的高手。

❖國學常識這樣考

（　）某文化出版公司打算製作一部介紹「唐代詩人生活」的三D動畫，做為教學輔助之用。下列內容，適合納入此部動畫的選項是：

Ⓐ幾位詩人在酒樓小聚，歌女吟唱其中一位的詩：「黃河遠上白雲間，一片孤城萬仞山。羌笛何須怨楊柳，春風不度玉門關」

Ⓑ詩人擔任駐邊將領的幕僚，寫下悲壯的邊塞詩：「秦時明月漢時關，萬里長征人未還。但使龍城飛將在，不教胡馬度陰山」

Ⓒ詩人感慨家國淪亡，興復無望：「渺神京。干羽方懷遠，靜烽燧，且休兵。冠蓋使，紛馳鶩，若為情。聞道中原遺老，常南望、翠葆霓旌」

Ⓓ詩人創作戲劇，供達官貴人在宅院中觀賞，劇中主角的唱詞是：「原來姹紫嫣紅開遍，似這般都付與斷井頹垣。良辰美景奈何天，賞心樂事誰家院」

Ⓓ詩人伏案窗前，代人寫情書：「展花箋欲寫幾句知心事，空教我停霜毫半晌無才思。往常得興時，一掃無瑕疵。今日箇病厭厭，剛寫下兩個相思字」

答案：ⒶⒷ

92年學測

注：Ⓒ句子長短不齊，不是唐詩，而是南宋詞人張孝祥的詞＜六州歌頭＞

Ⓓ敘述裡有戲劇創作與主角唱詞，證明不是唐詩，是明朝戲曲家湯顯祖《牡丹亭》第十齣裡「驚夢」的曲＜皁羅袍＞。

Ⓔ句子長短不齊，不是唐詩，而是元朝曲家貫雲石的曲《塞鴻秋・代人作》

83

科舉

每個朝代，不管是英雄或是梟雄，辛苦打下大片江山，如果沒有人幫忙管理，不是把皇帝搞到累死，就是江山又被人搶走，所以當皇帝的人，一定得找一堆幫手。

所有開國皇帝的幫手，都是跟他一起打天下的文臣、武將，不過，開國皇帝會死，開國功臣也有死亡的一天，所以每個開國皇帝都在擔心，當這些有能力、又運氣好到沒有在戰爭中死掉的賢臣們不在了，自己的寶貝兒子當皇帝時該怎麼辦？

一開始帝王們想的簡單，既然自己的王位可以傳給兒子，那麼賢臣們的官位也可以傳給兒子，反正你幫我，你的兒子應該也願意幫我兒子。所以在漢朝以前，所有的官位多採「世襲制」。但是世襲制的問題不少，第一，基因雖然很重要，但也有突變的時候；第二，能力可以遺傳，感情可沒辦法遺傳，君主看臣子不順眼，又沒人可換，麻煩就大了。有關世襲制的種種問題，在春秋時代就已經得到了印證。所以從戰國時代，各國國君就開始想別的方法從民間得到人才。

漢朝時「察舉制」被發展起來；魏晉則有「九品官人法」；到了隋朝，奉行千年的「科舉制度」終於要登場了。

隋文帝於西元五八七年下令，每個地方挑出三個人來考「秀才」，考上的人就有機會當官，這可說是「科舉」的前身。隋煬帝大業元年，也就是八年後，隋朝政府設立了進士科取士為官，「科舉」正式成為中國選官的方式。

唐朝發展了科舉制度，並設定了考試人的資格。第一種是考中名為「國子監」這個古代國立大學，具名為「生徒」的考生；第二種是經過府試或州試，獲得同等學歷，稱為「舉人」的考生，舉人第一名的稱為「解元」。這兩種考生在上京，通過朝廷的尚書省考試，通過的叫做「進士」，第一名的稱為「狀元」。只要「進士及第」的人，就可以等著負責官員選拔、升遷等等的吏部找個合式的官給他當。

在唐朝，除了狀元有機會當宰相，其他大官仍是之前的王宮貴族在當，所以這些進士都只能當基層公務員這類的小官。到了宋朝，科舉分成三階段，第一階段是解試，等於唐朝的州試，通過考試的同樣叫舉人。第二階段是省試，考完之後，考好的人才可以進入第三階段的殿試。殿試在皇宮裡舉行，由皇帝親自主持，並決定名次。通過殿試，才算是中進士。不過這回中進士，就可以直接當官了。

元代初期有一段時間沒有舉辦科舉，一直到西元一三一五年，才有三年舉辦一次的考試。元代的科舉，分為地方的鄉試，和在京師進行的會試及殿試，不同種族有不同的考法，簡單來說，就是元朝皇帝比較想用跟自己同一種族的蒙古人，所以蒙古人在鄉試時，只要考兩次，漢人卻要考三次；錄取名額也依照種族分配。由於元朝對於進士不是特別重視，對於當時的讀書人而言，考科舉並不是什麼熱門的活動。

明清時候，科舉繼續做為國家選官的制度，不過方法複雜很多，雖然也是分為鄉試、會試、殿試三階段，但是要獲得鄉試的資格就不容易。

要參加「鄉試」，必須在各縣通過五場的「縣試」、三場「府」級官員主持的「府試」，這八場考試通過後，可以稱為「童生」。「童生」通過下一階段的「院試」，成為俗稱「秀才」的「生員」，才可以進入「鄉試」。

秀才雖然沒有官可以當，但在社會上卻已經是士大夫階層，秀才分三等，成績最好的簡稱「廩生」，由公家按月發給糧食，還可能被選入國子監當「貢生」；成績次好的秀才，簡稱「增生」，不供給糧食，「廩生」和「增生」是有一定名額的；三是附學生員，簡稱「附生」，屬於成績不錯，但沒有「廩生」和「增生」好的讀書人。

如果不想過九關，也還有另一種方法，就是進入古代的最高學府——「國子監」，成為「監生」，要當監生不用考試，一種是皇帝讓你去當的，叫做「恩監」；一種是祖宗對國有功勞的「蔭監」；還有用錢買的「捐監」。

具備考鄉試資格的秀才和監生，可以參加三年一次的鄉試，鄉試每次連考三場，每場三天。考試時，每個人在一人一間稱為「號舍」的屋子裡考試，不管吃、喝、睡都得在裡面。鄉試第一名的稱「解元」，其他的稱「舉人」。通過鄉試的舉人，可以在次年三月參加在京師的會試和殿試。會試跟鄉試一樣，一次考三場，每次考三天，考上會試第一名的稱「會元」，其他的稱「貢士」。

獲貢士資格的，可以參加殿試，考上的人分三類，最好的為「一甲」，第一名狀元、第二名榜眼、第三名探花；接著是二甲，賜「進士出身」；三甲則賜「同進士出身」。所有參加殿試的貢生通常都能成進士，只是位階高低而已，能夠一身兼解元、會元、狀元的，就是「三元及第」。

科舉考試曾經傳到日本、越南、朝鮮等地。明清時代，鄉試及會試皆以四書的內容命題，以八股文做答，做答內容也必須同於古代儒家學者的想法，為了「中舉」，所有的人無不卯足了勁熟讀四書五經，其他的學問都不管。

在清末，其他讀書人覺得這樣不是辦法，集體請願改革科舉，因此在西元一九〇五年，清朝終於廢止科舉考試，結束了許多讀書人的惡夢與美夢。

84

唐傳奇

「傳奇」這個詞，原是指不尋常人或事，不過在中國文學史上，「傳奇」代表的可是特殊的文體。

在唐、宋兩朝，傳奇指的是短篇的文言小說；在明、清則是指從宋、元南戲發展而來，別於北方雜劇的戲曲。

中國的小說從魏晉南北朝一兩百字的筆記體志怪小說，發展到唐傳奇，不但整個篇幅加長許多，故事內容與文字的描寫也更豐富。兩者相較，魏晉志怪小說有如現在的奇聞軼事，而唐傳奇則是增添許多文學的內涵。

唐傳奇的發展，與科舉考試也有關係，當時有些文人想要考科舉，為了要讓主考官對自己有印象，就先寫一些詩文、故事，送給主考官或是當時一些有社會地位的人看，如果獲得這些人稱許，考試的時候或許就多一點機會。

這種把作品先拿去給評審看的行為，就叫做「溫卷」或是「行卷」，溫卷或行卷的作品中，有一些就是我們現在稱為唐傳奇的文言短篇小說。

唐傳奇的內容包羅萬象，有敘述類似照妖鏡，殺了怪蛇與鸚鵡精的《古鏡》；有描寫隋末唐初豪傑人士的《虯髯客傳》；有描寫喝醉酒，睡一覺就在螞蟻國結婚生子過一生的《枕中記》；有路過湖邊，救了被家暴的龍女，不求回報，但最後還是娶了離婚龍女的《柳毅傳》；有描寫唐太宗與楊貴妃戀情的《長恨歌傳》；有父親與丈夫被盜賊所殺，為了報仇，女扮男裝，在仇人家當傭人，最後殺了仇人的《謝小娥傳》。

有些故事甚至成了之後戲曲的題材，像是元稹寫的《鶯鶯傳》，就是元代王實甫《西廂記》的故事原型，而戲曲作家湯顯祖的「玉茗堂四夢」，更是從《霍小玉傳》、《枕中記》、《南柯太守傳》等故事加以改寫。

唐傳奇不僅開啟了中國短篇小說的新頁，也成為後世戲曲、小說取材的寶庫。

❖國學常識這樣考

却要，美容止，善辭令，巧媚才捷，能承順顏色，姻黨亦多憐之。嘗遇清明節，時纖月娟娟，庭花爛發，中堂垂繡幕，背銀釭。而却要遇大郎於櫻桃花影中，大郎乃持之求偶。却要取茵席授之，曰：「可於廳中東南隅，佇立相待；候堂前眠熟，當至。」大郎既去，至廊下，又逢二郎調之。却要復取茵席授之，曰：「可於廳中東北隅相待。」二郎既去，又遇三郎束之，却要復取茵席授之，曰：「可於廳中西南隅相待。」三郎既去，又五郎遇著，握手不可解，却要亦取茵席授之，曰：「可於廳中西北隅相待。」四郎皆去。大郎於廳角中屏息以待。廳門斜閉，見其三弟比比而至，各趨一隅，心雖訝之，而不敢發。少頃，却要突燃炬，疾向廳事，豁雙扉而照之，謂大郎輩曰：「阿堵貧兒，爭敢向這裡覓宿處！」皆棄所攜，掩面而走。自是諸子懷慚，不敢失敬。

——改寫自唐　皇甫枚〈却要〉

(　) 下列語句的說明，何者正確？

Ⓐ 美容止：指却要從不打扮裝飾
Ⓑ 候堂前眠熟：指却要請大郎先在前廳睡一覺
Ⓒ 比比而至：指兄弟們一個接一個到來
Ⓓ 皆棄所攜：指兄弟們都不再牽却要的手

答案：Ⓒ

注：Ⓐ是指美麗的容貌與舉止。
Ⓑ是說等大家熟睡了，我就會來。
Ⓓ是說四個人只好丟掉墊褥，掩著面跑走。

(　) 下列文句所描述的動作，何者是男人對女子輕薄調戲的舉動？

Ⓐ 垂繡幕，背銀釭　Ⓑ 取茵席授之
Ⓒ 握手不可解　Ⓓ 於廳中西北隅相待

答案：Ⓒ

注：Ⓒ「握手不可解」，是五郎調戲却要的動作。

(　) 對於這則故事中的女主角却要，下面的評述何者最恰當？

Ⓐ 不苟言笑又莊重　Ⓑ 含蓄內斂且寡言
Ⓒ 年輕貌美又羞澀　Ⓓ 才貌兼備且機智

答案：Ⓓ

97年第二次基測

注：Ⓓ却要長得漂亮，面對四個男子的求愛，能夠在不撕破對方顏面的情況下化解，可說是才貌兼備且機智。

85 山水田園詩派

山水田園詩派是盛唐將魏晉南北朝時期，田園詩與山水詩結合的一個流派，從名字上看來，山水詩、田園詩彷彿都是以大自然景象為題材的詩作，但在內涵上卻有一些差別。

山水詩盛行於魏晉南北朝時期，當時政治動盪，貴族置身於社會階級的高層，常因為評論時政而惹禍上身。為了避免災厄，一些貴族士大夫不再寫文章批評政治，他們把眼光望向山林，回到自然天地。

由於這些人不愁吃穿，因此用華麗的詩句，描寫遊山玩水所見的景物與心情。從另一個角度來看，這一類的詩，可算是一種韻文的遊記。山水詩的著名寫手，主要以世家大族謝靈運為代表。

至於田園詩，則是以描寫樸實田園生活與簡約而富人情味的農家交遊為主題，是東晉詩人陶淵明所創。

盛唐的山水田園詩派的產生，和魏晉時期有極大的不同，盛唐時期政治還算穩定，每個人都想做大官成大事，偏偏官少人多，弄不到官位做，或是當了官又被拉下官位的人不少。這些人沒有過去山水詩人那樣有錢有勢，閒的發慌，可以到處去玩，他們在各處遊歷，有時是在尋找可以提拔他們做官的人，有時是在排解心中的苦悶。

由於心態上的不同，他們詩中所使用的文字，表現的情感也就不同。也由於身分地位不若魏晉時期的達官貴人，他們的田園詩，充滿了與一般平民往來的溫暖情趣。

盛唐田園山水詩派的代表人物以王維、孟浩然為首，柳宗元承繼在後。這些人因為人生經歷的關係，所寫出來的田園山水詩，也各有不同。

像是柳宗元的〈江雪〉：「千山鳥飛絕，萬徑人蹤滅．孤舟蓑笠翁，獨釣寒江雪。」一層又一層的空絕，就如同柳宗元在政治、文學的道路上力求改革所面臨的孤單與寒冷；與王維晚年身處高官，所寫的〈山居秋暝〉：「空山新雨後，天氣晚來秋。明月松間照，清泉石上流。竹喧歸浣女，蓮動下漁舟。隨意春芳歇，王孫自可留。」充滿閒適感受的田園生活，就有截然不同的風貌。

❖國學常識這樣考

（　）下列詩句「　」中的字，何者不是動詞？

Ⓐ白日依山盡，黃河入海「流」Ⓑ開筵面場圃，「把」酒話桑麻
Ⓒ策「勳」十二轉，賞賜百千強Ⓓ隨意春芳「歇」，王孫自可留。

答案：Ⓒ

93年第二次基測

注：Ⓒ策「勳」是記「功」（名詞）
Ⓐ「流」（動詞）Ⓑ「把」（端著，動詞）Ⓓ「歇」（落，動詞）

（　）詩可以抒情、可以敘事、可以寫景，下列哪一組詩句是以自然景物為主要描寫對象？

Ⓐ萬里飄搖空此身，十年征戰老胡塵。
赤心報國無片賞，白首還家有幾人
Ⓑ獨憐幽草澗邊生，上有黃鸝深樹鳴。
春潮帶雨晚來急，野渡無人舟自橫
Ⓒ五更初起覺風寒，香柱燒來夜已殘。
欲卷珠簾驚雪滿，自將紅燭上樓看
Ⓓ漢家宮殿含雲煙，兩宮十里相連延。
晨霞出沒弄丹闕，春雨依微自甘泉。

答案：Ⓑ

96年第二次基測

注：只有Ⓑ四句都寫自然景物。

（　）在這個資訊化的時代，不少中國古籍也已經輸入電腦，使讀者可以藉由「全文檢索系統」迅速地查閱資料。如果我們準備利用「《全唐詩》全文檢索系統」蒐羅以田園生活為題材的唐代詩歌，則輸入下列選項中哪一組語彙，可以最快找到相關作品？

Ⓐ黃沙、絕漠、瀚海、胡塵Ⓑ柴門、荊扉、幽篁、墟里
Ⓒ西崑、東溟、鍾山、瑤臺Ⓓ玉階、綺窗、畫閣、簾鈎

答案：Ⓑ

86年學測

86

邊塞詩派

邊塞詩是唐朝詩歌的類別之一，內容包括積極進取，想要爭戰沙場、為國效命、建立功業的英雄豪情；描寫不同於唐朝國內景致的塞外風光；守邊戰士思鄉與戰士妻小思念戰士的苦悶；戰爭的殘酷與慘烈……

唐朝著名的邊塞詩人包括：高適、王昌齡、王之渙、岑參、李頎等。曾經在駐守邊關軍隊中工作的高適，就寫出〈塞上〉：「……惟昔李將軍，按節出皇都。總戎掃大漠，一戰擒單于。常懷感激心，願效縱橫謨。倚劍欲誰語，關河空鬱紆……」這樣邊關戰士豪情壯志的詩歌。

而與高適齊名，並稱「高岑」的岑參也曾待過邊關，他的〈北庭西郊候封大夫受降回軍獻上〉：「……胡地苜蓿美，輪臺征馬肥。大夫討匈奴，前月西出師……」描述了塞外風光與守邊生活。詩中出現的「大漠」、「匈奴」、「胡」、「馬」等都是邊塞詩常出現的字詞。

並不是只有邊塞詩人才寫邊塞詩，詩仙李白、詩聖杜甫、甚至連山水田園詩的代表詩人，詩佛王維都寫過邊塞詩。李白的〈關山月〉：「明月出天山，蒼茫雲海間。長風幾萬里，吹度玉門關。漢下白登道，胡窺青海灣。由來征戰地，不見有人還。戍客望邊色，思歸多苦顏。高樓當此夜，歎息未應閒。」詩中描寫邊關景致與守邊將士思鄉情懷，就是典型的邊塞詩；杜甫的〈前出塞九首〉、〈後出塞六首〉，從題目就可以看出，是典型的邊塞詩。

其實邊塞詩並不是開始於唐朝，然而初唐、盛唐時期，唐朝國力強大，對抗外敵的侵擾，總能傳出令人振奮的捷報；加上一些詩人直接參與守邊工作，使得唐朝出現數量大、品質好的邊塞詩，因此可以成為一個派別。

❖國學常識這樣考

(　) 「戰士軍前半死生，美人帳下猶歌舞」詩句中的「死生」只有「死」的意思，下列文句「　」中的語詞，何者用法與此相同？

Ⓐ 他們的「恩怨」太深，所以常起衝突
Ⓑ 你這樣的做法，未免太不知「好歹」
Ⓒ 世態炎涼，如人飲水，「冷暖」自知
Ⓓ 這件事的「「是非」曲直，仍無人知曉。

答案：Ⓐ

92年第二次基測

注：Ⓐ恩怨其實是只有「怨」的意思，是偏義複詞，跟死生只有「死」的意思一樣。但Ⓑ好歹、Ⓒ冷暖、Ⓓ是非都是合義複詞。

87 新樂府運動

「新樂府運動」是中唐時期的產物，當時的唐朝，雖然結束了安史之亂，卻使得整個帝國衰落、貧困，上層社會的王公貴族為了維持優渥的生活，不停的增加稅賦，擁有兵權的將領叛亂頻率增加，關心國家的文人憂心忡忡，期待以詩、文喚起掌權者的良心。在「文」方面，韓愈、柳宗元等人倡導「古文運動」；而白居易、元稹等人則發起「新樂府運動」。

新樂府詩與舊樂府詩第一個最大的差別在於「制定新題」，在白居易之前，很多詩人創作樂府詩，都只改樂府詩的內容，而用舊題，往往使得「詩不對題」。白居易覺得這樣不好，他希望大家在寫樂府詩時，別偷懶，順便也訂一下題目。

除此之外，白居易是詩人，不是音樂人，所以，他對於新樂府詩的要求，也就不在乎這首詩是否可以唱。白居易雖然不在乎新樂府詩可不可以「入樂」，但他卻很重視樂府詩的內容，他認為，新樂府詩必須要承繼漢魏時期，諷諭時事、關心人群的「現實主義」精神，使用文字要質樸易懂，使讀者有所體悟，才可稱為「新樂府詩」。

這種特定內容的新樂府詩，其實先前杜甫就已經創作了一些，像是〈兵車行〉、〈麗人行〉等都是控訴戰爭、諷刺帝王權貴生活奢華的樂府詩，不過真正提出這套「文章合為時而著，歌詩合為事而作」理論，並且大量創作，推動「新樂府運動」成為當時主流文化的，就要等到白居易等人了。光是白居易自己，就創作了五十首的〈新樂府〉，其它像是元稹、王建、張籍等人也有意識的創作了數十首的新樂府詩。

這些優良的詩作，使得「新樂府運動」不至於流為理論空談，也成為晚唐時期最重要的文學運動之一。

❖國學常識這樣考

(　) 某書「目錄」於第N章有下列三個子目：一、「為時而著」與「為事而作」；二、「補察時政」與「洩導人情」；三、對樂府詩的重視。則第N章的標題最可能的選項是：

Ⓐ「韓愈柳宗元的文學思想」
Ⓑ「元稹白居易的文學思想」
Ⓒ「明代公安派的文學思想」
Ⓓ「清代桐城派的文學思想」

答案：Ⓑ

91年指考

注：Ⓑ白居易與元稹並稱元白，是中唐著名的詩人。他們的詩淺顯易懂，內容重在寫實，具有補察時政、洩導人情的功用。

88 唐朝古文運動

中國文學史上，中晚唐跟北宋都分別發起了一次古文運動，這兩次的古文運動，都不是要擬古，寫深奧難懂的文章，而是「反駢文」的散文寫作運動。

發起古文運動的唐代文壇領袖為韓愈、柳宗元；宋代則為歐陽修、王安石、曾鞏、蘇東坡、蘇洵、蘇轍等人。這八人後來被稱為「唐宋八大家」。

唐宋古文運動的宣導文句很類似，唐朝為：「文以載道」；北宋為「明道致用」。

唐朝古文運動的代表人物韓愈認為，「文」只是個「容器」，用來盛裝講述仁義、描寫家國、人情的「道」。在韓愈之前，也有人提出類似的古文運動，不過那些人，自己都在寫駢文，這樣「手口不一」，「古文運動」當然沒辦法通行起來。到了中唐，韓愈與柳宗元除了提出理論，還寫出了許多優良的文章，創造了「古文運動」的新潮流，大家開始跟著書寫這類的散文，「古文運動」得以推展。

別看「古文運動」字面上是「古文」二字，就以為「古文運動」是要寫舊文、用舊字。韓愈雖然推崇儒家學說，但可不是個無趣的老學究，相反的他還要大家創新文字。所以有人說，韓愈這群人，雖然打著復古的旗幟，其實是散文的創新。

說起創新，韓愈可說是唐朝屬一屬二的高手，他很會寫墓誌銘，不管是達官貴人或是升斗小民，韓愈都能把這個人令人懷念的地方寫出來，因此賺了不少錢。在他被貶到潮州去當官時，河裡出現鱷魚，韓愈居然送了一隻豬和一隻羊到河裡，寫了一篇〈祭鱷魚文〉，恩威並施的跟鱷魚談判，要鱷魚搬新家，據說最後鱷魚還真的不知去了哪裡。他在寫詩時，甚至創造出一些奇奇怪怪的詞語，和孟郊等人弄出了一個奇險詩派，讓很多人讀都讀不懂。

比起韓愈的「新」與「奇」，跟韓愈並稱「韓柳」的柳宗元，雖然同樣倡導古文運動，不過平生想法與寫作風格卻跟韓愈完全不一樣。相對於韓愈排斥佛教，柳宗元由於母親信佛，因此他不但不反對佛教，反而受到一些佛教思想的影響。柳宗元最為人所稱道的，就是他被貶到永州時期，在窮困潦倒中所寫的山水遊記〈永州八記〉。

永州位於湖南省的偏僻地區，柳宗元被貶到永州，住在小寺廟，母親因長期顛沛而罹病過世，他自己也多病纏身。但他的〈永州八記〉，卻以清麗的文字、細膩的描寫了永州的景致，不但是引人入勝的遊記，也是古文的頂尖之作。

或許是唐朝的駢文走的太偏，或許是古文運動的推動者，寫出許多題材豐富的佳作，因此，唐朝的古文運動成為文學史上最重要的文學運動之一。

（　）下引文字，依文意排列，順序最恰當的選項是：

始吾幼且少，

甲、是固不苟為炳炳烺烺

乙、及長

丙、為文章以辭為工

丁、乃知文者以明道

務采色，誇聲音而以為能也。

——柳宗元〈答韋中立論師道書〉

Ⓐ丙乙丁甲　Ⓑ丁丙甲乙

Ⓒ丙甲乙丁　Ⓓ丁乙甲丙

答案：Ⓐ

96年指考

注：Ⓐ這一句的句型是：「始吾……，○○○，及長，乃知□□□；是固……」。

（原文）始吾幼且少，

丙、為文章以辭為工。

甲、及長，

乙、乃知文者以明道，

丁、是固不苟為炳炳烺烺、

務采色、誇聲音而以為能也。

（　）韓愈提倡古文運動，主張文以載道。何人推崇他「文起八代之衰，道濟天下之溺」？

Ⓐ蘇洵　Ⓑ蘇軾

Ⓒ蘇轍　Ⓓ柳宗元

答案：Ⓑ

95年預官

注：Ⓑ蘇軾<潮州韓文公廟碑>以「文起八代之衰，道濟天下之溺」，稱讚韓愈在文學及宏揚儒道的貢獻。

89

詞

詞又稱曲子詞、詩餘、長短句、樂府。而根據字數，詞分為小令（五十八字以內）、中調（五十九～九十字）和長調（九十一字以上，最長的詞達二四〇字）。

詞的題目有兩的部份，一個部份稱為「詞題」，是用來說明內容，比較類似詩名或是散文題目。一個部份稱為「詞牌」，詞牌主要是詞格式的名稱，就像是近體詩有五言絕句、五言律詩、七言絕句、七言律詩一樣，詞也有不同的格式。

詞有一千多種格式，但是這些格式，沒有用第一式、第二式、或是甲式、乙式作為稱呼，而是以不同的名字替不同的格式命名。這些格式的名字，就是詞牌。

一開始，詞是搭配著音樂而存在，為了和樂，這些詞，有的是專門配合曲而寫的；有些則是樂工們拿詩人寫的詩，配合旋律的長短，加上幾個詞而成的。

初唐時候，詞已經有一定的寫作方式，不過當時的曲調並不多，加上大部分文人都去寫詩，就算偶爾做詞，也少有佳作。到了中唐，白居易、劉禹錫等人創作出質量兼具的作品，詞才開始慢慢流行。

唐末五代，一些君主愛唱歌、跳舞、舉辦宴會，歌曲需求量大，許多文人開始專注於寫詞。由於這時候的詞，主要是合樂而配合宮廷的宴會，所以多半使用華美、綺麗的文字描寫男女之情、宮廷歡宴等等。這時的代表作家是韋莊、溫庭筠、南唐二主李璟和李煜。

到了宋朝，文人大量創作詞，開拓詞的新局。由於作品內容取材廣泛、文字各有風格，使得「詞」成為宋代文學的代表。北宋的柳永、晏殊、歐陽修、王安石、蘇軾、周邦彥；南宋的李清照、陸游、岳飛、辛棄疾等都是著名的詞家。

詞的風格很多元，大體上可分為婉約派和豪放派。婉約派的詞風格典雅、曲盡情態；例如柳永的「今宵酒醒何處？楊柳岸，曉風殘月」；晏殊的「無可奈何花落去，似曾相識燕歸來」；都是情景交融的抒情傑作。

豪放詞作則是從蘇軾開始，他把詞從娛賓遺興的天地裡解放出來，發展成獨立的抒情藝術。無論是壯麗山川、小橋流水、優遊放懷、慷慨報國，都能在他手中都成為詞的題材，讓詞的作品更多元化，也讓更多的人易於接受與傳頌。

❖國學常識這樣考

叵耐靈鵲多謾語，送喜何曾有憑據？
幾度飛來活捉取，鎖上金籠休共語。
比擬好心來送喜，誰知鎖我在金籠裡。
欲他征夫早歸來，騰身卻放我向青雲裡。

——唐　敦煌曲子詞〈鵲踏枝〉

叵耐：不能忍耐，叵，音ㄆㄡˇ
謾語：謊話
比擬：本來打算

（　）這闋詞是透過靈鵲和思婦的對話來表達「閨怨」的主題。思婦將靈鵲鎖在金籠裡的原因最可能是下列何者？

Ⓐ 報喜總是無憑據　　Ⓑ 捉取安慰寂寞人
Ⓒ 萬里傳信予征夫　　Ⓓ 靈鵲乃是吉祥物

答案：Ⓐ

注：Ⓐ根據這首詩裡的第二句，深閨怨婦將靈鵲鎖在金籠裡的原因，是因靈鵲所報之喜總是無憑據。

（　）詞中思婦的心情與下列何者最接近？

Ⓐ 無辜遭殃，氣憤難平　　Ⓑ 期待落空，鬱悶惱怒
Ⓒ 物是人非，不堪回首　　Ⓓ 睹物思人，悲從中來

答案：Ⓑ

98年第一次基測

注：Ⓑ怨婦期待征夫早歸的心願一直落空，因此陷入鬱悶愁緒，並惱怒靈鵲不「靈」，所報之喜總是無憑據，所以選Ⓑ。Ⓐ從詩中看不出有此心情。Ⓒ這首詩是寫怨婦期待征夫早歸，並無慨嘆物是人非，不堪回首。Ⓓ詩中怨婦並沒有睹物思人，只是藉由與靈鵲的互動，巧妙展現期待征夫早歸的心情。

90 北宋古文運動

唐代的古文運動撐不久，到了宋代，文人又開始追求美文。原本愛美就是人的天性，寫美文也沒什麼錯，錯就錯在美文只有外在美，沒有內在美，大家看來看去，看不出什麼內容，所以第二波的「古文運動」又開始了。

當時古文運動的對手是「西崑體」，這是北宋初年最流行的詩歌流派，崇尚西崑體的作家，看不起白居易使用如此淺白的文字，也不愛晚唐韓愈弄一些奇奇怪怪的辭彙；他們奉李商隱為教主，追求華麗辭藻、音韻形式。

不過這種刻意為之的「美詩」、「美文」，美容過頭了，反而讓人覺得很乏味。因此有人開始反對「西崑體」。他們與「西崑體」的對抗，最後發展成了北宋的古文運動。

北宋古文運動的發起人是歐陽修，他提出了「文以明道」的要求。由於他的學生很多，而且都是一等一的寫作能手，像是曾鞏、王安石、蘇軾、蘇轍都受過他的教導，在歐陽老師的疾呼之下，寫作高手立刻創作配合。加上歐陽修在當科舉考試主考官時，規定考試只能用樸素的散文寫作，所以北宋的古文運動在當時，推行得比唐朝久。

北宋古文運動，跟唐朝最大的不同是，北宋的古文運動把韓愈給捧紅了。北宋響應古文運動的文人認為，要追求秦漢時代素樸風格的散文，時代太遠，但要找一個近的，不知找誰？就找韓愈吧！

所以他們學習韓愈散文寫作平易近人的風格，但不追求韓愈寫詩時的奇險特色，這是北宋時期的文風。

北宋古文運動的參予者，幾乎是北宋整個朝代最厲害的文學家，從歐陽修以下，包括了蘇洵、蘇軾、蘇轍、王安石、曾鞏，以及蘇軾門下的黃庭堅、陳師道、秦觀、晁補之等人。徹底改變了文風。

明代茅坤編了一本《唐宋八大家文鈔》，將韓愈、柳宗元、歐陽修、蘇洵、蘇軾、蘇轍、王安石、曾鞏並稱唐宋八大家，從此，這八人成為古文運動的代表人物。

❖國學常識這樣考

(　　)如果想要了解「唐宋古文運動」的基本主張與重要人物的文學成就，可以閱讀下列哪些著作？

Ⓐ新唐書　Ⓑ韓愈集
Ⓒ歐陽修集　Ⓓ蘇軾集
Ⓔ柳永詞

答案：ⒶⒷⒸⒹ

92年學測補考

注：Ⓔ柳永是宋朝詞人，與古文運動完全無關。

(　　)下列敘述何者正確？

Ⓐ想研究陶淵明的生平與作品，可考慮查閱《晉書》、《昭明文選》、《靖節先生集》等書
Ⓑ想研究韓愈的生平與作品，可考慮查閱《舊唐書》、《全唐文》、《昭明文選》、《柳河東集》等書
Ⓒ唐宋八大家中，年二十餘始發憤向學，閉戶勤讀，通六經百家之說，為文長於議論，風格簡直古勁，有先秦遺風者為蘇洵
Ⓓ《世說新語》本屬助談之書，係東漢以後品評人物，好尚清談風氣下的產物
Ⓔ《臺灣通史》為編年體史書，起自隋代，終於割讓，歷時千餘年

答案：ⒶⒸⒺ

83年學測

注：Ⓑ《昭明文選》是南北朝時的書，不可能收錄唐朝人的作品。《柳河東集》收錄的是柳宗元的作品，不會有韓愈的作品。
Ⓓ《世說新語》是南北朝時的書，不是東漢。

91 婉約派

婉約派是中國詞的流派，內容多敘述兒女情愛的悲、哀、怨、樂，在形式的表現上，音律婉轉、文字綺麗纏綿，風格纏綿陰柔。在北宋蘇東坡開創「豪放派」詞風之前，婉約派一直是詞的主流。

因為在當時，詞主要是取代漸漸不合樂的詩，在歌樓酒館、宮廷宴會中作為消遣娛樂之用，自然不會出現雄壯威武的軍歌，或是控訴戰火無情、生活困苦這樣掃興的內容。

婉約派主要的代表作家包括：《花間集》的代表作家，晚唐的溫庭筠、一代詞帝——南唐後主李煜、北宋古文運動領導人物歐陽修、人稱婉約派一代詞宗的李清照、蘇東坡的門下弟子秦觀、以及和歐陽修合稱「晏歐」的晏殊、半生混在妓院酒館，以寫詞換取歌妓接濟的柳永、精通音律，集婉約、格律派大成的周邦彥等人。

婉約派有許多經典的詞句，常被愛情小說或是年輕男女寫情書時借來使用，像是秦觀的〈鵲橋仙〉：「……兩情若是久長時，又豈在朝朝暮暮？」；柳永的〈鳳棲梧〉：「……衣帶漸寬終不悔，為伊消得人憔悴。」；晏殊〈浣溪紗〉：「……無可奈何花落去，似曾相識燕歸來。」；周邦彥的〈浣溪紗〉：「……新筍已成堂下竹，落花都上燕巢泥，忍聽林表杜鵑啼。」

婉約派漸漸發展，文字風格雖仍然偏於陰柔，但是內容風格卻有擴大的跡象，這是因為有些文人作家生活遭逢變故、有志難伸等等因素造成的，例如：李煜、李清照在遭逢國破與家亡後，詞從原本的歡樂宮宴與甜蜜情愛的內容轉變成為深沉的悲愁，由於作家生命經驗的改變，同時也擴大了詞的意境與深度。

❖國學常識這樣考

（　）下列有關知名詞人的敘述，正確的選項是：

Ⓐ蘇軾詞名向為詩文所掩，他對詞壇的主要貢獻在於精研音律，並且創製長調慢詞

Ⓑ李清照由於夫妻恩愛、人生美滿，其詞作無論寫景抒情，每每洋溢幸福之感，極盡細膩婉約之美

Ⓒ柳永身為落魄文士，不時流連歌樓酒館，卻因此創作出真切自然的深情歌調，廣為流傳——「凡有井水處，皆能歌柳詞」

Ⓓ李後主「生於深宮之中，長於婦人之手」，其作品可分為前後兩期，後期詞風因遭逢亡國之痛，「眼界始大，感慨遂深」

Ⓔ辛棄疾雖為宋詞「豪放派」大家，實則其詞作風格多樣，除以世衰亂離、國仇家恨為書寫題材外，亦不乏清麗淡雅之作，甚或「以文為詞」，故作詼諧，語帶幽默

答案：ⒸⒹⒺ

95年指考

注：Ⓐ周邦彥精研音律，能自創新曲；柳永創作慢詞獨多，長於長調慢詞；都不是指蘇軾。

Ⓑ李清照與夫婿趙明誠有過一段美滿姻緣，但丈夫死後則作品才多見淒涼之感。

92 筆記小說與章回小說

筆記是一種寫作體裁，是任由作者「隨筆」或「雜記」的寫作方法；所以一本書往往沒有固定主題，一段寫旅行，下一段卻寫鬼怪故事，內容多元。以這種「雜記」方式寫下的故事，就叫做「筆記小說」。這類的小說，根據學者魯迅的觀點，可以分成「志人」與「志怪」小說。

雖然今天我們看來，這類小說含有許多虛構的成分，然而，當初將這些奇人、奇事記錄下來的文人，卻是存著「記實」的心態，在紀錄「稗官野史」；把他認為特別的人、事記錄下來。

由於筆記小說作者的創作心態，因此筆記小說欠缺了現代小說的鋪陳、情結轉折等等的美學技巧。

中國第一本筆記小說，是南朝宋劉義慶彙編的《世說新語》。這是一本志人小說，記載了魏晉時期名人的行徑；中國第一本志怪小說，有人說是《山海經》，但大部分的人認為是晉朝干寶所做的《搜神記》。

章回小說的出現比筆記小說晚很多，大約出現在元朝末年，屬於中國古代長篇小說，起源於說書人講史的話本。

由於歷史故事很長，說書人沒辦法一次說完，所以就把故事分成多次講，一次等於一回，數回合的說書人「講稿」累積起來，就成為章回小說的前身。像是《五代史平話》、《大宋宣和遺事》等。

如同話本小說一樣，一開始的章回小說，都是民間故事經過說書人補充，再由作家改寫而成，像是《三國演義》、《水滸傳》等。在故事中常會出現「話說」、「且說」或是「各位看官」等用詞，都是說書時使用的話語。

明朝中期，章回小說漸漸發展出像《西遊記》、《金瓶梅》等不屬於講史，甚至是文人自己獨創的故事。多元的題材，讓章回小說展現出更豐富的面貌。章回小說繼續發展，在清朝曹雪芹的《紅樓夢》時，達到了章回小說的藝術巔峰。

❖國學常識這樣考

陸機少時，頗好遊獵。在吳豪盛，客獻快犬名曰黃耳。機後仕洛，常將自隨。此犬黠慧，能解人語。又嘗借人三百里外，犬識路自還，一日至家。機羈旅京師，久無家問，因戲語犬曰：「我家絕無書信，汝能齎書馳取消息不？」犬喜搖尾作聲應之。機試為書，盛以竹筒，繫之犬頸。

犬出驛路，疾走向吳，飢則入草噬肉取飽。每經大水，輒依渡者，弭耳掉尾向之，其人憐愛，因呼上船。纔近岸，犬即騰上，速去如飛。徑至機家，口銜筒作聲示之。機家開筒取書，看畢，犬又向人作聲，如有所求；其家作答書內筒，復繫犬頸。犬既得答，仍馳還洛。計人程五旬，而犬往還纔半月。

——改寫自任昉《述異記》

(　) 根據上下文判斷，文中「我家絕無書信」的意思與下列何者最接近？

Ⓐ 無人可以幫忙送信回家
Ⓑ 很久沒有收到家中音訊
Ⓒ 斷絕了寫信回家的念頭
Ⓓ 家人絕對沒有寫信給我

答案：Ⓑ

注：Ⓑ「我家絕無書信」意思就是「我和家裡斷絕書信很久了」，意即很久沒有收到家中音訊。

(　) 下列何者無法看出此犬具備對人示意的能力？

Ⓐ 嘗借人三百里外，犬識路自還，一日至家
Ⓑ 犬喜搖尾作聲應之
Ⓒ 每經大水，輒依渡者，弭耳掉尾向之
Ⓓ 犬又向人作聲，如有所求

答案：Ⓐ

99年第一次基測

注：Ⓑ「搖尾作聲」，Ⓒ「弭耳掉尾向之」，Ⓓ「向人作聲」，這三項都能可看出黃耳這隻狗對人示意的能力。但Ⓐ只能可看出黃耳有識路的高超本領，以及可日跑百里的快速腳程。

93 理學

北宋時期有一派儒學家，在傳統的儒學思想中，加入了佛教思想、道家思想，對於自然、宇宙的看法，成為一種「新儒學」，這種新儒學就叫做「理學」、「義學」、或是「道學」。

這一派的創始人是北宋的周敦頤、邵雍與張載，他們的學說傳給了程顥、程頤兩兄弟，最終在南宋朱熹手中補充完備。因此這派學說又被稱為「程朱理學」，而研究理學的學者就被稱為「理學家」。理學盛行於南宋與元、明時代，清朝中葉以後逐漸沒落。

孔子所傳下來的儒家學說，主要是注重人在社會中的應對行事。但是有人會問，這套應對行事的準則從何而來？為何孔子說的我們就要聽？為了讓這些「異議份子」無話可說，北宋學者將孔子時代儒學很少談論的，有關於宇宙、自然，人與自然的關係加入了原本的儒家學說中。

北宋儒者告訴大家，在宇宙中有一個至高無上的東西，有人叫做「天」，有人稱為「道」，有人把它變成「上帝」。而儒學家稱為「理」。「理」是宇宙萬物的起源，它的本質是善的。「理」是人表現「善」的原因；「理」的表現在整個社會的規範上，就是「禮」。既然人身上有善，而人世間的惡行又從哪裡來呢？理學家認為，人的本心是善的，可是人的軀體帶著感情，感情中有欲望，這種慾望就是惡的來源，所以人一定要「存天理滅人慾」。

北宋到南宋期間，理學有各種派別。各有各的支持者，到了元朝中期，恢復科舉選官的制度，既然要考試，就要訂立考試的範圍。元仁宗因此下令，把朱熹的《四書章句集注》做為考試的教材。有了國家考試的加持，朱熹的理學一枝獨秀，成為元明以後重要的學術思想。

理學對於各種慾望的禁絕，有許多規定幾乎不近人情，對於女生的規定尤其嚴格，光是一個「烈女不嫁二夫」的規定，要女生不管在任何情形下都不能改嫁，就讓人覺得很不合理。

另外，還有越來越多一天到晚批評、要求別人要有仁義道德，自己卻以讀書人的身分自居，欺負奴僕，或在私底下說別人的壞話，被譏為「假道學」的讀書人出現，所以明末開始出現批評理學的人，到了清朝，「反理學」的讀書人漸漸多了起來，理學因此衰微。

❖國學常識這樣考

（　）王陽明說：「智者不以無過為喜，人之大德在於改過，做一新人。」這段話最主要的意思是什麼？

Ⓐ說明人非聖賢，孰能無過
Ⓑ勉勵人謹言慎行，避免犯錯
Ⓒ強調知過改過、日新又新的重要性
Ⓓ指出智者以有過為喜、以重生為榮。

答案：Ⓒ

91年第一次基測

（　）下引是一段古代散文，請依文意選出排列順序最恰當的選項：

「人之所喻，由其所習，
甲、志乎義，
乙、所習在義，
丙、所習由其所志，
丁、則所習者必在於義，
斯喻於義矣。」　——陸九淵〈白鹿洞書院講義〉

Ⓐ甲丁乙丙　Ⓑ乙甲丙丁
Ⓒ丙甲丁乙　Ⓓ丁乙丙甲

答案：Ⓒ

92年學測

注：Ⓒ這一題用的又是「頂真」修辭法，可從前句尾或後句首使用的詞語以及文意上判斷其承接的關係：第一句和丙、甲以及丁和乙分別是頂真關係。再由「因果句」關係可看出甲和丁是文意相承。再由「層遞關係」可判斷乙項應置最後，與題尾相接。

（原文）人之所喻由其所習，

丙、所習由其所志。
甲、志乎義，
乙、則所習者必在於義，
丁、所習在義，

斯喻於義矣。

94

公案小說

簡單得來說，「公案小說」就是現在的法官、警探抓犯人、審理犯罪的故事。在中國很早就出現過「公案小說」，魏晉南北朝、唐朝都出現過一些類似公案小說的故事。到了說書盛行的宋代，公案小說開始大量出現。

宋朝的「說書」盛行之後，公案故事緊張、懸疑的犯罪事實往往能勾住聽者的心，受害者的冤屈、施暴者的可鄙、執法者的公正智慧，都讓聽者產生極大的共鳴。因此說書人在「說公案」時，往往很受歡迎。「說公案」的內容被人集結起來，經過文人的潤飾與補充，就成了公案小說。

中國最著名的公案小說，應該數《包公案》、《施公案》、《彭公案》，這些公案小說都有一個審判的文官：《包公案》是被稱為「包青天」的宋朝包拯、《施公案》是清朝施世綸、《彭公案》是清朝彭鵬。

這些官員的身邊，往往也有武功高強的俠士或是捕頭幫忙，《包公案》中有武藝高強，人稱御貓的「南俠」展昭，幫忙包公擒拿罪犯；《施公案》有江湖英雄黃天霸協助辦案；而

《彭公案》有俠客黃三太替彭公到民間明察暗訪。

有人說，中國公案小說，是中國偵探、推理小說的前身，然而，有許多公案仍描寫了執法者藉由鬼神之助得以破案的情節。像是《包公案》中的〈烏盆記〉，敘述了旅人被人搶劫殺害，屍體被燒成瓦盆，買走瓦盆的人受到鬼魂的騷擾，請求他幫忙申冤，買瓦盆的人到了開封府找包拯，包拯本來不信，後來聽到瓦盆中鬼魂的哭訴，將犯人抓來，嚴詞拷問，終於使犯人俯首認罪。

從這類的故事中，可以看出：不同偵探、推理小說，著重於犯罪者與破案者的鬥智鬥力，公案小說的重點，在於公平正義是否得以伸張？

❖國學常識這樣考

(　)下列關於小說的敘述，何者正確？

Ⓐ《聊齋誌異》屬於章回小說
Ⓑ《搜神記》屬於志怪小說
Ⓒ《李娃傳》屬於公案小說
Ⓓ《紅樓夢》屬於話本小說

答案：Ⓑ

93四技二專

注：Ⓐ《聊齋誌異》是短篇小說集。
Ⓒ《李娃傳》是傳奇小說。
Ⓓ《紅樓夢》是長篇小說。

95 四書五經

中國自漢朝以來就把儒家學說當成「國學」，所以儒者所看重的，以及儒者所著的書，就被視為讀書人必讀的書籍。南宋儒家大師——朱熹因此將《論語》、《孟子》、相傳是曾子所做，置於《禮記》中的一篇《大學》、相傳是子思所做，同樣置於《禮記》的《中庸》移出《禮記》，單獨成書，四本書合稱「四書」。

《論語》、《孟子》、《大學》、《中庸》分別代表了孔子、孟子、曾子、子思等儒家重要人物的言行思想。

五經則是《詩經》（《詩》）、《尚書》（《書》）、《禮記》（《禮》）、《周易》（《易》）和《春秋》等五本儒家特別看重的經典合稱。戰國時代，當時文人就已經把《詩》、《書》、《禮》、《樂》、《易》、《春秋》視為「六經」。

秦始皇焚書時，除了《易》這本算命書，被李斯歸類在醫術占卜之中，因此得以留存外，其他都被燒光；《樂》經最慘，被燒完後，完全沒人懂，所以從此不傳；《書》號稱中國第一本史書，分為《虞書》、《夏書》、《商書》、《周書》，在焚書時，首當其衝被燒，有些人把《書》藏在牆壁裡，有些學者背過一些，因此留下一些斷簡殘篇；《詩》雖然被燒，但被熟讀《詩》經的西漢學者保留下來；記載周朝禮節的《儀禮》也不見了，只剩下齊國學者高堂生記得一些，高堂生用自己的記憶，背了十五篇，傳給學生，學生們再從各方資料彙整有關禮節、政令甚至孔子言論等等的文章，編成五十五篇的《禮記》取代了《儀禮》。而《春秋》這部孔子寫的魯國歷史，對儒學後世而言，是書架上絕不能少的書。

南宋以後，「四書五經」被列為科舉考試的必考書目，為了當官，成為高級公務員，所有讀書人卯起來讀這幾本書，光是這幾本書的註解就有原文的四、五百倍，對中國人的影響可謂相當大。

❖國學常識這樣考

（　）斟酌下引文字，□中最適合填入的選項是：

六經者非他，吾心之常道也。是故，□也者，志吾心之陰陽消息者也；《書》也者，志吾心之紀綱政事者也；□也者，志吾心之歌性情者也；□也者，志吾心之條理節文者也；□也者，志吾心之欣喜和平者也；《春秋》也者，志吾心之誠偽邪正者也。

——王陽明〈尊經閣記〉

Ⓐ易／詩／禮／樂　　Ⓑ易／樂／禮／詩
Ⓒ詩／禮／易／樂　　Ⓓ詩／樂／易／禮

答案：Ⓐ

95年學測

96 話本與擬話本

宋朝時候，有一種專門說故事表演的職業，這種職業叫做「說話」，類似後來的「說書」。這些說故事人，把要說的故事記下來叫做「話本」。「話本」和說故事人的關係，就像是現在演講稿和演講者，或是劇本和戲劇。

話本有三個主要的部分：

一、**入話**：在真正的故事開始之前，說故事的人會先說一些詩詞，再說個與內容相關的小故事。這樣做的原因，除了展現說故事者的才學，也有可能是為了讓姍姍來遲的觀眾，可以聽到完整的故事。

二、**正文**：包含主要的故事，在描寫景物或人物心情時，也會以詩詞來表達。

三、**結尾**：故事結束時，多以點名主題、警世勸人的詩詞收尾。

一開始，話本是說故事表演中的一個環節，但到了後來，有些文人模仿了「話本」的形式，寫了一些小說故事，這就叫做「擬話本」。

簡單來說，「話本」是用作說故事表演。「擬話本」去掉了話本的「入話」、「結尾」

等形式，可說是古代的「白話小說」。

元朝以前的話本，至今流傳下來的並不多，但都是對我國通俗小說影響很大的故事，像是《西遊記》前身的《大唐三藏取經詩話》、《水滸傳》前身的《大宋宣和遺事》等等。

擬話本小說最著名的就是明朝馮夢龍的「三言」——《喻世明言》、《警世通言》、《醒世恒言》，「二拍」——凌蒙初《初刻拍案驚奇》、《二刻拍案驚奇》中部分篇章，天然癡叟著《石點頭》等等。這些擬話本小說集在當時，都是相當風行的通俗短篇小說故事集，銷售量相當不錯。

❖國學常識這樣考

(　) 下列作品、作家、時代及體裁，對應完全正確的選項是：

Ⓐ〈虬髯客傳〉／元稹／唐人傳奇小說
Ⓑ《水滸傳》／施耐庵／宋人話本小說
Ⓒ《老殘遊記》／劉鶚／清代章回小說
Ⓓ《聊齋誌異》／蒲松齡／清代志怪小說
Ⓔ《世說新語》／劉義慶／南朝宋志人小說

答案：ⒸⒹⒺ

94年學測

注：Ⓐ〈虬髯客傳〉作者應為杜光庭。
Ⓑ施耐庵是元末明初人。

（　）章回小說多由說書人的底本增潤而成，情節敘述往往摻雜說書人的解釋或評論。下列文句，具有此一特色的選項是：

Ⓐ 玄德訪孔明兩次不遇，欲再往訪之。關公曰：「兄長兩次親往拜謁，其禮太過矣。想諸葛亮有虛名而無實學，故避而不敢見。兄何惑於斯人之甚也？」

Ⓑ 巨靈神回至營門，徑見托塔天王，忙哈哈跪下道：「弼馬溫果是神通廣大！末將戰他不得，敗陣回來請罪。」李天王發怒道：「這廝剉吾銳氣，推出斬之！」

Ⓒ 孔明曰：「亮夜觀天象，劉表不久人世；劉璋非立業之主，久後必歸將軍。」玄德聞言，頓首拜謝。只這一席話，乃孔明未出茅廬，已知三分天下。真萬古之人不及也

Ⓓ 當時林沖扳將過來，卻認得是本管高衙內，先自手軟了。高衙內說道：「林沖，干你甚事！你來多管！」原來高衙內不認得他是林沖的娘子，若還認得時，也沒這場事

Ⓔ 八戒道：「哥哥說得有理。你去，你去。若是打敗了這老妖，還趕將這裡來，等老豬截住殺他。」好行者，一隻手提著鐵棒，一隻手拖著死虎，徑至他洞口。正是：法師有難逢妖怪，情性相和伏亂魔

答案：ⒸⒹⒺ

96年學測

注：Ⓒ「只這一席話，乃孔明未出茅廬，已知三分天下，真萬古之人不及也」是說書人的評論。

Ⓓ「原來高衙內不認得他是林沖的娘子，若還認得時，也沒這場事」是說書人的解釋。

Ⓔ「好行者！」「正是：法師有難逢妖怪，情性相和伏亂魔」是說書人的評論。

97

元曲

元曲是元代最主要的文學代表，主要分為散曲和雜劇，散曲主要承繼了宋詞，類似有韻的詩歌；雜劇則是類似現在的劇本。

詞發展到宋朝之後，分成合樂與不合樂兩種，當散曲出現後，取代了合樂功能的詞，成為元朝主要的韻文代表。

散曲又分為「小令」、「套曲」。小令比較像是現在的「單曲」；套曲又稱為「大令」或「套數」，從名稱就可以知道，這一類比較像是「組曲」。

雜劇是古代的戲劇劇本，內容組成除了曲詞、名為「賓白」的臺詞，還有演出時候場景說明的「科介」。雜劇總共有「四折」，每一折會使用一個套曲，前面可以有一個「楔子」當開場，劇本的結尾通常以兩句或四句對句，當作這個故事總結。

在元朝有四個最著名的元曲作家，被稱為「元曲四大家」，這四人分別是：關漢卿、馬致遠、白樸、鄭光祖。他們在散曲和雜劇上，都有很多精采之作。

號稱「曲聖」的關漢卿，散曲有五十多首，雜劇也寫了六十多齣，最有名的〈竇娥冤〉

是描寫被污陷殺人的寡婦竇娥，在臨刑前立下血往上流、六月下雪、三年大旱的惡咒，最後靠著當官的父親回來替她伸冤的故事。

寫下〈天淨沙．秋思〉：「枯藤老樹昏鴉，小橋流水人家，古道西風瘦馬。夕陽西下，斷腸人在天涯。」的馬致遠，最著名的雜劇就是描寫王昭君出塞的〈漢宮秋〉。後人認為他在散曲的成就，可比唐詩的李白、宋詞的蘇軾。

金人白樸幼年因元朝滅金而與父母離散，幸而金朝大儒元好問救助幫忙，但也因此不願意在元朝作官，他四處遊歷，寫下許多精采的散曲，以唐明皇與楊貴妃的戀情為題材所寫下的〈梧桐雨〉，是他僅留下來的兩個雜劇之一。

元曲四大家中的鄭光祖和其他人最大的差別是，他留下來的雜劇明顯的比散曲多，最有名的是從唐朝傳奇改編的〈倩女離魂〉，敘述倩女為了追尋愛情，魂魄離開身體，跟隨心愛的人赴京趕考的故事。

除了元曲四大家外，張可久、喬吉等人，也創作出大量令人讚賞的散曲與雜劇。因為這些人，讓元朝的文學即使是在非漢族統治之下，仍能散發出美妙的文學光采。

❖國學常識這樣考

（　）王實甫《西廂記》：「恨相見得遲，怨歸去得疾。柳絲長玉驄難繫，恨不得倩疏林挂住斜暉。」其中「恨不得倩疏林挂住斜暉」所表達的情感是：

Ⓐ 懊悔年少蹉跎，白首無成　Ⓑ 憂心時間已晚，不及動身
Ⓒ 渴望時光停留，多作相聚　Ⓓ 慨嘆相見恨晚，造化弄人

答案：Ⓒ

92年指考

（　）「野水明於月，沙鷗閒似□。喜村深、地偏人靜。帶煙霞、半山斜照影。都變做滿川□□。」（張養浩〈落梅引〉）

上引元曲□內應填之字、詞，最適當的選項是：

Ⓐ 竹／煙花　Ⓑ 雲／詩興　Ⓒ 風／清波　Ⓓ 鶴／流螢

答案：Ⓑ

85學測

（ ）閱讀下列散曲，選出敘述正確的選項：

平生淡泊。雞兒不見，童子休焦。家家都有閒鍋灶，任意烹炰。煮湯的貼他三枚火燒（一種烤餅），穿炒的助他一把胡椒，倒省了我開東道。免終朝報曉，直睡到日頭高。　——王磐〈滿庭芳〉

Ⓐ 平聲韻與仄聲韻通押
Ⓑ 採第三人稱的敘述觀點
Ⓒ 情節著重煮雞待客的細節描寫
Ⓓ 旨在寬慰童子勿因失雞而自責
Ⓔ 以詼諧的口吻塑造雅正蘊藉的曲風

答案：ⒶⒹ

97年指考

注：Ⓑ本曲是以第一人稱的敘述觀點發抒。
Ⓒ是描寫閒散的生活，不是著意於煮雞待客的細節描寫。
Ⓔ本曲雖然詼諧，但並非塑造雅正蘊藉的曲風。

98 八股文

八股文是過去科舉考試時，規定的一種寫作模式，每篇文章分成八個部分，分別為：破題、承題、起講、起股、中股、後股、束股、大結。

一開始的「破題」，需要用兩句話破解題目的意義；接著用四、五句話引申題目的意思，叫「承題」；之後的「起講」則是以聖賢的口吻先做一個簡單的評論，為之後的議論起頭。

經過了這三個部分，才開始進入正式的議論，也就是「起股」、「中股」、「後股」、「束股」。千萬別以為進入議論，就可以自由的書寫自己的想法。從「起股」到「束股」，所有的想法都不可以背離儒家思想，寫作的方式更要以對偶、對仗的方式表達，短則四句，多則二十句，其中字數、用字的聲調，都有一定的規範。在內容上也必須遵守：

①「起股」：開始議論。

②「中股」：主要內容。

③「後股」：補充說明或發展更多論述。

④「束股」：回應前言，完成議論的規則。

⑤到了最後的「大結」，才終於可以不拘形式地發表自己的意見。

八股文整篇文章不到一千字，除了在形式上規定嚴格，在內容上也限制不能夠超出四書五經所說的道理。這種考試的方法，根本不能夠展現個人的思想。清朝時，一些文學家開始批評這種「八股取士」的方式，清初的大學者顧炎武就曾說：「科舉之弊，甚於焚書；而敗壞人才，有甚於咸陽之火。」意思是說，這種科舉考試的問題，比秦始皇燒書更嚴重；對於人才的傷害，比燒掉咸陽的大火還可怕。

只是科舉取士是讀書人唯一當官，改變社會地位、經濟生活的方法，所以即使八股文寫作的問題多、並且令人生厭，但是讀書人還是得努力練習寫作八股文。幸好在清朝滅亡後，八股文也跟著一起消失，否則今日大家恐怕得花不知多久的時間，準備這個形式繁瑣的寫作考試。

現在我們也常會把一些內容充滿說教文字，而無實質情感的文章稱作「八股文」。

99 明清小品文

小品文是散文的一種類別。東漢時一個月氏國僧人，他擷取佛教經典「般若經」的內容，翻譯成名為《道行般若經》的中文經書，拿來中國傳教，被稱為「小品」，是「小品」一詞的由來。

後來人們就把像是生活隨筆、雜感、遊記等，有關個人生活、心情、想法，而篇幅較為短小的散文稱為小品文。「小品」正式成為文學的一種文類。

這類的文章出現得很早，可能在周、秦時期便有，只是沒有被稱作「小品文」。明清小品文的盛行，和當時文學界流行的復古風有關。明朝初年，許多散文家都認為，寫散文要學秦漢時代的古人，這種說法引起一陣風潮，後來卻有人認為，這種做法根本是模倣的一種，不值得鼓勵。這些反對「復古」的文學家包括：李贄、推崇李贄說法的「公安派」文學家。

「公安派」文學集團出現在明朝末年，這個集團的領袖人物是湖北公安的袁宏道及其兄袁宗道、弟袁中道三人。

「公安派」強調寫作要「獨抒性靈，不拘格套」，也就是要作者寫出自己的感受。因為他們的大力疾呼，「復古派」的寫作方式在文壇漸漸式微，大家開始書寫個人情懷，此時他們使用到的文章形式，就是小品文。

公安派的袁宏道，本身就是個寫小品文的高手，他的〈晚遊六橋待月記〉，從四周風景，遊客的姿態描寫春日遊西湖的情形，可說是小品遊記的極品。比袁宏道晚些，明末有錢人家的小孩張岱，更是小品文最著名的寫作者。

張岱是明朝高官之後，明亡之後，他躲到山裡去，過著沒有僕人，自己挑糞、施肥做農夫的日子，他的小品文，多收錄在《陶庵夢憶》、《西湖夢尋》等書中。

張岱的小品文，混合著著自小身為富家子弟，生活閒適，行事闊綽的豪氣，與歷經國破家亡，深感世事無常的悲傷，這兩種完全相反的環境與心境，使他的小品文極為特別。

除了袁宏道與張岱，馮夢龍與湯顯祖這些人，也都創作出大量精采的小品文，對於後來的散文，有很大的影響。

❖國學常識這樣考

余聽柳敬亭說景陽崗武松打虎，白文與本傳大異。其描寫刻畫，微入毫髮；然又找截乾淨，並不嘮叨。聲如巨鐘，說至筋節處，叱吒叫喊，洶洶崩屋。武松到店沽酒，店內無人，驀地一吼，店中空缸空甓皆甕甕有聲。閑中著色，細微至此。

——改寫自張岱<柳敬亭說書>

找截乾淨：該補敘或該停止之處都很恰當
筋節：關鍵
甓：音ㄆㄧˋ，陶製容器
閑中著色：在非緊要處加以渲染

(　) 這段文字對柳敬亭說書的特色多所讚譽，然下列何者並未被提及？

Ⓐ 描述繁簡得宜　Ⓑ 刻畫生動細膩
Ⓒ 聲音洪亮　Ⓓ 嫻熟史書

答案：Ⓓ

注：Ⓓ題目裡有「白文與本傳大異」，可見柳敬亭說法內容與史傳有所出入，所以作者張岱當然不會讚譽柳敬亭「嫻熟史書」。

(　) 下列文句，何者是針對柳敬亭所說故事內容的具體描述？

Ⓐ 余聽柳敬亭說景陽崗武松打虎，白文與本傳大異
Ⓑ 聲如巨鐘，說至筋節處，叱吒叫喊，洶洶崩屋
Ⓒ 武松到店沽酒，店內無人，驀地一吼，店中空缸空甓皆甕甕有聲
Ⓓ 閑中著色，細微至此

答案：Ⓒ

97年第一次基測

注：Ⓐ是張岱聽了柳敬亭說書後的比較說明
Ⓑ是張岱敘述柳敬亭說書時聲音宏亮
Ⓓ是張岱聽了柳敬亭說書後抽象的評讚

100

才子佳人小說

才子佳人小說是明清小說的一種流派，盛行於明末清初。這種小說內容有如這個派別的名稱一樣，男主角必須有才華，女主角必須有美貌。男女主角多半一見鍾情，卻沒辦法在一起，經過許多磨難，最後以喜劇收場。

一如所有的文學類別的流變一樣，才子佳人小說，當然也不是從明末清初才開始的，在唐朝《鶯鶯傳》、《李娃傳》、《霍小玉傳》等，這類落魄書生遇到官家小姐或是清樓名妓的故事，就已經出現很多了。這些故事雖不一定是喜劇收場，但已具備才子佳人小說的特色。簡單來說，才子佳人小說就是現在所謂的「愛情小說」。

許多文人因為才子佳人小說的故事內容，侷限在男女私情的小情小愛，所以對這些作品很輕視，但是一般平民百姓卻相當喜愛這類的通俗文學。當時著名的才子佳人小說包括《玉嬌梨》、《平山冷燕》、《好逑傳》等不但在中國大受歡迎，還流傳到世界各地。

像是《好逑傳》就曾被譯為英、法、荷、德、日文等三十多種語言；《玉嬌梨》也曾被譯為英文、法文、德文，成為歐洲的翻譯小說。據說，寫下《少年維特的煩惱》的文學家歌德、德國著名哲學家黑格爾都看過這部小說。

才子佳人小說在當時大受歡迎，因此社會上也出現了專門創作才子佳人小說的專職作家，像是天花藏主人、李煙水散人等等，都有好幾本這類型的小說出版，儼然是當時的暢銷作家。

❖國學常識這樣考

（　）唐代傳奇中有愛情的傳奇，其中白行簡的《李娃傳》，故事情節真摯，非常感人；後人每多據此而演出不少戲劇，其中明代薛近兗的何劇，至今在崑劇中，仍常演出？

Ⓐ枕中記　　Ⓑ琵琶記

Ⓒ西廂記　　Ⓓ繡襦記

答案：Ⓓ

94年預官

注：Ⓓ明代戲曲作家薛近兗創作的《繡襦記》傳奇4卷，取材於唐代白行簡的小說《李娃傳》，是寫書生鄭元和與風塵女李亞仙的愛情故事。

文經社
文經文庫 A285
超白話國學常識一本通

作　　者 — 陳愫儀
社　　長 — 吳榮斌
主　　編 — 管仁健
美術設計 — 游萬國
出 版 者 — 文經出版社有限公司
登 記 證 — 新聞局局版台業字第2424號
社　　址 — 241-58 新北市三重區光復路一段61巷27號11樓（鴻運大樓）

〈業務部〉：
電　話 — (02)2278-3158
傳　真 — (02)2278-3168
E-mail — cosmax27@ms76.hinet.net
郵撥帳號 — 05088806 文經出版社有限公司

印 刷 所 — 通南彩色印刷有限公司
法律顧問 — 鄭玉燦律師 (02)2915-5229

國家圖書館出版品預行編目資料

超白話國學常識一本通 ／ 陳愫儀 著.
--第一版. . --台北市：文經社，2012. 2
面；　公分 . --（文經文庫；A285）

ISBN 978-957-663-660-8　（平裝）
1. 漢學

030　101000733

定　　價：新台幣 300元
發 行 日：2012 年 5 月 第一版 第 1 刷
　　　　　2020 年 9 月 　　　 第 13 刷